河北省委省政府决策咨询委员会农业农村组

调研·咨询·建议
案例汇编

王慧军　主编

中国农业科学技术出版社

图书在版编目（CIP）数据

调研·咨询·建议：案例汇编 / 王慧军主编. —北京：中国农业科学技术出版社，2020. 8

ISBN 978-7-5116-4796-2

Ⅰ. ①调… Ⅱ. ①王… Ⅲ. ①农村–社会主义建设–河北–文集 Ⅳ. ①F327.22-53

中国版本图书馆 CIP 数据核字（2020）第 098846 号

责任编辑 朱　绯
责任校对 李向荣

出 版 者 中国农业科学技术出版社
北京市中关村南大街12号　　邮编：100081
电　　话 （010）82106626（编辑室）（010）82109702（发行部）
（010）82109709（读者服务部）
传　　真 （010）82106626
网　　址 http: // www.castp.cn
经 销 者 各地新华书店
印 刷 者 北京科信印刷有限公司
开　　本 710mm×1 000mm　1/16
印　　张 17.75
字　　数 320千字
版　　次 2020年8月第1版　2020年8月第1次印刷
定　　价 120.00元

《调研·咨询·建议：案例汇编》

编委会

学习习近平总书记智库论述

加强中国特色新型智库建设，建立健全决策咨询制度。

——《中共中央关于全面深化改革若干重大问题的决定》

改革发展任务越是艰巨繁重，越需要强大的智力支持。要从推动科学决策、民主决策，推进国家治理体系和治理能力现代化、增强国家软实力的战略高度，把中国特色新型智库建设作为一项重大而紧迫的任务切实抓好。

——习近平在中央全面深化改革领导小组第六次会议上的讲话

河北省委原书记叶连松题词

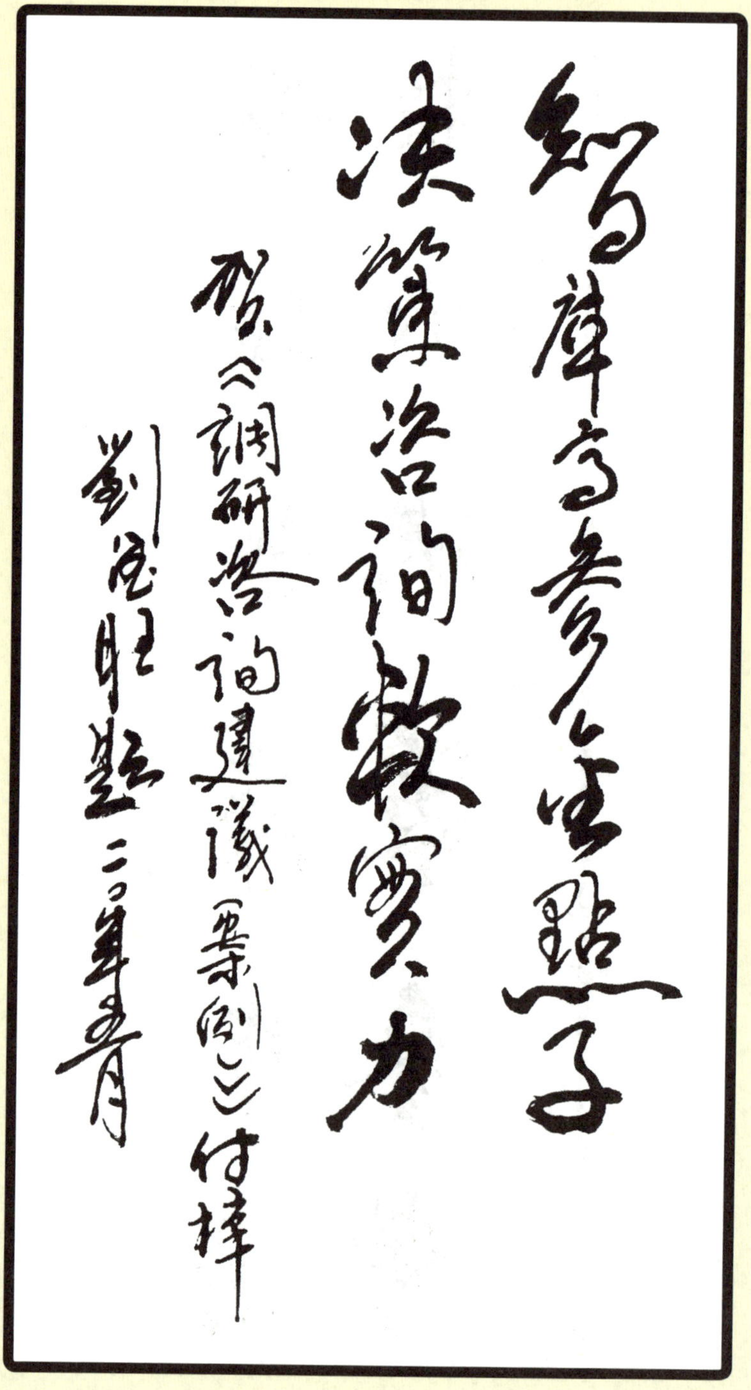

河北省政协原主席刘德旺题词

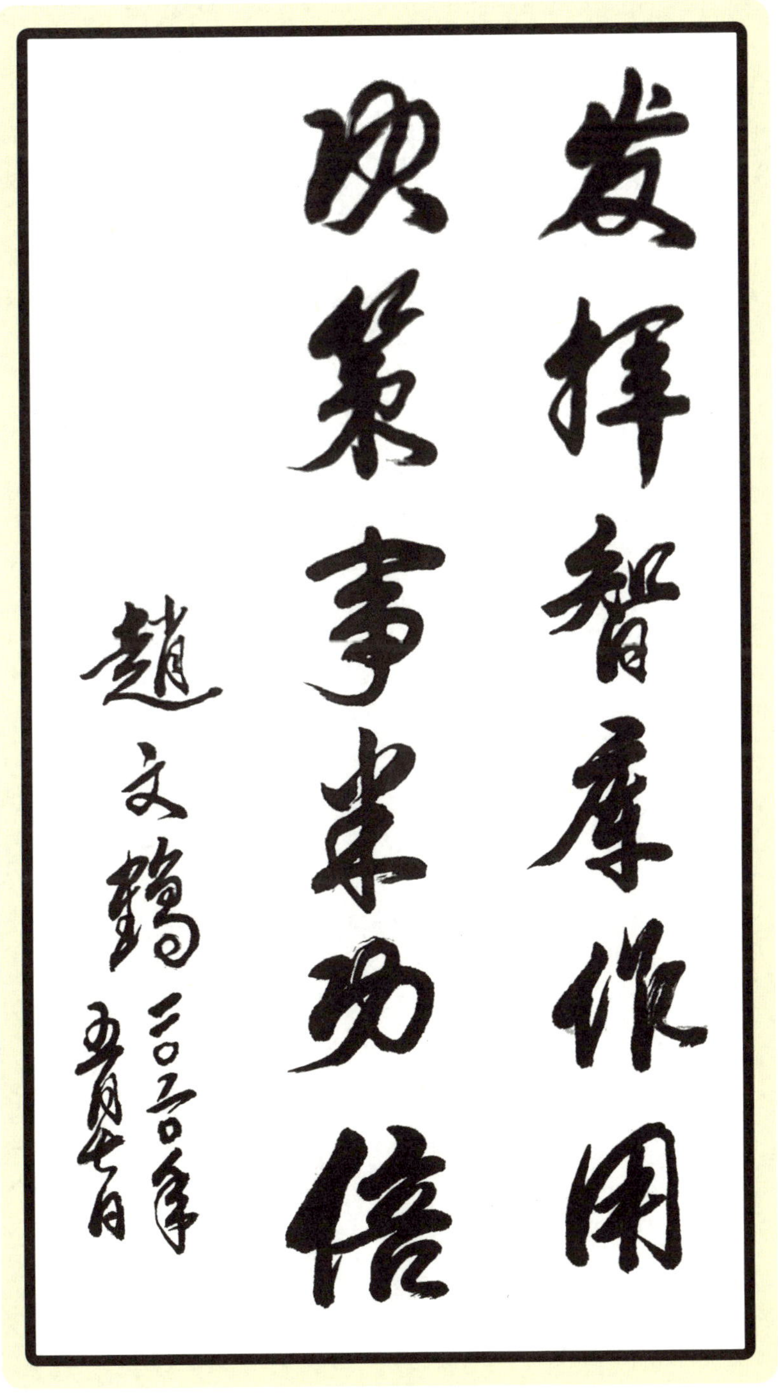

河北省政协原副主席赵文鹤题词

序

臧胜业

《调研·咨询·建议：案例汇编》一书即将出版，几位编者邀我作序。虽然我极少为书作序，但这次，我看了这本书的内容，还是欣然接受。

为这本书写序，我考虑有四。

一是这本书的立意好。书中的调研报告都贯彻了习近平总书记关于中国特色智库建设的论述，都是为改革发展稳定中心工作服务的，尤其体现在为乡村振兴、精准扶贫和现代商贸物流、网络科技等民生服务方面。

二是这本书的内容好。25篇调研报告，体现了问题导向、目标导向和效果导向，选题准确，调研深入，咨询建议站位较高，措施对症，把握适度。因此，书中所有调研报告都得到相关领导同志的重视和批示，大部分咨询建议被党委和政府采纳，实施效果也比较好。

三是这本书出版时机也好。2019年10月，党的十九届四中全会通过了《关于推进国家治理体系和治理能力建设的决定》。为此，各级党政机关、企事业单位和社会各界，更加关注科学决策、民主决策和依法决策，更加关注决策咨询在改革发展稳定中的作用。因此，我相信，这本《调研·咨询·建议：案例汇编》出版，会为读者提供一些较好的参考。

四是为这本书写序，还因为我对几位编者比较熟悉，而且，有几篇调研报告我也参与过，如参加了《太行山区动能转换转型升级的新路径——关于建设河北太行山“一路三带”的调研报告》，河北省委省政府主要领导批示后，省政府做出相关规划，沿太行山各市及县（市区）积极推进三条绿色产业带建设，2019年11月，国家相关机构在石家庄召开现场会，推广了河北省太行山“一路三带”建设经验。

参与撰写调研报告的主要成员大多是离退休的老同志，他们既有比较丰富的阅历和实践经验，又有较扎实的调查研究功底，更可贵的是他们的家国情怀，为了党和人民的事业，退而不休，老有所为，默默奉献，主动担当。

基于以上考虑，关于《调研·咨询·建议：案例汇编》编辑出版，我谈了上述一些感受。同时，我也认为，书中会有一些不足之处，有待读者斧正。

我期待着与读者分享这本书。

2020年3月（庚子年春季）

（臧胜业简介：现任中国老科学技术工作者协会副会长、河北省老科学技术工作者协会会长，曾任中共河北省委常委、河北省纪委书记、河北省委省政府农村工作领导小组组长、河北省总工会主席。）

Preface 前　言

党的十八大以来，习近平总书记多次对智库建设作出重要指示。党的十八届三中全会通过的《中共中央关于全面深化改革若干重大问题的决定》明确提出“加强中国特色新型智库建设，建立健全决策咨询制度”。为此，中央制定出台了《关于加强中国特色新型智库建设的意见》（中办发〔2014〕65号）。

为贯彻习总书记指示和中央的《关于加强中国特色新型智库建设的意见》，河北省制定出台了《关于加强河北新型智库建设的意见》（以下简称《意见》）。河北省《意见》提出，“要充分发挥省委省政府决策咨询委员会（以下简称省委省政府决咨委）的作用，紧紧围绕省委省政府中心工作，密切关注和超前研究河北经济社会发展的重大现实问题，切实发挥决策咨询作用，构筑省内实力最强、影响最大的决策咨询高端平台，为省委省政府科学民主依法决策提供智力支撑。”

党的十八大以来，省委省政府决咨委农业农村组学习践行习近平中国特色新型智库论述，贯彻中央和省委关于加强新型智库建设，发挥决策咨询作用的要求，重点围绕乡村振兴和现代农业发展、农业供给侧改革、精准扶贫、美丽乡村和特色小镇建设等开展了系列课题调研，完成32篇调研报告，并得到河北省委省政府领导批示；充分发挥了新型智库对河北省乡村振兴和精准扶贫及农业农村改革发展的决策咨询作用。

现将党的十八大以来至十九大前后，我们所做的部分调研报告辑印成册，一是与读者分享学习践行习近平中国特色新型智库论述的体会；二是运用习近平中国特色新型智库论述检验我们的调研、咨询和建议的效果；三是向省内外智库专家学习并进行沟通交流，以利改进。

毛泽东同志说过“没有调查就没有发言权”。考察、调研是形成有价值决策咨询建议的基础。调研报告必须自觉以研究为目的，根据工作的需要，将被动的适应变为有计划的、积极主动的实践，从明确的目标出发，深入社会第一线，不断了解新情况、新问题，有意识地探索和研究。这样才能写出有价值的调研报告。

调研分为调查和研究，核心是实事求是地反映和分析客观事实，让事实说话。调查要深入实际，准确地反映客观事实，不凭主观想象，按事物的本来面目了解事物，详细地钻研材料。研究要在掌握客观事实的基础上，认真分析，透彻地揭示事物的本质，要在正确思想指导下，用科学方法“去粗取精，去伪存真，由此及彼，由表及里”地分析，找出起支配作用、本质的东西，把握事物内在的规律，从而归纳出观点。如果调研报告失去了真实性，也就失去了它赖以存在的科学价值和应用价值。

调研报告是调查研究人员劳动与智慧的结晶。调研报告的目的是将调查结果、战略性的建议以及其他结果传递给决策者，为他们正确决策提供参考。

咨询是通过专业人士所储备的知识经验和通过对各种信息资料的综合加工而进行的综合性研究开发。咨询产生智力劳动的综合效益，起着为决策者充当顾问、参谋和外脑的作用。河北省委省政府决策咨询委员会是河北省委省政府专门工作或某项工作的咨询组织，起着智库的作用，其咨询意见直接影响决策，所以，咨询必须以调研为基础，这是必须遵循的原则。

咨询在纵向上可以划分为三个层次，即信息咨询、管理咨询和战略咨询。我们的工作主要集中在战略咨询层面。从事咨询工作不仅要具备一定的理论知识水平，还必须有丰富的实践经验。我们在组成调研组时，一般要选择一些部门的老领导、专家学者、基层工作人员和年轻的研究人员。这样，经过几方面人员的广泛讨论，形成的报告才不失事实、接地气，又能提炼加工、科学分析和归纳观点，对策建议才有针对性。

战略咨询，只是写在纸上的战略是没有什么用的。制定战略需要充分考虑战略实施能力，使战略能够付诸实施。每一篇咨询报告我们都提出了建议。建议，通常是在适当的时候针对一件事的客观存在，提出合理的见解或意见，使其向着更加良好的、积极的方面去完善和发展。我们的建议是从专家角度提出的，提供给领导参考，决策是领导的事。领导和部门是否采纳，还有许多因素需要考虑，不能以我们的期望值决定。我们能提出实事求是的建议，目的就达到了。

我们辑印的调研咨询建议报告，限于我们的水平和时空视阈差异，可能有许多不足或偏颇之处，希望读者看后批评指正，我们将其作为教训吸取，让我们的民主决策、科学决策、依法决策水平随着治理能力现代化水平的提高而再上一层楼。

编 者

2020年6月

Contents 目 录

学习践行习近平总书记智库论述为政府决策提供高质量咨询建议

董经纬　王慧军　彭建强　王哲平

（2020年2月）

习近平总书记高度重视科学与民主决策，始终注重发挥智库的决策咨询作用。他在主政正定、福州、浙江、上海期间，就注重引才聚智，充分发挥人才对决策的参谋作用。党的十八大以来，以习近平为核心的党中央更加重视智库建设，据不完全统计，习近平总书记对智库建设作出的重要论述、指示、批示等达50次以上。在事关经济社会发展等重要决策方面，广泛听取各方面专家学者意见并使之制度化，是习近平总书记带头倡导的崭新的执政方式。

一、习近平同志在地方主政期间就高度重视智库建设

20世纪80年代初习近平同志在正定任县委书记期间，他就注重决策咨询的重大作用，广招四方贤士，博揽英才。1983年3月，正定颁布了招贤纳士的“九条规定”。习近平同志亲自向全国有关专家、学者发出100多封邀请信，邀请数学家华罗庚、经济学家于光远、中国食品协会会长杜子端、眼科专家张晓楼、河北省科学院院长邹仁钧等各领域的专家53名组建正定经济顾问团，为正定发展提供帮助。任浙江省委书记后，还安排浙江经济专家、企业家到正定介绍经验，并将义乌小商品市场发展经验介绍给正定，在他的协助下，正定后来建立了华北地区最大的小商品市场。

2004年习近平同志在担任浙江省委书记时，高度重视决策咨询工作，称浙江省委农办原副主任、具有全国影响的省级农村发展改革试验研究和决策咨询家

顾益康为“浙江省农民利益代表第一人”。在调研浙江省社会科学界联合会、浙江省社会科学院时指出，浙江省哲学社会科学界要抓住繁荣发展哲学社会科学面临的极好机遇，为浙江省经济发展、社会进步、文化繁荣，为促进广大人民群众综合素养和生活水平的不断提高，提供强有力的思想保证、精神动力、理论支撑和智力支持。也就是在这一年，中共中央发布了《关于进一步繁荣发展哲学社会科学的意见》。此后，党的十七大报告进一步明确，要繁荣发展哲学社会科学，推进学科体系、学术观点、科研方法创新，鼓励哲学社会科学界为党和人民事业发挥思想库作用。

2007年5月，习近平同志在担任上海市委书记期间，到复旦大学、上海交通大学、同济大学、华东师范大学调研时指出，各大院校要充分发挥智库、人才库的作用，主动服务于国家和上海经济社会各个领域，服务于科教兴国和科教兴市战略，在服务中谋发展，在贡献中求辉煌，为上海加快推进“四个率先”、加快建设“四个中心”和现代化国际大都市提供强大智力支持。

二、十八大以后立柱架梁，逐渐形成了较为完整的习近平新时代智库论述

（一）习近平新时代智库论述的关键核心是建设中国特色新型智库

2013年4月，习近平就加强智库建设作出重要批示：“智库是国家软实力的重要组成部分，随着形势的发展，智库的作用会越来越大。我国智库还相对滞后，应发挥更大的作用。要积极探索中国特色新型智库的组织形式和管理方式，采取有效措施引导各类智库加强自身建设，积极为中央科学决策提供高质量智力支持。”体现了以习近平同志为核心的党中央对智库的高度重视和殷切希望，随后2013年11月，十八届三中全会《中共中央关于全面深化改革若干重大问题的决定》提出“加强中国特色新型智库建设，建立健全决策咨询制度”。

2014年10月27日，中央全面深化改革领导小组第六次会议审议了《关于加强中国特色新型智库建设的意见》（以下简称《意见》），习近平总书记在会上强调，当前智库建设跟不上、不适应的问题也越来越突出，尤其是缺乏具有较大影响力和国际知名度的高质量智库。要从推动科学决策、民主决策，推进国家治理体系和治理能力现代化、增强国家软实力的战略高度，把中国特色新型智库建

设作为一项重大而紧迫的任务切实抓好。要统筹推进党政部门、社科院、党校行政学院、高校、军队、科技和企业、社会智库协调发展，形成定位明晰、特色鲜明、规模适度、布局合理的中国特色新型智库体系，重点建设一批具有较大影响和国际影响力的高端智库。

2015年11月9日，习近平总书记主持召开中央全面深化改革领导小组第十八次会议并发表重要讲话。会议审议通过了《国家高端智库建设试点工作方案》。会议强调，要建设一批国家急需、特色鲜明、制度创新、引领发展的高端智库。重点围绕国家重大战略需求，开展前瞻性、针对性、储备性政策研究。

智库建设要把重点放在提高研究质量、推动内容创新上。要加强决策部门同智库的信息共享和互动交流，把党政部门政策研究同智库对策研究紧密结合起来，引导和推动智库建设健康发展、更好发挥作用。

（二）习近平新时代智库论述是要建立多领域支撑的智库体系

——在加强科技智库建设方面

2013年7月17日，习近平总书记在中国科学院考察工作时指出，党中央对我国科技界寄予厚望。中国科学院要牢记责任，率先实现科学技术跨越发展，率先建成国家创新人才高地，率先建成国家高水平科技智库，率先建设国际一流科研机构。2015年9月，中办国办印发了《深化科技体制改革实施方案》，要求“建立国家科技创新决策咨询机制，发挥好科技界和智库对创新决策的支撑作用，成立国家科技创新咨询委员会”。2016年5月30日，习近平总书记在《为建设世界科技强国而奋斗》重要讲话中强调，“要加快建立科技咨询支撑行政决策的科技决策机制，加强科技决策咨询系统，建设高水平科技智库。”2017年2月6日，中央全面深化改革领导小组第三十二次会议审议通过《国家科技决策咨询制度建设方案》，为促进科技智库健康发展，完善科技智库决策咨询工作规则提供了依据和保障。

——在党校智库建设方面

2015年12月11日，习近平在全国党校工作会议讲话中指出，党校姓党，决定了党校科研要紧紧围绕党的中心工作展开，在党的思想理论研究方面有所作为，为坚持和巩固党对意识形态工作的领导、巩固马克思主义在意识形态领域的指导地位作出积极贡献。党校要根据时代变化和实践发展，加强理论总结和理论创新，为发展21世纪马克思主义、当代中国马克思主义作出努力。党校要聚焦党和国家中心工作、党委和政府重大决策部署、社会热点难点问题进行深入研究，及时反映重要思想理论动态，提出有价值的对策建议。党校要成为党和国家的重要智库。

——在加强国防和军队智库建设方面

2016年3月23日，习近平视察国防大学并接见国防大学第六次党代表大会全体代表和师以上领导干部讲话指出，要坚持抓好理论研究和决策咨询。要充分发挥高端智库作用，围绕党中央和中央军委决策需求，聚焦国家安全、国防和军队建设等重大问题，开展政策研究，提出对策建议。

——在加强社会智库建设方面

2017年2月6日，中央全面深化改革领导小组第三十二次会议审议通过了《关于社会智库健康发展的若干意见》等文件。会议指出，要坚持用党的理论和路线方针政策引领社会智库建设，坚持把社会责任放在首位，紧紧围绕党和政府决策的重大课题开展咨询研究。要优化发展环境，拓展社会智库参与决策服务的有效途径，完善社会智库人才政策。要完善管理体制，建立重大事项报告制度和信息公开制度。

（三）习近平新时代智库论述是要引领科学决策

2014年6月9日，习近平总书记在两院院士大会讲话中再次强调指出，中国科学院、中国工程院是我国科学技术界和工程技术界最高学术机构，是国家科学技术思想库。两院要组织广大院士，围绕事关经济社会及科技发展的全局性问题，开展战略咨询研究，以科学咨询支撑科学决策，以科学决策引领科学发展。

2014年7月8日，习近平主持召开经济形势专家座谈会时指出，党的十八大和十八届三中全会要求加强中国特色新型智库建设，建立健全决策咨询制度。广泛听取各方面专家学者意见并使之制度化，对提高党的执政能力、提高国家治理能力具有重要意义。希望广大专家学者深入实际、深入群众、深入基层，倾听群众呼声，掌握真实情况，广泛调研，潜心研究，不断拿出具有真知灼见的成果，为党中央科学决策建言献策，为推进决策科学化、民主化多作贡献。

2015年10月29日，习近平在党的十八届五中全会第二次全体会议上的讲话中指出，要更加注重对国内外经济形势的分析和预判，完善决策机制，注重发挥智库和专业研究机构作用，提高科学决策能力，确保制定的重大战略、出台的重要政策措施符合客观规律。

2016年5月17日，习近平总书记在哲学社会科学工作座谈会讲话中，对智库建设作出专门论述，他指出：各级党委和政府要发挥哲学社会科学在治国理政中的重要作用。

2016年5月31日，习近平在全国科技创新大会上又强调指出，中国科学院、中国工程院是我国科技大师荟萃之地，要发挥好国家高端科技智库功能，组织广大院士围绕事关科技创新发展全局和长远问题，善于把握世界科技发展大势、研判世界科技革命新方向，为国家科技决策提供准确、前瞻、及时的建议。要发挥好最高学术机构学术引领作用，把握好世界科技发展大势，敏锐抓住科技革命新方向。

（四）习近平新时代智库论述是要凝聚各界智力资源

2014年9月21日，习近平总书记在庆祝中国人民政治协商会议成立65周年大会讲话中指出：要高举和平、发展、合作、共赢旗帜，按照国家对外工作总体部署，加强同各国人民、政治组织、媒体智库等友好往来，为促进人类和平与发展的崇高事业作出积极贡献。要拓宽中国共产党、人民代表大会、人民政府、人民政协、民主党派、人民团体、基层组织、企事业单位、社会组织、各类智库等的协商渠道，深入开展政治协商、立法协商、行政协商、民主协商、社会协商、基层协商等多种协商，建立健全提案、会议、座谈、论证、听证、公示、评估、咨询、网络等多种协商方式，不断提高协商民主的科学性和实效性。

2016年1月29日，习近平总书记同党外人士共迎新春时发表重要讲话强调，统一战线人才荟萃、智力密集，可以说是一个大智库。希望同志们着眼“十三五”时期发展，把握经济发展新常态这个大逻辑，就经济社会发展的重大问题、全面深化改革的难点问题、推动创新创造的关键问题，为中共中央决策和施政提供有价值的意见和建议。要用实劲、做实事、求实效，特别是要在补短板上聚焦发力，把统一战线各界智力凝聚起来、创造活力激发出来。

2016年3月22日，习近平总书记对全国党建研究会第六次会员代表大会作出重要批示，要求全国党建研究会要坚持正确的政治方向，发挥党建高端智库的作用，发扬成绩，发挥优势，为构建中国化的马克思主义党建理论体系，为加强和改善党的领导、确保党始终成为中国特色社会主义事业的坚强领导核心作出新的更大的贡献。

（五）习近平新时代智库论述是要强化智库对“一带一路”的支撑引领作用，打造智库合作网络

习近平总书记高度重视智库外交建设，智库外交成为他的“高频词”之一。他在双边、多边和国际组织等重大国事活动中，数十次地反复讲加强智库外交，多次强调加强智库国际交流活动，密切智库间的合作。

2014年3月，习近平总书记在访问德国时，强调在中德两国成为全方位战略伙伴关系中，加大政府、政党、议会、智库交往。把智库建设提上了国家外交层面，“智库外交”将会成为我国国际交流与合作的“第二轨道”。

2015年9月26日，习近平总书记在纽约联合国总部出席联合国发展峰会并发表题为《谋共同永续发展，做合作共赢伙伴》的讲话。在讲话中提出，中国将设立国际发展知识中心，同各国一道研究和交流适合各自国情的发展理论和发展实践。

2016年6月20日，习近平总书记出席“丝路国际论坛暨中波地方与经贸合作论坛”开幕式，强调“智力先行”，强化智库的支撑引领作用，要加强对“一带一路”建设方案和路径的研究，在规划对接、政策协调、机制设计上做好政府的参谋和助手，在理念传播、政策解读、民意通达上做好桥梁和纽带。

2016年6月22日，习近平在乌兹别克斯坦最高会议立法院的演讲中指出，加强人文领域合作，深入开展教育、科技、文化、体育、旅游、卫生、考古等领域合作，建立大数据交流平台，共同打造“一带一路”智库合作网络。

（六）习近平新时代智库论述是要完善中国特色新型智库机制体制

2014年10月，党的十八届四中全会决定指出，健全依法决策机制，把公众参与、专家论证、风险评估、合法性审查和集体讨论决定确定为重大行政决策法定程序，确保决策制度科学、程序正当、过程公开、责任明确。实践证明，没有具体的“智库决策咨询工作规则”，则往往会流于形式，建立健全“智库决策咨询制度”或者“智库决策咨询工作规则”，是智库健康发展的重要保障。

2016年4月19日，习近平总书记在网络安全和信息化工作座谈会上讲话中指出，在人才流动上要打破体制界限，让人才能够在政府、企业、智库间实现有序

顺畅流动。国外那种“旋转门”制度的优点，我们也可以借鉴。

2017年2月6日，中央全面深化改革领导小组第三十二次会议审议通过了《国家科技决策咨询制度建设方案》等文件。方案指出，建设国家科技决策咨询制度，要把立足点放在支撑国家发展全局、服务党中央重大科技决策需求上，着力做好机制设计。国家科技决策咨询委员会既要对科技创新发展面临的重点难点问题及时提出意见和建议，又要瞄准世界科技前沿，从全球科技创新视角为国家经济社会发展、保障和改善民生、国防建设等方面重大科技决策提供咨询建议。

三、学习习近平总书记新思想，加强河北智库建设，发挥决策咨询作用

（一）加快河北智库尤其是高端智库的建设

一是充分发挥各级党委、人大、政府、政协研究室的决策咨询作用；特别是发挥各级党委研究室对各类智库的统筹协调作用；二是发挥各级党校、行政学院、社科院、科学院、农科院的决策咨询作用；三是发挥各高校和国有企业智库的作用；四是发挥社会团体智库的作用。建设在国家和省内外具有影响力的河北重点智库，推动河北中心智库进入全国重点建设的50～100家新型智库行列。

（二）创新智库人才利用机制

充分利用京津冀协同发展机遇，创新智库人才政策，促进人才要素向河北汇聚。加快智库与党政部门人才交流合作，积极探索党政机关与各类智库之间人才挂任职有序流动的“旋转门”机制，定期安排符合条件的智库人才到市县挂职，提高智库人才联系实际和科学决策能力。积极推动京津冀智库联盟建设。鼓励全省各类智库参加京津冀智库建设，支持在河北开展各类论坛，邀请国家级和省内外专家为河北发展出谋划策。

（三）围绕服务河北中心工作，凝聚各类智库力量

一是河北省委省政府政策研究室协调省直各单位，定期遴选一批关系河北大局的课题进行招标，引导各类智库围绕河北中心工作展开研究。二是在长城网及相关网站，开辟不同时期重点发展任务专栏，征集咨询建议，遴选有价值的决

策咨询建议。三是围绕省委中心工作，根据部门分工，成立由部门负责的专门课题组，吸引省内外智库参加研究，力求做出一些重大研究成果。

（四）畅通咨询言路，充分发挥省委省政府决策咨询委员会作用

一是充分发挥省委省政府决策咨询委员会的智库重要作用，对影响全局的省委省政府的重大决策，省委省政府决策咨询委员会应积极参加方案论证、正负面影响研究、实施效果评价等，为省委省政府决策提供依据。

二是根据省委办公厅、省政府办公厅印发的《关于加强河北新型智库的意见》，加快成立河北省应用政策研究咨询中心，加强对应用政策的研究。谋划设立《决策咨询建议》，汇集各类智库和决策咨询委员建议，并分类报送省领导，为省领导决策提供依据。定期整理出版决策咨询年志，建立决策咨询档案。

三是建立省决策研究信息平台。跟踪公布省委省政府重大决策落实情况，使各类智库和决策咨询委员及时获得准确、完备的信息。整理、搜集各类智库意见和群众诉求，将有关建议和诉求反映到决策的建议之中。及时通报各类智库和决策咨询委员会动态，宣传各类智库的重大成果。

四是畅通调研渠道。定期安排省委省政府决策咨询委员会根据省委要求和实际情况调研工作，组成专题调研组，有关地方党委、政府和各有关部门积极配合，按要求提供情况，反馈信息。

（注：在此稿基础上形成了《关于加强河北省新型智库建设的建议》，得到省主管领导肯定性批示。）

太行山区动能转换转型升级的新路径

——关于建设河北太行山“一路三带”的调研报告

河北省委省政府决策咨询委员会

河北省乡村振兴促进会　河北省老科学技术工作者协会

河北省发展和改革委员会宏观经济研究所　联合调研组

（2017年11月）

太行山区位于河北省西部，北起拒马河，南至漳河，纵贯华北平原南北，联结京冀两地，包括北京、保定、石家庄、邢台、邯郸等地的全部或一部分，面积约3万平方千米。地势西高东低，地貌涵盖亚高山、中山、低山、丘陵和岗梁。土壤贫瘠、生态脆弱、交通闭塞、产业落后，其红色革命老区的地位，长期资源过度开发，人口重度贫困的现状，与党的十九大提出的“小康路上不让一位贫困群众掉队”的要求有很大距离。2018年年底太行山高速将全线通车，使太行山地区站在了一个新的历史方位，为太行山区的区域脱贫、发展动能转换带来新的发展机遇。

2015年12月，为落实习总书记有关指示，省委省政府召开太行山高速路建设动员会提出，要把太行山高速建设成为一条政治使命路（老区开发）、精品旅游路、精准扶贫路。为充分发挥太行山高速的重大作用，河北省交通投资集团提出“一路三带”建设，即依托太行山高速公路，建设生态文化旅游产业带、太行山山地特色农业产业带、中医药养生养老产业带三条绿色产业带，打造京津冀“绿水青山就是金山银山”示范区，促进生态与经济、社会、文化多赢，再创新时代“太行山道路”的构想。

为此，我们成立由河北省委省政府决策咨询委员会农业农村组、河北省农林科学院、河北省社会科学院、河北省发展和改革委员会宏观经济研究所及部分旅游企业组成联合调研组，并邀请北京专家提供咨询（如中国城市发展研究院、新华网、德声智库、康养专家委员会等），在省政协党组原副书记、副主席赵文鹤的带领下，沿太行山高速修建路线，对邯郸涉县、邢台临城、石家庄平山等进行了调研，并征求了原省委常委、省农村工作领导小组组长臧胜业、省政府原副省长何少存等同志的意见；大家认为，河北交投集团提出的建设“一路三带”构想，是贯彻习近平中国特色社会主义思想和党的十九大精神及省委九届五次全会精神的重要举措，思路目标、内容和举措可行；所提建议，值得重视。

现形成如下报告，提供领导参阅。

中国老科学技术工作者协会副会长臧胜业（左三）、省专家协会名誉顾问赵文鹤和省委省政府决策咨询委员会专题调研组组长董经纬（左二）在太行山“一路三带”调研

一、建设太行山“一路三带”的重要作用

建设“一路三带”是太行山区培育新的发展动能和转型升级，实现生态和经济、社会、文化多赢发展的重大突破，具有如下重要意义。

（一）可成为太行山生态涵养区的强力支撑

该区地处海河上游，是京、保、石、邯、邢、雄安新区上风上水之地，是京津冀的重要生态屏障和水源涵养区，是雄安新区重要的生态支撑区，是根治平原洪涝灾害，建立和维护生态平衡的关键所在。长期以来，太行山地区形成了倚矿型的发展路径，对太行山生态造成严重破坏，20年多来已经发生了1996年“96·8”、2016年“7·19”两次大型洪水灾害，对下游群众生命财产造成严重损害并威胁了京津的安全。特殊的生态区位，决定太行山必须走绿色发展的道路。

“一路三带”发展战略，把大力发展生态文化旅游、特色山地农业、中医药养生养老产业作为区域崛起发展的支柱，可有效促进区域发展动能转换，培育新的经济增长点，实现“绿水青山就是金山银山”效应，在保护区域生态、保护文化遗产的同时，促进区域绿色崛起。

省调研组成员、河北交通投资集团党委书记董事长王国清（中）在太行山调研“一路三带”

（二）可有效弥补京津冀区域发展不平衡不充分的短板

党的十九大报告提出“我国社会主要矛盾已转化为人民日益增长的美好生活需要和不平衡不充分的发展之间的矛盾”。而河北省太行山地区是区域发展的短板，也是难点和重点。太行山高速通过区域17个县，有7个国家级贫困县，贫困人口仍达100多万。“要想富，先修路”，太行山高速的建成与通车，为畅通太行山交通环境，加速太行山崛起奠定了基础。依托太行山高速建设“一路三带”，可促进京津冀区域之间、山前平原与山区之间、城市与农村之间道路联通、资金融通、人文相通、政策沟通，为弥补区域发展短板，实现党的十九大提出的发展目标提供了路径支撑。

太行山新愚公——李保国（左一）介绍富岗苹果的科技含量和培育技术。李保国教授是“太行山道路”的开拓者；习近平总书记作出重要批示，号召向李保国同志学习

（三）创建全国全域旅游试点，打造京津冀休闲旅游基地的重要抓手

河北是全国全域旅游试点省，根据《河北省旅游业“十三五”发展规划》，河北省规划将旅游业培育成国民经济的战略性重要支柱产业，力争到2020年实现“两个千亿”和“两个万亿”目标：年旅游重点项目实际投资完成1 000亿元，发起设立总规模1 000亿元的旅游产业投资基金；新谋划旅游重点项目投资规模超过1万亿元，全省旅游业总收入突破1万亿元。

太行山区是“一圈两带两区多点”的旅游空间布局的重点区域，毗邻人口密集的京津，加之雄安新区建成，京津冀城市群人口密集，居民收入和消费水平相对较高，对生态旅游的需求强烈。未来京津冀城市人口旅游将会以周末“2.5天假”模式为主，太行山区的生态、地质、文化、自然、体验等消费旅游出行量将进一步暴涨。

因此，大力实施"一路三带"战略，契合京津冀区域居民休闲康养旅游需要，符合河北省大力发展假日经济、周末经济及旅游事业的需要，将成为河北创建全国全域旅游试点省的强力引擎。

设在邢台内丘县岗底村的"李保国纪念馆"。李保国教授妻子——河北农业大学郭素平教授（左三）继承李保国遗志，继续推进"太行山生态大花园"建设

（四）落实国家特色农产品优势区建设规划纲要的重大举措

日前，国家发展改革委、农业部、国家林业局联合印发了《特色农产品优势区建设规划纲要》（下称《纲要》），鼓励地方做大做强优势特色产业，争创特色农产品优势区，把地方土特产和小品种做成带动农民增收的大产业。《纲要》提出了国家级特优区和省级特优区两级架构，选择了29个重点品种（类），明确了国家级特优区创建区域，规划到2020年，创建并认定国家级特优区达到300个左右。

华北地区是国家特色农经作物优势区，太行山区经过30多年的技术开发，形成了一批在国家具有优势品牌和市场竞争力的支柱产业群。培育壮大太行山区具有优势地位的林果、中草药、杂粮产业，推动一些重点品种（类）进入国家级特优区，对培育形成优势主导产业，打造优势品牌，带动农民增收，具有十分重要的作用。

邢台县是太行山“一路三带”建设的重点区域；县委书记李振军（右一）把绿色产业带建设作为“复兴梦”

（五）探索“路—产”融合发展的创新实践

太行山高速公路北起张家口涿鹿县京冀界，南终邯郸涉县冀豫界，路线全长约680千米，其中已建成通车约200千米，在建约480千米，预计2018年年底全线建成通车。太行山高速沿途地形复杂，桥隧占比高、造价高、维护费用高、投资回收难度大。根据预算，太行山高速总投资需要达到560亿元，每年政府贴息约7亿元。高速公路的修建，联通了沿线土地资源，有利于充分挖掘沿线地区经济发展潜力，盘活太行山区已有的资源，有利于建设沿高速产业带。

依托太行山高速，建设“一路三带”，有利于通过产业带的建设聚集人流、物流、车流，弥补高速建设的成本，缓解筹融资压力，缩短投资回收期。同时，结合地方特色因地制宜在高速公路服务区增设休憩、娱乐、物流、票务、旅游信息和特色产品售卖等服务功能，设置房车车位、加气站和新能源汽车充电桩等设施，可推动高速公路服务区向交通、生态、旅游、消费等复合功能型服务区综合体转型升级，形成“路—产”融合发展新模式。

李保国教授与岗底村党总支书记杨双牛（右一）携手创建了富岗苹果产业

二、建设的“一路三带”思路、目标与内容

（一）建设思路

以习近平新时代中国特色社会主义理论为指导，依据党的十九大精神和省委九届五次全会要求，贯彻“绿水青山就是金山银山”发展理念，尊重自然、顺应自然，以实现太行山区发展动能转换和绿色崛起目标，以建设“生态涵养区”为统领，以太行山高速为基础，以生态旅游、中医药养生养老、山地特色农业“一路三带”产业为支撑，发挥新时代“愚公移山、科学耕山”精神，政府推动、市场运作、企业主体、农民参与，构建“一路三带”绿色发展新格局，建设生态与经济、社会、文化多赢发展新太行，打造京津冀“绿水青山就是金山银山”示范区。

（二）建设目标

通过“一路三带”建设，充分发挥太行山高速的支撑作用，促进生态涵养、人口聚集、绿色产业隆起、乡村振兴，到2019年太行山高速通车之际，太行山高速通过县全部脱贫。

太行山绿色旅游景区之一——邢台县“邢襄古镇”

从2020年，再经过15年的努力，太行山区作为京津冀“绿水青山就是金山银山”示范区效应明显，以太行山高速为骨架，以省、县、乡、村道路为配套的交通网络进一步完善，沿太行山高速形成一批发达的县城、特色小镇和现代农村，人口向太行山沿线进一步聚集，深山区生态得到恢复，旅游度假、体育健康、中医养生、农业休闲等产业成为支柱产业，形成一批在全国有影响力的农业产业品牌，田园综合体等新业态带动作用基本显现。

到2050年，太行山区生态更加优美，成为平原城市带重要的生态支撑区、水源涵养区和旅游休闲目的地，京津冀世界级城市群的后花园和世界著名的中医药养生养老胜地。

（三）建设内容

1. 加强资源整合，提升太行山生态文化旅游产业带

太行山区域沿线旅游资源丰富，现拥有1处世界文化遗产，3个国家5A级旅游景区，47个国家4A级旅游景区，7个中国历史文化名镇，10个中国历史文化名村，13个国家级森林公园，9处全国红色旅游经典景区，还有10个全国农业旅游示范点、3个省级历史文化名镇、1处世界地质公园。但由于横向交通发达，纵向交通不通，这些丰富的人文、地理、生态旅游资源不能聚集，缺乏持久魅力和强大的吸引力，以全省近30%旅游资源吸引了20%的旅游人口，旅游业收入不足1/4，仍有较大潜力可挖。而太行山高速贯通，恰似一条丝线，能把这些珍珠串

成一条异彩纷呈的珠链，制约生态文化旅游产业带的瓶颈被解除，使太行山旅游建成国内最大规模、最具竞争力的旅游产业带成为可能。

太行山“一路三带”图示

坚持“一线贯穿三业联动、集群型开发、全链条发力”的开发模式，对现有旅游资源进行整合打包，按区域特色旅游的要求，对短板旅游资源进行改造提升，重点提升京西百渡休闲度假聚集区、古北岳历史文化休闲旅游聚集区、西柏坡红色旅游融合发展聚集区、太行山东源水乡（佛光山）康养聚集区、嶂石岩世界地质奇观旅游聚集区、邢台大峡谷休闲旅游聚集区、临城岐山湖健身康养度假区、南太行国际长寿养生旅游聚集区、129师—娲皇宫文化旅游聚集区水平，形成几个富有竞争力的特色旅游聚集区；以产业开发为引领，将中草药种植、中医药文化、特色山地农业等植入旅游链，开发形成内涵式、体验型、产业性旅游模式。梳理挖掘提炼太行山文化，挖掘培育壮大太行山红色文化、中医药文化、工匠文化、陶瓷文化、农耕文化等文化元素，形成沿太行山独特的文化旅游产业带。

省调研组在“一路三带”重点县——涉县调研

到2020年，太行山区域旅游业总收入占全省的比重由1/4提升到1/3，旅游业总收入总量突破3 300亿元。

2. 结合沿线资源条件，提升太行山山地特色农业产业带

太行山独特的地理位置和环境气候条件，形成了丰富的农产品资源。药用植物资源达900多种，邢枣仁占全国产销量的70%以上，柴胡、连翘、山杏、知母、王不留行等占全国产销量的1/3。形成了内丘、井陉矿区、顺平、平山苹果，顺平、唐县鲜桃，满城草莓，曲阳、阜平、唐县、行唐、赞皇大枣，涿鹿葡萄，灵寿、阜平食用菌，井陉红小豆，平山、涉县核桃，邢台板栗，武安小米，蔚县杂粮等一大批名优特绿色农产品基地。

太行山高速路于2018年年底建成通车

结合气候、土壤、植物等资源条件，考虑生态旅游观赏等需求，谋划发展中草药、林果、杂粮三大特色农业优势产业、建立一批产业示范基地、扶强一批龙头企业，形成具有国际影响力的水果、杂粮、药材优势产区，把太行山区建设成为辐射京津冀，引领全国的山地特色农业示范带。

位于邢台县前南峪的抗大陈列馆，是太行山红色旅游的重要景区

依托内丘县“富岗”牌、井陉矿区“昊源”牌、顺平县“顺富”牌、平山县“元坊”牌等苹果品牌，建设省优势农产品产区。建设涉县、赞皇县、临城县省级优质绿色核桃标准化生产示范基地，推动曲阳县、阜平县、行唐县、赞皇县大枣产业基地提档升级。根据宜粮则粮、宜果则果的原则，支持曲阳县（“峪

香”牌小香米）成为国家级特色农产品，打造平山县、临城县、井陉县、蔚县省级小杂粮特色优势产区。整合现有品牌农产品，形成集团化经营。建立统一的农产品交易平台，进一步提高太行山区特色农产品市场占有率。发挥太行山中草药优质种植区优势，借势国家中医药振兴计划和“一带一路”倡议，加快打造“绿色太行山中草药”品牌，在丘陵或浅山区打造全国绿色中草药基地。实施乡村振兴战略，选择一批有民俗文化、特色农业优势的乡镇，打造一批新时代山区型田园综合体。

西柏坡是太行山红色旅游的标志性景区

3. 面向京津冀辐射圈市场需求，创建太行山高端中医药养生养老产业带

随着京津冀协同发展的深入推进，北京非首都功能的外迁，区域功能将进一步明确和细化，健康养老功能将在一定区域聚集。京、保、石、邢、邯65岁以上的人口规模近525万，占人口比重超过15%，已经进入老龄化社会，对养生养老产业的强烈需求，中医药养生养老需求旺盛，具有较大的市场空间。太行山区域腹地广阔，山水林田湖地貌类型齐全，多地是我国中医、中药的发源地，具有独特的环境资源优势，具备发展中医药养生养老的基础条件，可形成与北戴河、张承三点支撑的河北康养基地。

对接北京养生养老需求，选取近邻北京涞涞易地区，建设高端养老社区，发展养生养老产业，积极承接北京养老功能外溢。契合雄安新区创新发展的高端定位，结合白洋淀生态建设，谋划建设健康养生基地，大力推进体育小镇、憩养小镇、文创小镇建设，打造雄安新区的后花园和休憩目的地。依托平山、临城、涉县区位、生态、腹地优势，大力发展中医药种植加工、体育健康、养生养老、休闲度假产业，打造养生养老示范基地，形成石、保、邯、邢高端健康养生养老产业支撑区。

三、建设“一路三带”重大举措

根据“一路三带”建设思路和目标，按照路网支撑、企业主体、重点突破的原则，加快推进“一路三带”建设。

（一）完善升级太行山生态旅游路网

以打造旅游产业带导向，以太行山高速公路为枢纽，重新规划改造区域路网体系。加快太行山高速建设，与横向的廊涿、荣乌、保阜—保沧、石太—石黄、邢汾、青兰等高速，在太行山区域形成“一纵六横”的高速公路骨架，对太行山高速公路服务区、收费站等服务设施进行创新配套旅游功能设计，增设观景台、自驾游汽车营地、游客服务中心、旅游救援站等，建设成国内首条旅游功能高速公路；对沿线已有国、省、县乡公路进行重新盘点，增设旅游专用公路，将区域内的景区、古迹、文化城、体验店、特色小镇等，通过互通立交、连接线与高速公路串联成有机整体，形成贯穿太行山南北的快进漫游旅游路网体系，创建京津冀区域最大规模的旅游目的地；对现有公路按照旅游公路标准进行升级改造，增加防护设施、安全系统、停车港湾、观景平台等安全与服务功能，构建全功能安全游路网体系。

（二）创新“一路三带”建设模式

“一路三带”跨度大、区域广，涉及农、林、旅游、医药、卫生、交通、商务、扶贫、金融等多个行业和部门，产业投资巨大，社会功能显著，前期经济效益较弱，必须探索建立政府积极推动、大型企业快速启动、市场机制贯穿始终、社会力量广泛参与、人民普遍受益的共享共建的太行山区域产业发展新模式，确保项目顺利实施。

河北太行山红色旅游景区之一

（三）构建“一路三带”多元投资体系

“一路三带”产业投资巨大，涉及区域广阔，行业和部门较多，需要建立依靠市场机制筹措资金的多元化投融资支持体系。充分发挥河北交通投资集团资金雄厚、产业多元的优势，联合省属国企、相关央企共同出资成立“一路三带”产业基金，积极探索吸引国内外金融资本、企业资本、社会资本参与建设新模式。

核桃小镇是太行山绿色农产品产业带的一个典型

（四）重点区域突破以示范带动

调研中了解到，石家庄市市长邓沛然、副市长吕素维、邢台市市长董晓宇、涉县县委书记汪涛、县长邢晟、临城县委书记宋向党、平山县委书记李旭阳、县长董晓航都充分认识到太行山高速对沿太行山区绿色崛起的重大机遇，认为打造“一路三带”牵住了太行山区动能转换、经济转型的牛鼻子，目前，河北交通投资集团已与临城县、平山县签订合作框架协议，在中药材种植、休闲旅游、健康养老等产业合作方面形成初步共识。

下一步，要围绕重点区域和重点领域选取突破点，打造引爆点。生态文化旅游产业带方面，全力打造涞源—涞水—易县、驼梁—岗南—温塘（含平山东源水乡—佛光山）、临城岐山湖—崆山白云洞—天台山—蝎子沟、涉县娲皇宫—韩王山—129师司令部旧址—青塔湖区域4个生态旅游特色区。

山地特色农业产业带方面，以绿色中草药种植为突破，充分利用河北交通投资集团在太行山区签约整理土地5万亩，联合地方政府，3～5年内，在丘陵或浅山区种植50万亩、10年内种植100万亩以上绿色中草药；谋划联合大专院校、科研机构，建立创新性中医药研发基地，加强与同仁堂、河北神威、河北以岭药业对接，成为知名中医药生产企业道地药材基地，建成一个中药材交易所；全产业链经济效益规模实现年总产值500亿元以上，实现利税100亿元以上，成为国家“一带一路”中药材走向世界的桥头堡。

中医药养生养老产业带方面，对接北京、石家庄以及未来雄安新区养生养老需求，选取高端人口辐射力强、具有自然资源优势的涞源、涞水、易县、曲阳、定州、平山、井陉、临城、武安、涉县等，建设10个面向京津冀、辐射全国的大型中高端药、医、休、养相结合的现代化共享型康养基地。坚持以中华传统的中医药为主导，完善基地中医院、文体中心、学校、共享社区等配套设施，聚集京津冀乃至全国国医大师、中医名家，推进医养结合、康养结合、休养结合，年接待能力200万人以上；在太行山东源水乡建设一座国际中药国医教育培训基地，满足中医药养生养老人才需要。到2020年，养生养老产业带动就业人口100多万，实现产值500多亿元。

四、推进“一路三带”建设建议

（一）建议将“一路三带”建设，打造太行山成为京津冀“绿水青山就是金山银山”示范区列入省级发展战略；并纳入京津冀协同发展沟通议事内容

实施推进“一路三带”，打造太行山高速公路沿线绿色经济隆起带，是我省贯彻落实习近平总书记“绿水青山就是金山银山”指示的具体举措。既是贯彻落实精准扶贫和全面建成小康社会等国家战略的需要，也是创建河北省全国全域旅游试点城市和实现河北省经济结构转型升级的需要，战略意义重大，因此，建议将实施推进“一路三带”建设，打造太行山成为京津冀“绿水青山就是金山银山”示范区，列入省级发展战略。

解读太行　地质地貌之奇观

白石山 保定市涞源县　国家AAAAA级旅游景区 世界地质公园

太行山是中国东部的
重要地理分界线
地壳活动的鬼斧神工
“雕刻”出叹为观止
的奇特地貌
八百里太行，山体雄
伟，奇峰林立
涞源白石山
赞皇嶂石岩
崆山白云洞
邢台大峡谷
自然奇观不胜枚举

嶂石岩 石家庄赞皇县　国家AAAA级旅游景区 国家级风景名胜区

崆山白云洞 邢台市临城县　国家AAAA级旅游景区 国家地质公园

（二）将“一路三带”列入省重点工作，研究出台专项规划

建议由发展改革部门牵头，联合交通、旅游、农业、林业、水利、医药卫生、财政、国土等部门，研究出台“一路三带”专项规划，促进“一路三带”重点项目与国家和省有关规划相衔接，并将有关项目列入精准扶贫扶持和生态涵养扶持目录，明确支持政策。

解读太行　交通要塞话古今

飞狐峪·狐峰屹离撑，秀岩若天柱 张家口蔚县

泱泱华夏
没有哪一座山如太行山这般
与中华文明有着如此紧密的关系
著名的“太行八陉”
便是最好的印证
连接华北平原和山西高原的
古代“国道”
在历史、经济、军事、宗教和
文化等许多层面
和巍峨奇峻的太行山一起
成为博大精深的中华文明的
重要组成部分

苍岩山 石家庄市井陉县
中国历史文化名山
国家AAAA级旅游景区

滏口陉磁州窑富田遗址 邯郸市武安市
中国民窑研究基地
中国民窑之乡

（三）将“一路三带”项目纳入省重点项目，争取列入国家项目，切实增强要素保障

实施推进“一路三带”，整体投资规模较大，初步预计在2 000亿元以上，建议将“一路三带”涉及具体实施项目列入省级重点项目，并争取列入京津冀协

同规划，争取国家在土地、环保、水利、资金等政策支持，切实增强项目实施的政策要素保障。

省联合调研组臧胜业（左四）等在太行山绿色旅游产业带重点景区——内丘县邢瓷博物馆考察

（四）建议省政府制定"一路三带"项目省级协调推进机制

鉴于"一路三带"建设，涉及面广、协调难度大，建议成立由副省长为组长，交通、旅游、农业（农工办）、水利、林业、环保、国土、财政等相关部门负责人，太行山高速公路沿线4个地级市市长，17个县（市）长为成员的省级引导协调推进机制，协调解决"一路三带"推进过程中的重大事宜。

（五）建议将省交通投资集团作为实施"一路三带"项目省级开发建设的主要载体和运作平台

鉴于"一路三带"产业采用政府推动、企业主体、市场化运作、农民参与的模式，同时河北交通投资集团作为省政府出资并授权的投资机构，资产规模大、融资能力强，且拥有建设太行山高速公路的资源环境优势，建议将其作为实施"一路三带"项目省级开发建设的主要载体和运作平台，负责"一路三带"项目创新投融资模式，多渠道引入央企和社会资本，筹措"一路三带"建设资金。

（联合调研组成员：臧胜业、赵文鹤、董经纬、王慧军、冯志民（人民网）、顾大鹏（香港大公报）、张凤珠、彭建强（河北省社会科学院）、尤拴庆、杨雪先、朱麦林、阎立波、王哲平、葛金诚、李彦平、陈华。调研地点：“一路三带”示范区，包括平山西柏坡和佛光山东源水乡、内丘邢瓷窑和富岗苹果、临城岐山湖、邢台县前南峪、涉县129师景区、武安和峰峰矿区相关景区、保定京西百渡和曲阳等。）

（注：此调研报告得到省委省政府主要领导和分管领导的肯定性批示，引起高度重视。省委省政府已采纳所提建议；2018年，省政府出台了《河北省依托太行山高速路，建设三条绿色产业带的实施意见》；河北省沿太行山五市二十几个县（市区）相继制定了相应的规划或实施方案；2019年11月，国家相关机构在河北石家庄召开现场会，推广河北太行山建设“一路三带”经验。）

借鉴成都、西安等城市政策与经验　推动我省便利店品牌化、连锁化发展的调研报告

河北省委省政府决策咨询委员会专题调研组

（2019年7月16日）

围绕推动我省便利店品牌化、连锁化发展，促进“消费升级，拉动内需”，调研组对我省品牌连锁便利店进行了调研分析；经省商务厅和石家庄市商务局介绍，对成都等外地连锁便利店进行了考察了解；关注、研究了国家和各地近期关于推动品牌连锁便利店发展的如下5个重要信息。

一是近年来，特别是中美发生贸易摩擦以来，国家和各地对品牌连锁便利店发展的关注度和重视程度越来越高；一些省市自治区和计划单列市政府主要负责人，对品牌连锁便利店发展进行调研调度。我省省长许勤对《借鉴深圳产业供应链发展经验　推进我省商业转型升级高质量发展考察调研报告》作出批示：“现代供应链企业是新的业态，正在重构产业价值链。我省要制订专项方案和政策予以支持”；二是全国各地支持便利店品牌化、连锁化发展的政策力度越来越大；如成都、西安、北京、深圳等一些城市密集出台支持品牌连锁便利店发展的新举措；三是国家于6月21日召开了第一次品牌连锁便利店发展工作会议；四是商务部5月中旬发出通知，对全国品牌连锁店进行深度摸底调查；五是7月1日商务部发出《关于推动便利店品牌化、连锁化发展的工作通知》。

一、成都、西安等外地近年支持品牌连锁便利店发展的“四个新突破”和“八项新举措”

成都、西安、北京、天津、深圳等城市领导层的共识是：品牌连锁便利店

是大都市标志性的业态，是现代供应链的新业态（智慧便利店）。在引导生产、促进消费、拉动内需、改善民生、保障食品安全、提供劳动就业、提升群众获得感上发挥着不可替代的作用。在中美贸易摩擦大背景下，成都、西安、北京等城市顺时应变，以问题为导向，密集出台支持连锁便利店发展政策，在以下“四个方面”取得新突破。

省联合调研组臧胜业、董经纬、王慧军、尤拴庆、于树中等赴成都考察品牌连锁便利店，与四川省商务厅、成都市商务局领导合影

一是在推进品牌连锁便利店发展的政策支持体系上有新突破。优化连锁便利店发展营商环境，提升供应链和销售端协同能力，专项制定支持连锁便利店发展政策，精准扶持品牌连锁店。北京发布《关于进一步促进便利店发展的若干措施》；成都发布《成都市打造社区商业消费新场景构建社区优质生活服务圈工作方案（2018—2022）》；西安发布《大力推进便利店创新发展行动计划》。

二是在总消费促进体系方面有新突破。北京等部分省市以“总消费”替代“社会零售总额”，作为衡量消费指标，纳入经济增长统计与考核。促进消费升级，推动消费拉动经济增长。

三是在生活性服务向生产性服务延伸上有新突破。利用互联网、物联网、大数据技术和平台，推进供给侧与需求侧无缝对接，建立智慧供应链和溯源体系，促进“工业品顺畅下乡、农产品便捷进城”双向流动，推动消费扶贫，确保餐桌上的安全。

四是在行业属性界定方面有新突破。明确了品牌连锁便利店具有企业商业性和社会公益性双重属性。而且企业商业性的利润率越来越低，社会公益性的地位和作用越来越突出。为此密集出台政策措施，加大资金支持力度，补贴公益性民生行业发展。

调研组考察世界知名连锁便利店——7-11便利店

以上成都、西安、北京等城市的“四个新突破”，主要体现在以下政策上的“八项新举措”。

一是支持连锁便利店行业转型升级。各地支持连锁便利店企业新开店铺、新建或改造加工配送中心；引导连锁便利店应用物联网、大数据等技术，开发和升级管理信息系统，提升供应链和销售端协同能力；引导连锁便利店线上线下融合发展，提供更多便民服务。

二是支持品牌连锁便利店新开店、多开店。成都对零售企业采取连锁经营方式新开设的便利店、超市、商场，经营面积在500平方米以下、5 000平方米以下、5 000平方米以上的分别给予每店3万元、5万元、10万元的补贴；每年择优20家具有示范性的品牌店，分别给予20万元奖励。

三是支持品牌连锁便利店搭载服务项目。成都对年销售额（交易额）在1亿元以上的商贸连锁企业在便利店新增家庭服务、票务服务、餐饮服务等增值服务，覆盖门店10个以上的，每个单项服务补助5万元，单个企业补贴最高不超过100万元。

四是支持发展品牌连锁加盟店。西安对现有直营或特许加盟门店数量30个以上、搭载便民服务的品牌连锁便利店，每新增加1个门店给予3万元奖励。

五是鼓励政府和企事业单位开放公共服务空间，开设品牌连锁便利店。西安鼓励政府和企事业单位开放空间资源，引进品牌连锁便利店。协调开放公共服务空间，在高校、体育场馆、医院、公园、地铁等引入品牌连锁便利店。

六是支持新技术赋能品牌连锁便利店。西安推进便利店“O2O”模式，给予便利店企业电子商务平台建设投资额的30%，最高200万元的资金补助。

七是给予品牌连锁便利店房屋租金补贴。北京市品牌连锁便利店按照不超过最高租金限价的50%给予租金补助。对便民商业服务功能空白区域新建的实体网点和24小时运营的便利店和社区超市，可按照不超过实际审定投资额70%的标准给予资金补助。

考察调研组与成都市商务局负责人座谈交流

八是支持品牌连锁便利店向农村延伸。西安对品牌连锁便利店布局农村地区，在农村开设门店达到30个以上，一次性给予50万元奖励。

二、我省品牌连锁便利店发展的三个新进展和存在问题及原因分析

（一）我省各级对品牌连锁便利店关注度和重视程度在提高，支持力度在加大

省商务厅印发了《关于加快发展生活性服务业促进消费结构升级的实施意

见》，在全国率先实现了农村电子商务全覆盖，城乡品牌连锁便利店数量和质量及营商环境有所改善，城乡居民获得感明显提高。2018年7月，经省商务厅推荐，商务部批准石家庄市2018年流通终端（连锁便利店）智能化改造。

（二）省会石家庄率先出台了支持品牌连锁便利店的政策

省委常委、石家庄市委书记邢国辉、市长邓沛然对《借鉴深圳产业供应链发展经验　推进我省商业转型升级高质量发展考察调研报告》高度重视，及时作出批示并督导落实。石家庄市发展改革委在考察调研365集团后，于去年5月9日出台了支持品牌连锁便利店企业发展的六项新举措。365集团作为石家庄市现代流通供应链试点企业（链主），协同惠康食品公司、顺丰速运公司，共同推进“石家庄新零售智慧（电商）供应链体系建设项目”试点，效果明显。

考察调研组与北京市商务局负责人座谈交流

（三）我省品牌连锁便利店龙头企业，在消费升级、拉动内需、关注民生、消费扶贫、引导生产方面，发挥了示范和带头作用

据国家公布的“2018年中国便利店百强榜单”中，我省有四家榜上有名。其中，以京津冀最大品牌连锁便利店36524为例，在以下五方面发挥了示范作用：一是在全省开店数量多、质量高、品牌好；二是以城市店带乡村店，“好乡亲365”乡村便利店覆盖全省1/3农村（1.5万家）；三是组建消费扶贫联盟；四是

体现商业属性与公益属性的统一，为环卫工人、执勤民警免费供早餐等；五是拟与省外贸“混改”，为省外贸“赋能”，打造集“产业互联网+全球供应链+贸易大服务”于一体的“365智慧供应链综合服务平台”，畅通为“一带一路”流通服务的渠道。

36524便利店连接乡村万村千乡，对接城市千家万户

我省品牌连锁便利店存在的问题。按国家统一评价指标，我省有四点差距，一是品牌连锁便利店总量不足，布局不够合理；二是品牌便利店增速不够高；三是24小时营业店比例较低；四是服务功能不够完善，支持政策不够精准。今年5月，国家公布的“2018年中国城市便利店发展指数”榜单上，全国有32个较好城市上榜，我省城市榜上无名。

存在上述差距的原因：主要是“三高一低一缺乏”（租房租金高、电费成本高、人工成本高，商品毛利率低，缺乏精准支持政策），具体原因分析如下。

1. 便利店的业态特点决定了经营成本过高

一是房屋租金居高不下。便利店开设在商业地段和居民社区。由于楼市的带动，商业门脸房价偏高，造成房屋租金只涨不降。据调查，石家庄市品牌便利店单店平均房租（4.57元/（平方米·日））是本地综合超市平均房租（0.78元/（平方米·日））的5.86倍。

二是连锁便利店用电成本偏高。24小时营业的连锁便利店，用电时间长，服务网点分散，不能像大商场一样享受峰谷用电贴补政策。据调查，品牌连锁便利店单店平均电价在1.15元/度，高出国家商业用电定价近1倍（河北省南部电网商业用电销售电价为0.61元/度），门店多承担了50%左右的电费成本。

三是人工成本刚性增长。24小时营业的便利店给百姓生活带来了便利，但用工人数要相应增加才能保证服务品质。同时，员工收入及福利逐年增长。

考察调研组与北京超市连锁店负责人座谈交流

2. 行业属性决定了便利店毛利率偏低

实体便利店销售的商品主要是满足居民日常生活需求的即刻消费的低毛利商品。相对高级商场的服装鞋帽、高级化妆品、时尚奢侈品等毛利极低。比如：大的百货商场，一件男士衬衫，动辄上千，成本100元/件，售价1 000元/件，毛利大部分交的是商场租金，顾客承担了畸形成本。而连锁便利店，一单购物8～9元，都是日常生活的小商品，毛利率在18%～20%，累加起来也远远不够人工、房租成本。

3. 缺乏精准扶持品牌连锁便利店发展政策和措施

相对全国其他城市，尤其是成都、西安、太原和北京等城市，我省缺乏精准、具体支持品牌连锁便利店发展的政策与措施，造成我省品牌化便利店数量、便利店发展增速、24小时便利店的比例等方面与其他城市存在差距。

三、推进我省便利店品牌化、连锁化发展的政策建议

（一）以担当作为为导向，对我省便利店品牌化、连锁化发展形成共识，高度重视，加大力度

按照国家近期统一要求，对品牌连锁便利店发展“四定”，即定推进方案，定推进政策，定推进城市，定推进机制。前提是各级形成如下共识：发展我省品牌连锁便利店，一是我省消费升级，拉动内需的需要；二是我省物流业结构调整，建设产业供应链优势企业，高质量发展的需要；三是高标准完成我省“三件大事”的需要；四是关注民生，提升群众获得感的需要。

（二）以创新为导向，制定便利店品牌化、连锁化、智能化发展的政策体系

从店铺选址、注册登记、经营许可、技术应用、供应链建设等方面予以支持；同时，针对我省品牌连锁便利店“三高一低”问题，出台精准政策。

（三）以问题为导向，试点先行，重点突破

建议我省确定石家庄、雄安新区、张家口（冬奥会）、秦皇岛（夏都）等为先行城市。其中，石家庄为先行重点城市。原因一是国家规定省会城市先行，二是石家庄品牌连锁便利店基础较好，三是石家庄市支持连锁店政策出台得早，并且较精准。关于石家庄市先行重点，建议针对我省普遍存在的品牌连锁店“三高一低”问题，参照外地政策和经验，创新突破的举措。

1. 针对“品牌连锁便利店租金偏高”，开不出店、开店就亏损的问题

建议制定出台品牌连锁便利店发展网点规划和补贴房租的政策。学习借鉴西安市协调开放公共服务空间，在高校、体育场馆、医院、公园、地铁等引入品牌连锁便利店，按照公共服务配套设施放宽准入门槛；学习借鉴北京市便利店和社区超市按照不超过最高租金限价的50%给予租金补助。

2. 针对“品牌连锁便利店电费成本偏高”，企业多承担电费的问题

建议以直补方式贴补电费，按照品牌连锁便利店（实体店铺）年度实际缴纳电费总额的25%，直接补贴连锁经营企业，减轻企业多承担的50%左右电费负担。

3. 针对“人工成本等经营费用偏高”的问题

建议参照国家鼓励创新创业政策，支持以品牌连锁便利店为依托，创新创业。对持《就业失业登记证》人员从事个体经营的，在3年内按每户每年8 000元为限额依次扣减其当年实际应缴纳的营业税、城市维护建设税、教育费附加、地方教育附加和个人所得税，限额标准最高可上浮20%；对高校毕业生自主创业者，提高创办3年内租用经营场地和店铺小微企业的租金补贴标准，100平方米以下的每年不超过3 000元，100平方米以上的每年不超过5 000元；对初次领取营业执照并稳定经营6个月以上的，可给予每人5 000元的一次性创业补助；等等。

4. 针对“品牌连锁便利店商品经营毛利率低”的问题

建议政府支持品牌连锁便利店企业扩大经营范围、研发自主品牌，提高商品毛利率和增值服务项目。一是支持便利店搭载服务，学习借鉴成都市在便利店新增家庭服务、票务服务、餐饮服务等增值服务，每个单项服务补助5万元；二是继续推动早餐工程，推进便利店与快餐店深度融合，放宽经营品类、品种的准入限制，补贴连锁便利店为环卫工人、执勤民警等提供爱心早餐；三是打造生产型便利店，支持龙头企业研发白酒、速食、绿色食品等高品质、高毛利、高附加值产品；支持供应链企业与绿色农产品基地对接，降低和疏通绿色、健康、有机食品进学校、进医院、进工厂、进军营的门槛。

考察调研组向北京市商务局负责人赠字“复兴”留念

5. 以目标为导向，建立品牌连锁便利店工作推进机制

按照“推进方案”设定的工作目标、工作重点、政策措施，建立督导落实工作机制，明确具体分工、落实工作责任、加强督导检查，列入各级政府的“民心工程”，加强督导推进。省和推进城市商务部门会同发展改革委、财政、规划、建设、市场等部门，共同研究出台支持便利店品牌化、连锁化政策体系，并共同推进这项工作。市县两级政府是便利店品牌化、连锁化发展的责任主体。把品牌连锁便利店覆盖率、24小时便利店的比例和促进消费升级、拉动内需的贡献度和群众满意度以及供应链的运行效率、效益作为督导落实的重点内容，为推动我省高质量发展提供新动能。

（注：该调研报告得到省政府主要领导和主管领导肯定性批示，引起高度重视，成为河北出台支持连锁便利店发展改革的助推因素。）

石家庄市栾城区“双创双服”情况调研报告及同福碗粥“凤还巢”典型案例

——石家庄市栾城区扎实推进“双创双服”活动调研报告

河北省委省政府决策咨询委员会农业农村组
石家庄市政府研究室　联合调研组

（2018年8月22日）

今年以来，石家庄市栾城区坚持把开展“双创双服”活动作为一项重要的政治任务来抓，全力以赴创新创业，着力推动转型升级高质量发展；强力优化发展环境，努力提升服务发展的能力和水平；强化责任服务民生，着力推进民生实事落地见效。近期，省委省政府决策咨询委员会农业农村组专题调研组到栾城区围绕“双创双服”进行了专题调研。具体调研情况报告如下。

一、“双创双服”活动推动栾城发生了新变化

（一）项目建设展现新变化

栾城区确立了“园区2020年主营业收入突破千亿元发展目标”，强力推进“项目攻坚突破年”行动，仅上半年就引资达593.8亿元，位列石家庄市第一。

1. 高质量好项目大幅度增加

栾城区全面落实重点项目清单式管理，总投资372亿元的23个省市重点项目

快速推进。洋旺机电、勤悦充电桩等6个项目实现开工建设，奇瑞新能源汽车、欧洲工业园、康普斯压缩机等项目进展顺利，同福大健康食品城、华讯方舟食安产业基地、京东“亚洲一号”等13个项目实现签约，河北茂源电力、航宸碳纤维等11个项目达成初步合作意向。

石家庄装备制造产业园被确定为河北省央企合作产业聚集和转移承接示范园区，获评河北省外贸转型升级十佳平台。特别是同福大健康食品城项目3周签约，1个月时间完成征迁和进场落地；京东“亚洲一号”物流中心项目在考察6个县（市区）后最终选择栾城，仅1周就签约；华讯方舟食安产业基地落户栾城，也正是看中了栾城干部作风好、服务优，这充分说明栾城区发展意识强，服务项目决心大。

中共河北省委常委、石家庄市委书记邢国辉（右一）和栾城县委书记张旭（右二）到同福碗粥集团栾城总部基地调研

2. 在建项目速度明显加快

今年栾城区重点推进建设总投资631亿元的54个现代产业项目。围绕项目推进中存在的手续、拆迁等问题，推行项目建设目标管理、领导分包、会商协商等“八项推进机制”，“有什么问题就解决什么问题，哪里问题严重就重点整治哪里”，全部倒排工期，逐级拉出问题清单，持续开展攻坚战。党政班子成员带头落实包联制度，深入项目单位倾听意见建议，全力做好项目征地拆迁等地方工作。在奇瑞新能源汽车基地项目现场，不管是机关干部、还是施工工人，昼夜泡在工地，顶寒风，冒酷暑，只为困难想办法，不为困难找理由。常规两年的建设任务，11个月就完成了。

栾城探索采取工业用地“弹性出让”方式，妥善解决中车、石煤机历史遗留问题。围绕顺利推进项目建设，积极跑办，上半年共争取耕地占补平衡指标1 300亩，确保了同福碗粥等34个项目按时开工。今年新签约项目，已有8个完成公司注册，6个完成选址工作，4个完成备案手续，项目建设效率实现新提升。

3. 支持现有企业上新项目力度明显加大

栾城区深入开展“进百企、解难题、促发展”活动，把“双创双服”体现在为现有企业提供政策、要素和服务保障上，体现在支持骨干企业做大做强上。县级领导带头，职能部门主动，深入企业调研，协调解决问题。为进一步支持神威药业，今年该区一次性奖励资金230万元，用于企业研发创新，助推企业发展驶入快车道。针对新诺威公司提出的公交线路申请、后续发展空间规划、减少环保治理影响等意见建议，相关区领导积极协调，现场办结。大力支持企业争创名优产品，目前拥有全国驰名商标7个、省著名商标51个，驰著名商标拥有量在全市名列前茅。

（二）服务创新创业呈现新变化

栾城区坚持把创新作为引领区域经济发展的第一动力，深入实施创新驱动发展战略，加快构建自主创新体系，推动产业结构调整、转型升级，提升产业创新力和竞争力。

1. 培育壮大创新平台

围绕做大做强“4+4”现代产业，栾城区整合创新资源，搭建创新平台，培育了一批产业技术研究机构、创业孵化基地、众创空间，提升了关键技术研发和成果转化能力。

石家庄市市长邓沛然（前排中）到同福碗粥集团现场办公，
集团董事长刘山国（前排左一）介绍情况

立足装备制造产业园区四大特色主导产业，积极推进智能制造协同创新中心、海外院士创新园、装备园区孵化器、奇瑞新能源汽车研发中心等平台建设。紧盯产业发展高端，加快创业孵化基地建设，建成天山万创园、潘城创新科技园、河北精英众创空间创业孵化基地、石家庄未来科技城众创空间大厦等众创空间4家。天山万创园计划入驻食品大健康、生物医药、装备制造等行业中小企业30余家；河北精英众创空间已通过市级认定，可同时入驻80个文化旅游创业企业。目前，该区正在积极申报市级区域性“双创”示范基地。

2. 培育壮大创新主体

栾城区大力实施高新技术企业、科技型中小企业“双倍增”计划，打造创新型产业集群，推进企业研发机构建设，加快形成以企业为主体、市场为导向、产学研深度融合的技术创新体系，加快产业转型升级步伐。大力培育科技型中小企业，上半年河北吉远通用航空等29家企业被认定为科技型中小企业，圣泰化工被认定为科技型“小巨人”企业，全区科技型中小企业达540家、科技型“小巨人”企业达19家，排全市前列。

大力培育企业研发中心，石药新诺威“河北省黄嘌呤工程技术研究中心”列入2018年度省级工程技术研究中心建设计划。全区市级以上企业技术中心达16家，工程实验室7个，工程技术研究中心23个，省级工程技术研究中心达9家，全省领先。大力培育高新技术企业，今年河北中航通用公司等5家企业申报国家级高新技术企业，全区高新技术企业达27家。推荐长安育才、石家庄垚淼申报省“院士工作站”，院士工作站达4个。

河北农业大学校长申书兴等和栾城区政府及同福集团签订合作协议

3. 培育壮大创新队伍

围绕全区经济社会发展需求，栾城区提出“三百一千”人才引进计划，对今后五年全区党政机关、事业单位、创业孵化园、辖区企业每年在引进人才方面做出部署，确保实现引才数量和质量一年一提升，五年大飞跃。

坚持把人才绿卡制度作为“一号工程”来抓，出台《人才绿卡管理办法（试行）》，确保了人才留得住、用得好。市管拔尖人才、河北三楷深发科技公司董事长兼总经理马国栋，率先获得人才绿卡，享受到优惠政策，助推企业年主营收入有望过亿元、利税近2 000万元；清华大学环境学院博士罗遥定向选调到栾城工作，充分发挥专业特长，成长迅速，破格提拔为乡镇正职。目前，栾城区共签约引进“千人计划”人选1人，硕博士、“双一流”名校毕业生18人，第一批10名申领人已领到绿卡。

二、栾城区“双创双服”的新举措

栾城区把创优营商环境、转变工作作风作为推动区域经济高质量发展的切入点，创新举措、创新机制、转变作风，真正把“双创双服”展现为各方面服务追求极致、做到极致上。

（一）智能审批追求极致

坚持“让数据多跑路、让群众少跑腿”，在全省率先实现个体工商户注册登记“不见面”，“全流程、全自助、无纸化”审批，群众仅凭身份证，便可在自助登记打照机上一次性完成个体执照申请和领取，无须再填写《个体工商户名称预先核准申请书》等8份纸质材料，最快20分钟就能拿到证照。打破审批区域限制，在服务大厅、7个乡镇便民服务中心、河北银行栾城支行设置“个体工商户注册登记自助终端”，申请注册地由5个增加到9个，群众可就近申请办理。打破审批时间限制，开通微信端掌上办理营业执照业务，群众可通过手机微信随时随地完成业务申请，目前已成功为2 172家个体工商户办理业务。深入推进网上办理，成功与省、市“互联网+政务服务”平台对接，可网上办理事项增加到54项，开通率达75%，实现“网上申报、网上预审、网上审批、网上办结”。上半年，全区新注册市场主体4 096家，净增市场主体2 397家，市场主体总量达3.3万余户。

河北省石家庄2018年秋季项目集中开工仪式在栾城同福碗粥集团总部基地举行；
省委常委、石家庄市委书记邢国辉和市长邓沛然出席；刘山国董事长发言

（二）审批速度追求极致

把"马上就办、办就办好"作为座右铭，拓展"最多跑一次"改革，最大程度地缩短审批时限。开展审批流程优化再造，压缩申请材料93项，压减审批时限57%；推行"并联审批、容缺受理、信息共享、限时办结"工作模式，为奇瑞新能源汽车项目提供容缺办理服务，用最短时间完成了项目所有手续审批；开通重点项目绿色通道，为装备制造产业园基础设施项目、输气管道改迁项目、裕华热电等重点项目提供优质服务，办理预施工许可证由128个工作日压减到40个工作日以内。

（三）人性化服务追求极致

优化行政审批大厅布局，业务窗口由30个增加到了34个，增设了人才绿卡服务窗口、现场勘验窗口。大厅设置学雷锋志愿服务岗，配备引导员，免费提供领办、代办、复印、证照邮寄等多项便民举措，为办事群众提供"零障碍"全程服务。开通行政审批网上办事大厅，提供在线咨询服务，已为300余人次提供咨询服务，解决问题400余件。筹建行政审批"中介机构服务"超市，搭建"公平、公开、规范、高效"的中介服务平台，符合资质的中介机构均可免费入驻，办事主体可选择购买高效、优质、廉价的服务，为规范中介提供了范例。

三、栾城区“双创双服”的启示

（一）用习近平新发展理念统一认识、形成共识是推进“双创双服”的思想保证

栾城区委认识到，开展“双创双服”活动，建设现代新区、美丽栾城，必须坚持以习近平总书记新发展理念引领高质量发展。尽管栾城经济呈现稳中有进、稳中向好的态势，但存在的矛盾和问题依然不少，比如，创业氛围还不够浓，质量效益还不够高，发展环境还不够好，等等。开展“双创双服”活动，就是解决这些矛盾和问题，更好地促进经济发展方式转变、产业结构优化、增长动力转换，打造现代化经济体系。无论哪个地方，只要把这项活动抓实抓好，就能进一步营造良好的投资发展环境和营商环境，激发市场主体和各类企业的发展活力，实现更高质量、更有效率、更加公平、更可持续的发展。

（二）科学研判新挑战，继续深化改革，扩大开放是推进“双创双服”取得实效的有力举措

“春江水暖鸭先知”。企业最讲效率、最关心服务措施。栾城区在“双创双服”中，追求3个极致，即智能审批追求极致，审批速度追求极致，人性化服务追求极致；从而促成了项目建设的“三个新变化”，服务创新创业上的“三个壮大”，服务民生上的“三个新提升”；上述改革开放的新举措，推动了高质量发展。

（三）建立容错纠错等机制是推进“双创双服”的政策制度保证

开展“双创双服”活动，破解制约发展中的深层次矛盾，解决市场主体反映最集中的突出问题，办好人民群众需要最迫切的事情，需要各级干部敢闯敢试，敢冒风险。栾城区委进一步健全了激励机制和容错纠错机制，为勇于改革创新的干部撑腰鼓劲，让广大干部愿干事、敢干事、干成事。明确“三个区分”，即把干部在推进改革中因缺乏经验、先行先试出现的失误和错误，同明知故犯的违纪违法行为区分开来；把上级尚无明确限制的探索性试验中的失误和错误，同上级明令禁止后依然我行我素的违纪违法行为区分开来；把为推动发展的无意过失，同为谋取私利的违纪违法行为区分开来，以保护那些作风正派又敢作敢为、

锐意进取的干部，最大限度地调动广大干部干事创业的积极性、主动性、创造性，营造了"崇尚成功、宽容失败"的良好氛围。

（四）激励干部担当作为抓落实是推进"双创双服"的组织保证

调研组在调研过程中，真切感受到栾城的干部真懂经济、真抓项目，能够一抓到底，一张蓝图绘到底、一棒更比一棒快。栾城区以开展"双创双服"活动破题开路，坚持以起步就是冲刺、开局就是决战的精神状态，激励各级干部担当作为抓落实，聚焦全年目标，聚焦"干部和项目"两个关键，各级班子列出全年重点工作清单，以逢山开路、遇水架桥的勇气，攻坚克难，吹响"六大攻坚战"冲锋号，激发起全区上下干事创业的澎湃激情和敢打必胜的斗志，展现出苦干实干、务实担当、奋发有为的优良作风。在实际工作中，栾城区抓住"一把手"这个"关键少数"不放松，要求紧盯任务目标，亲力亲为，既当"指挥员"，又当"战斗员"，既做总规划师，又做施工队长，勇于挑最重的担子，敢于啃最硬的骨头，善于接最烫的山芋，带领"群雁"一件一件抓推进，一项一项抓兑现。栾城区坚持把开展"双创双服"活动，作为一次生动的思想教育和群众路线教育，作为是一次现实的党性锻炼和作风锤炼，组织广大干部深入企业、深入基层、深入群众，解难题、办实事、搞服务，把转变干部作风落实到服务发展、服务民生的实践中，体现到促进创新创业、造福人民群众的成果上。

四、问题和建议

与栾城区相比，我省部分地方在"双创双服"中还存在一些共性问题。表现：一是部分干部对"双创双服"的紧迫性、重要性认识不足；二是部分干部担当作为抓落实不够；三是有的地方支持"双创双服"的政策机制不够实；四是有的地方"双创双服"重形式、轻实效。

建议：

1.科学研判新挑战新形势，以"风雨兼程是状态"的定力和"改革开放天地宽"的视野，在"双创双服"中，实施深化改革，扩大开放的新举措，推动高质量发展取得新成效。

2.对近日发布的《河北省深化"放管服"改革五年行动计划（2018—2022）》（下称《计划》），商界很期待，社会很关注；一是督促各地各部门制订与该《计划》相应的可量化、可评价、可追责的更具体的行动计划；二是逐级签定《责任状》，确保《深化“放管服”改革行动计划》落地生根见效。

3.对近日河北省政府制定的《关于鼓励冀商回归企业发展的意见》，已引起国内外冀商的广泛关注；建议对此意见中承诺的7项支持政策，加强督办，确保各地各级兑现落实。建议省委省政府适时召开“鼓励冀商回归发展恳谈会或论坛”（浙江等省已召开数次此类论坛或恳谈会）。

4.建立并完善进一步支持“双创双服”的政策保障机制（包括用地保障，拓宽融资渠道，支持科技创新和人才引进和容错纠错等）。

5.进一步激励各级干部担当作为抓落实，按照中央办公厅今年5月转发的《激励广大干部新担当新作为的意见》，督促各地各级提出可操作的具体措施，起用一批“忠诚、担当、作为”的干部做标杆；形成忠诚、担当、作为抓落实的良好政治环境。

附件1：

“双创双服”育梧桐　同福碗粥“凤还巢”

——石家庄人创办的中国最大的碗粥企业集团总部重回石家庄，落户栾城区

同福碗粥曾是石家庄本土企业，创建于20世纪90年代。三鹿奶粉事件后，同福总部转移到安徽芜湖。今年春节期间，石家庄市召开“双创双服及冀商回乡创业”座谈会，同福集团董事长刘山国参加了这次座谈会，并为邢国辉书记、邓沛然市长的真诚态度所打动，表达了回家乡石家庄创业的意向；栾城区委书记张旭第一时间得知这一信息，抢先一步接触了刘山国董事长；接着，张旭同志和栾城区区长刘玉渭以“八个一”的服务质量，全程为同福项目协调。由此，同福集团在短时间内就把总部和产业基地、关联企业基地等主要业态选址落户在栾城。

同福集团已发展成一家集粥品、饮料产业、学生营养餐、营养早餐，中央厨房主食工程产业、大健康（糖尿病患者食品）产业、现代农业示范园区产业、“种养+产业”于一体的现代化企业集团。同福集团还是农业产业化国家重点龙头企业、国家高新技术企业、八宝粥国家标准的主要起草单位之一，也是国内碗粥的首创企业，目前是国内最大的碗粥产销企业，“同福”商标是中国驰名商标。

同福集团安徽芜湖基地

栾城区为大项目服务做到了“八个一”，从而吸引了同福集团大健康食品城项目落户栾城。项目投资约28.3亿元，预计全部投产后，年销售收入46亿元、年创造利税8.1亿元、新增就业人数4 000人，间接带动就业万余人，可带动上百万农民增收致富和10个关联行业发展，2025年带动全产业链营业收入达100亿元。

栾城抢先一步，全程服务，21天完成项目签约。在谈到同福项目入驻栾城时，“抢先一步”是栾城区干部提到最多的一个词汇。在得知同福集团有回石家庄投资意向后，栾城区委书记张旭第一时间就与同福集团董事长刘山国进行沟通，详细了解项目情况，并深入介绍栾城的各方面优势，真诚邀请同福集团回石家庄投资、到栾城创业。

第一次接触后，区委书记张旭、区长刘玉渭及栾城区其他领导坚持一天一互动，每天要与同福各方面负责人进行沟通，介绍栾城区历史文化、风土人情、营商环境、招商引资政策等。同时，对同福集团提出的问题，栾城区都能做到第一时间进行答复并提出具体解决方案，事事处处让同福集团感受到栾城的热情和真诚。围绕同福集团能多角度、全方位了解栾城，张旭同志特意联系与同福集团董事长刘山国熟悉的朋友，帮忙介绍栾城经济社会发展情况，让同福集团能在最短时间内对栾城加深了印象、熟知了栾城的优势所在。

为了让同福集团能够更进一步感受到栾城的一片真诚，栾城区抢先其他地区成立招商专项工作组，由区委、区政府主要领导和主管领导亲自带队，国土局、规划局、发展改革局等职能部门参与，与同福集团项目负责人一起在栾城

345平方千米的土地进行项目选址。可以说，从栾城的区位优势，到工业园区的基础设施、配套服务设施建设；从石家庄整体规划，到栾城区发展规划，等等，栾城区根据项目建设需求，站在对方的角度从不同方面抢先提出选址的建议。面对真诚的面孔、真诚的建议、真诚的话语，同福集团的"芳心"终于为栾城的实际行动所打动，21天牵手栾城。栾城探索容缺办理，对项目"六包"，1小时完成企业注册。

营商环境是一个地方发展的核心竞争力。只有大力优化营商环境，才能打造更加具有吸引力的投资发展新高地。对此，栾城区进一步深化"放管服"改革，着力破解企业审批难、市场准入难、准入不准营等现实问题，着力规范市场经济秩序，坚定企业家信心，稳定企业家预期，用良好的营商环境，确保了外来企业想进来、敢投资。

同福项目签约后，栾城区没有就此止步，而是继续深入合作。区委书记张旭、区长刘玉渭亲自挂帅，成立同福大健康食品城项目工作组，跟踪和服务同福项目，并将同福项目确立为"一号工程"。在工作推动上，确定项目布局和发展定位，集中精兵强将，组建了同福大健康食品城重点项目建设工作专班，负责项目的协调服务、督查推进工作，具体做到"六包"，即包前期洽谈、包开工立项、包要素保障、包施工环境、包建设进度、包竣工投产，及时有效解决项目招引建设过程中遇到的困难和问题，为企业提供"一条龙""保姆式"服务，真正打通服务重点项目建设的"最后一千米"。

为确保项目建设顺利进行，让企业享有更多优惠政策，栾城区相关领导带领发改局的同志们多次跑省进市，为同福大健康食品城项目补申请省重点项目，确保顺利通过。在提高审批效率上，把"马上就办、办就办好"作为座右铭，坚持原则性与灵活性相结合，探索实行容缺办理机制，同福在栾城注册公司时，由该区审批局主要负责同志亲自协助办理，1小时就完成了注册，为项目建设夯实了基础。

围绕项目建设，栾城区开展审批流程优化再造，压缩申请材料93项，压减57%的审批时限；推行"并联审批、容缺受理、信息共享、限时办结"工作模式，为重点项目开通绿色通道，办理预施工许可证时限由128个工作日压减到40个工作日以内；全面推行"零障碍、无干扰"的服务标准，坚决查处不作为、慢作为和乱作为的人和事，从严打击破坏发展环境的违法违规行为，打造最优营商环境。同福项目负责人田君说：“过去只感觉到南方行政部门的工作效率很快，没有想到，这次回到在北方的家乡，栾城的工作和服务也是如此的快捷、高效。”同福集团在栾城区良好的营商环境的感染下，不仅总部建在栾城，还将原计划在其他地方建设的“现代循环农业园区”也落户在栾城，并引进5~6家关联企业到栾城投资。可以说，栾城的一片真心感染了同福集团，实现了“双赢”。栾城担当作为，对同福产业园涉及的3个村，不到一个月完成项目征地，目前已开工建设。

同福集团“凤还巢”后在栾城总部基地规划图

一分部署，九分落实。同福产业园占地涉及3个村共215户，其中榆林道村20多年来从未有过项目入驻经历。面对难题，栾城区的干部没有犹豫、没有退缩，而是以过硬作风把各项工作做深、做细、做出成效。区委、区政府成立了由一名人大副主任带队、相关乡镇、部门参与的工作组，入驻到村，挨家挨户地进行思想解释工作。为了确保见到户主本人，在不影响群众工作、生活的前提下，工作组坚持吃住在村，每天七点前开始工作，晚上十点以后才汇总一天情况。关键时刻，区委、区政府主要领导亲临一线指导，耐心做群众工作。为确保项目早日开工，工作组全体放弃节假日休息，集中精力全力以赴投入。工作组扎实细致的工作，赢得了群众的理解和支持，最终在不到一个月的时间内顺利完成工业项目征地工作，为项目建设铺平了道路，也创出了“栾城速度”。

项目建设开始后，栾城的干部并没有任何的放松。区委、区政府主要领导坚持一周至少调度一次，拉出任务清单、责任清单、问题清单、效果清单，倒排时间，挂图作战，逐个节点推进，逐个难题破解，不达目的不罢休。土地指标是关键，为破解瓶颈制约，栾城区积极跑办协调，克服种种困难，多方争取占补平衡指标，确保了同福项目顺利开工建设，预计不到一年时间就可建成并投产。对此，同福项目负责人连连称赞，直言“选择了栾城，就是选择了放心，就是选择了美好的未来，同福将以更大的效益回报栾城和石家庄父老乡亲。”

栾城区“双创双服”育梧桐，引回同福碗粥“凤还巢”，同福集团成为河北省“冀商回乡创业”的一个先行者。

（注：此调研报告得到省委省政府主管领导肯定性批示。栾城区优化营商环境和农业产业化著名企业——同福碗粥“凤还巢”，引起国家有关部门和省市高度关注；同福碗粥成为省“双重点”，成为栾城区“头号工程”。2020年，同福项目如期投产后，将在京津冀乃至全国创建一个“六位一体”现代农业新模式。）

附件2：

河北省老科学技术工作者协会和省委省政府决策咨询委员会调研栾城同福项目落地情况议事纪要

调研议事时间　2019年11月22日。

调研议事地点　同福项目基地。

调研议事人员

河北省老科学技术工作者协会和省委省政府决策咨询委员会及省专家协会乡村振兴专委会领导：臧胜业、赵文鹤、董经纬、王慧军、尤拴庆。

栾城区领导和部门负责人：张旭、岳云霞、胡文茹、栾城区自然资源与规划局、农业农村局、发展改革局、城建局、环保局、审批局、装备基地等负责同志。

同福碗粥集团　刘山国董事长等。

记　录　人　刘杰华。

调研议事内容　省领导看了“同福·中央厨房”项目工地；观看了《同福集团·芜湖基地》专题片，听取了同福集团董事长刘山国结合PPT介绍同福集团在栾城落地建设的情况，包括三个板块：一是工业；二是总部和研发；三是现代农业；栾城区委书记张旭和相关部门负责同志介绍了同福项目进度和进一步支持的措施。

臧胜业同志汇总了赵文鹤、董经纬、王慧军、尤拴庆等各位同志发言后，谈了如下看法和建议。

1. 同福集团董事长刘山国是有远见的，有情怀的，也是有战略眼光的；是成熟的企业家。体现在以下三个方面

一是当年石家庄三鹿奶粉事件后，同福总部搬去了芜湖，集中做粥品是有远见的，10年做到30多亿元规模，在全国产生了影响。

中国老科学技术工作者协会副会长、河北省老科学技术工作者协会长臧胜业（左五），省专家服务协会名誉顾问赵文鹤（左一）和省委省政府决策咨询委员会农业农村组一行到同福集团栾城总部基地调研

二是现在从芜湖又回到石家庄，在栾城发展也是有远见的，石家庄的区位优于芜湖，有华北、东北广阔的市场，500千米半径内，覆盖3亿多人口。

同福集团重回石家庄的大背景也好，京津冀协同发展，雄安新区建设、冬奥会；还有健康中国战略的启动等；同福集团回石家庄是“凤还巢”，天时、地利、人和。

三是同福集团未来的发展思路、规划也是有战略眼光的，格局高，很大气；

如企业理念中“四可”“六不”，本身就体现了格局和眼光，投资近50亿元，靠市场，不靠补贴，很有底气。

同福集团董事长刘山国（左一）和塔元庄党总支书记尹小平商议合作共建乡村振兴示范区事宜

格局决定结局，思路决定出路；有了这个格局和思路，这个事肯定能办好；没有好的思路，谁支持也不行。

2. 对同福项目落地进度的印象：总体是顺利的

土地问题解决了，环保评估也过了，干起来就快了。（这一段，用地和环保等有一些新要求，耽误一点，很正常；栾城各部门和同福集团适应新要求是快的。）

3. 几点建议

（1）同福项目目标，3年达100亿规模，成败首先取决于市场。栾城项目投产之日，也就是市场拓展适应之时。

（2）质量、品种是关键，规格、品种、价格等，是否最佳，都要策划好。

（3）企业文化是灵魂，对同福“粥”文化印象深刻。

（4）合理布局、工艺流程、设备选型等，在芜湖基地基础上，应更加科学合理优质高效。

（5）突出重点，抢抓工期，尽早投产，尽快见效。

（6）五指收拢，握紧拳头干主业；主业所带动的二十几个产业，按标准通过订单搞合作，“不包打天下”。

同福集团董事长刘山国（左四）到塔元庄考察

（7）九个园区建议按属性分成三大片，同类项合并，功能互补。

4. 张旭也是有战略眼光的领导同志

经历丰富，有担当、有办法、有作为，他能让同福集团“凤还巢”，就是个例子。

同福项目一举数得：一是为国家增税收，为社会增就业，为企业增利润；二是造就一个“六位一体”的现代农业新模式。这在京津冀协同发展中，具有特殊作用。

5. 栾城区委区政府要继续支持同福项目落地

许多事情只靠企业本身是解决不了的，还是要靠党委政府重视和支持。

在这方面，张旭和彭勇民同志既上心又上手，抓得很紧，班子其他成员和各部门也是齐心协力支持的，希望继续保持这样好的营商环境。

栾城区委书记张旭同志谈了如下意见。

1.真诚欢迎各位老领导到栾城，到同福集团调研，听了各位老领导一席话，很受感动；很感谢各位老领导的关心和支持，各位的到来让我们觉得很振奋。

2.各位老领导肯定了同福项目，并对今后的发展提了许多诚恳的意见，这些都是各位老领导多年工作中积累的经验和智慧，使我很受教育，很受启发。

省委省政府决策咨询委员会专题调研组长董经纬（左二）、王慧军（左三）和
栾城区委书记张旭在同福集团调研

3.同福项目确实是好项目，也是冀商回归的第一个龙头项目，是省双重点项目，也是栾城的头号工程。我对同福项目，对刘山国董事长高度认可，合作中产生了很多的共振、共鸣，我们要继续倾全区之力服务同福项目。

4.各位老领导对同福项目的高度肯定，使我们信心更足，我们一定全力全速推进好、完成好，实现预期目标。

同福集团与塔元庄共建“乡村振兴示范区”签约仪式

同福集团董事长刘山国同志表态发言。

1.感谢臧书记、赵主席和各位老领导的关心支持，盼各位领导继续为回到石家庄发展的同福集团出谋划策。

2.感谢栾城区张旭书记、彭勇民区长及各位领导、各部门及相关乡村领导的支持。同福集团有信心有能力，也有实力把这个符合国家“三大战略”、利国利民利企业的好项目做好。我们会紧抓机遇，通过同福项目，把人生价值充分体现出来，把同福集团所积累的经验展现出来，为家乡全面建成小康社会贡献同福的力量。

（注：该次调研推进了现代农业示范项目建设进程，增强了企业创新创业的信心；企业建设引起石家庄市委、市政府领导高度重视。）

基础教育改革的探索者
素质教育的先行者　教育扶贫的担当者
国际化教育的推动者

——石家庄外国语教育集团开放办学20年调研报告

河北省委省政府决策咨询委员会专题组

河北省教育厅　石家庄市政府　联合调研组

（2018年10月25日）

石家庄外国语教育集团（以下简称“石外教育集团”）由石家庄外国语学校、石家庄第二外国语学校、石家庄外国语小学、石家庄外国语幼儿园四所学校组成。创建于1994年。

今年儿童节期间，中共河北省委副书记、省长许勤到石外教育集团调研后指出：“石外是我省基础教育改革创新的探索者、素质教育的先行者、教育扶贫的担当者、国际化教育的推动者”。

一、石外教育集团成功的办学成效和举措

（一）石外教育集团始终把握“立德树人”的办学方向，以改革创新举措，坚定不移推进素质教育

1. 为克服应试教育弊端，石外提出“三个跳出”

即跳出学校看教育的教育观，跳出升学看质量的质量观，跳出分数看人才的人才观。应试教育最大的弊端是重智育、轻德育，体育、艺术、实践课程在学

校被边缘化。石外教育集团在建校初期就针对应试教育提出要用“三个跳出”引领学校发展，为学生终身发展负责。石外教育集团在应试教育的社会大环境下，始终坚守自己的教育信念，对应试教育做出强势回应。

石外教育集团承办“全球基础教育联盟第二届年会”

2. 石外教育集团围绕“德、智、体、美、劳全面发展”目标，实施“五维培养目标”

围绕“培养什么人”的问题，在石外教育集团看来，社会主义建设者和接班人应具有的基本素质是德、智、体、美、劳全面发展；基本品质是爱国情感、交际能力、协作意识、文明素养、健康身心、创新精神；有用人才的价值取向具有正确的世界观、人生观和价值观；有用人才的终身发展是独立自主能力；在国际舞台展示风采的必备素质是既有中华优秀文化底蕴，又要具有国际视野，通晓国际规则。

石外教育集团党委书记强新志（右一）向外宾介绍情况

因此，石外教育集团确定的学生五维培养目标是：一是从学生健康成长维度，培养学生成为德、智、体、美全面发展的人。二是从学生立足未来社会维度，培养学生成为将爱国情感、交际能力、协作意识、文明素养、健康身心、创新精神集于一身的人。三是从终身发展维度，培养学生成为“自主学习、自主发展、自主教育、自主管理”的独立自主的人。四是从社会发展进步维度，培养学生成为具有正确世界观、人生观和价值观的勇于担当的人。五是从全球化时代维度，培养学生成为既有中华优秀传统文化底蕴，又有国际视野的具有国际竞争力的人。

强新志校长接受外宾赠画册《老朋友：习近平与艾奥瓦的故事》

3. 石外教育集团贯彻“以人为本”，提出：学校以社会为本，校长以教师为本，教师以学生为本

石外教育集团在建校初期，就提出“以人为本”办学理念的三个层面：学校以社会为本，体现学校服务社会的功能；校长以教师为本，体现校长服务教师的功能；教师以学生为本，体现教师服务学生的功能。石外教育集团在“以人为本”的办学理念下，将学校以社会为本、服务社会放在首位，坚持面向世界、面向未来、面向现代化办学，为社会主义建设培养有用人才。党的十八大提出“办人民满意的教育”，石外教育集团从三个层面解读为社会满意、让家长放心、获学生喜爱，石外教育集团对“办人民满意教育”的理解仍然是把社会满意放在了首位，社会满意就是学校要把培养社会主义建设者和接班人作为教育的根本任务。

外宾到石外教育集团考察

4. 围绕“怎样培养人”的问题，石外教育集团克服“填鸭式、满堂灌”等传统教育，实行“四自主、四环节”的新教育方式

石外教育集团在中外教育比较中，把立足点放在转变传统的教育方式和学习成长方式上。我国传统教育方式是包办式、灌输式、说教式、填鸭式、满堂灌，导致学生的学习方式是被动听讲、死记硬背、反复训练、题海战术。这种教学方式和学习方式非常不利于人才培养，培养出来的学生是唯书唯上、生搬硬套、照猫画虎，反映在应试教育上的结果是高分低能，培养的人模仿能力很强，但缺乏创造性。

石外教育集团提出有利于人才培养的自主学习、自主发展、自主教育、自主管理“四自主・四环节”新的教育模式，基本理念是彰显学生是教育主体，“永远不要低估学生的能力”，核心目的是转变教师的教育方式和学生的学习成长方式，使学生在学习成长的过程中变被动为主动，课堂上讨论式、探究式、合作式成为学生主要的学习方式，学生在参与、体验的学习过程中，形成了很强的实践能力和创新思维。推进方式是将“四自主・四环节”教育模式在课堂教学、德育教育、校园活动、家庭教育和社会实践等多个领域全面推进。

5. 为培养学生成为勇于担当的社会主义建设者和接班人，石外教育集团以“四自主・四环节”教育模式开设“我爱石家庄”社会实践课程

在初一年级全体学生以班级为单位，围绕着石家庄的城市管理、历史文

化、居民生活、环境保护等领域，自主选择“我爱石家庄社会实践”的研究课题，走出校门，走向社会，利用半年的实践进行社会调研，形成调研报告，大大增强了学生了解家乡、热爱家乡、建设家乡的社会责任感，学生的调研报告，备受社会广泛关注，被省文明办、省环保厅、省非物质文化保护中心、省全民阅读活动组委会办公室、市交管局、市文明办、市体育局、市园林局、市总工会、市轨道交通公司等19个政府部门回函或采纳。

如《机动车礼让行人状况和对策》的学生调查报告被石家庄市交管局采纳，目前石家庄市“机动车礼让行人”已经成为石家庄广大驾驶员的自觉行动。“我爱石家庄社会实践”被新华社、人民网、新华网、搜狐网等国家、省、市的各级媒体广泛报道，产生了积极的社会反响。

（二）石外教育集团践行问题导向，深化教育改革，建立健全“立德树人”落实机制，扭转不科学的教育评价导向，从机制上解决教育评价指挥棒问题

习近平总书记在全国教育大会上第一次明确提出“培养德智体美劳全面发展的社会主义建设者和接班人”的新要求，“扭转不科学的教育评价导向，坚决克服唯分数、唯升学、唯文凭、唯论文、唯帽子的顽瘴痼疾，从根本上解决教育评价指挥棒问题”。石外教育集团坚守办学定力，健全“立德树人”落实机制和全面实施素质教育的做法，完全符合习近平总书记提出的新要求。

石外教育集团学生在课堂上

1. 石外教育集团建立了“五·四”立德树人教育体系（即“五个一”“四个团队”）

“五个一”是指彰显一个主体，学生是立德树人的主体，充分发挥学生、少先队员、团员在德育教育中的自主教育、自主管理的主体作用。遵循一个规律，在德育教育中，遵循不同年龄段学生的生理、心理特点、思想特征的成长规律。研发一套课程，在上好思想品德国家课程的基础上，石外教育集团研发了幼儿园至高中15年衔接教育德育课程。营造一个环境，在石外教育集团校园环境中，24字社会主义核心价值观随处可见，以德育主题教育为内容的“百米文化长廊”醒目壮观。形成一个机制，建立德育成效考核评价机制。“四支团队”是指一支从幼儿园到高中的15年德育衔接教育的教师研究团队；一支分年级德育教育教研团队；一支以班主任为核心的班级德育备课教师团队；一支“家校合一”的家庭教育团队，成立家长委员会，开办家长学校，举行校园家长开放日。

石外教育集团学生在模拟法庭

石外教育集团“五·四”立德树人教育体系是落实“立德树人”的创新举措，是建立在教育规律、成长规律、科学研究基础上的科学育人、全员育人、全方位育人、全过程育人的“立德树人”新机制。

2. 石外教育集团始终坚持“健康第一”的教育理念，形成了“4325健康系统工程”

“4”是指每周4节体育课，石外教育集团从2000年开始增加体育课时，将国家规定的2节体育课增加为4节，还有一节体育课外活动，用课程确保学生每天锻炼一小时；“3”是指体育课实行分专项、分阶段、分层次的“三分教学模式”，体育课开设足球、篮球、排球、乒乓球、羽毛球、健美操、体操、武术、游泳、滑冰、滑雪、田径12项体育校本课程，分阶段、分层次作为初中必修课程开设，石外教育集团的每个学生都要掌握体育12个专项的基本技能和规则；“2”是指每学年召开两次田径运动会，石外教育集团运动会的特点是每个学生都至少参加一项竞赛项目，增强学生大众体育意识；“5”是指“五小运动”，在石外教育集团每个学生都要掌握不受场地、不受时间、不受人数限制的五项小型体育运动，即踢毽子、跳绳、轮滑、呼啦圈、抖空竹。石外教育集团的“4325健康系统工程”成为落实“健康第一”教育理念的有力保障，让学生在体育锻炼中享受乐趣、增强体质、健全人格、锤炼意志。

石外教育集团学生上小提琴课

3. 石外教育集团形成了“23410”艺术教育模式

石外教育集团始终把艺术教育和学生审美情操的培养作为学生快乐成长的重要组成部分，形成了“23410”艺术教育模式：“2”是指课堂教学分小班、分专项，为了确保艺术教学的效果，艺术课程把一个班级分为两个小班教学，分专项是指设有二胡、小提琴、键盘、歌唱、舞蹈、戏剧、音乐欣赏、素描、国画、版画、剪纸、平面设计、美术欣赏13项美术校本课程，这些课程在初中是必修课程，石外教育集团每个学生都要学会拉小提琴、拉二胡等，13项艺术基本知识和技能全部掌握。“3”是指3个艺术节，石外教育集团每年举办3次大型艺术活动，即每年“五月鲜花”艺术展演，每年10月的“爱国主义”合唱节、每年12月的中华传统文化艺术节。“4”是指每年7月举行幼儿园、小学、初中、高中4个学段的毕业年级“感恩母校”大型文艺晚会。“10”是指学校组建的交响乐团、民乐团、合唱团、舞蹈团、戏剧社、微电影社、摄影社、音乐创作社、手绘社、书画社10个艺术社团。校园文化节和学生艺术社团陶冶了学生情操，提高了学生欣赏美、感受美、表现美、创造美的审美情趣和人文素养。

石外教育集团学生自编自导自演历史剧

4. 石外教育集团培养学生劳动素养，开设了8项劳动实践课程

学生的动手实践能力培养是素质教育的重要组成部分，石外教育集团在实践课程上开设机械加工技术、木工技术、机器人制作、航模技术、无土栽培技术、通用技术、3D打印技术、电子控制技术8项实践校本课程，培养学生的实践能力、劳动意识和综合素质。

上海市代表团到该校考察校本专项课程，给予高度评价：“石外教育集团的教育大气、学校大气、学生大气，学校场馆专业、教师专业、学生专业，从这里找到了国际大都市学校的感觉！”新西兰前总理、世贸组织前总干事迈克穆尔先生站在国家元首和世界贸易的高度看教育，他参观学校后评价说：“你们学校与世界发达国家的学校相比，也是很棒的，在这里学习的学生真幸福！”

（三）石外教育集团主动承担社会责任，推动城乡教育均衡发展，积极探索教育扶贫新路子——“城乡校际结对精准帮扶三三四新模式”

习近平总书记曾指出：“扶贫先扶志，扶贫必扶智。让贫困地区的孩子们接受良好教育，是扶贫开发的重要任务，也是阻断贫困代际传递的重要途径。”教育是脱贫致富的治本之策。

1. 石外教育集团将石家庄6个山区县12所中小学纳入结对扶贫

形成“手拉手、面对面、订单式、紧密型、全方位、常态化、长期性、有目标”的城乡校际结对精准帮扶共同体。石外教育集团在总结自身20年成功发展经验，规划学校未来发展方向时，深入思考优质学校如何进一步发挥自身优势，辐射带动城乡义务教育均衡发展，实现教育共享发展的价值追求；深入思考优质学校如何将学校发展融入国家发展战略，提出了“大家好才是真好”的办学思想，主动担当社会责任。2014年4月石外教育集团将石家庄市的行唐、灵寿、平山、赞皇、井陉、元氏6个山区县的每县1所初中和1所小学，共计12所中小学纳入石外教育集团统一管理，每所山区学校都增挂“石家庄外国语教育集团分校”的牌子。石外教育集团与山区12所中小学形成“手拉手、面对面、订单式、紧密型、全方位、常态化、长期性、有目标”的城乡校际结对精准帮扶共同体，制定了《十年帮扶计划（2014—2024）》，并将教育扶贫列为石外教育集团《第三个十年发展规划（2014—2024）》的四项主要任务之一，将打造“城市学校与山区学校为一体、国内国际有影响的一流教育集团”确定为石外教育集团第三个十年规划的总目标。“大家好才是真好”的办学思想就是石外教育集团在办人民满意的教育，促进教育公平，推动城乡教育均衡发展的大背景下提出的。2016年7月，时任河北省省长张庆伟曾对石外教育集团的精准帮扶工作做出批示：“石家庄外国语教育集团的做法很好，就是日常化、长期做，纳入自己的事情来办。”

石外教育集团学生踢足球

2. 石外教育集团积极探索出教育精准扶贫的新模式

即“发挥三种优势，抓住两个关键”。“发挥三种优势”是指：一是发挥石外教育集团“全国教育系统先进单位”优质学校优势，实施校际结对帮扶，主动将学校发展融入教育扶贫大业；二是发挥石外教育集团“全国第一届文明校园”的文明校园优势，引领贫困山区学校文化建设，激发师生教育脱贫的内生动力；三是发挥石外教育集团开放办学优势，打开山区学校的国际视野，将贫困山区教育扶贫融入全球基础教育发展潮流。

“抓住两个关键”是指：一是校长素质提升是教育扶贫的重点。石外教育集团在提升山区学校校长素质方面主要采取集中培训、组织外出学习考察、挂职锻炼、实地指导等方式进行，从而达到转变山区学校校长的办学理念，提升学校管理能力，打造学校文化，推动教育改革的效果。山区学校校长素质明显提升，其中5所学校被评为县市级文明校园，4所学校被评为石家庄市教育国际交流先进单位，3所学校被评为石家庄市平安和谐校园，2所学校被评为河北省教育系统先进集体，1所学校被评为河北省依法治校示范校。二是教师素质提升是教育扶贫的根本。石外教育集团在提升山区教师素质方面采用暑期集中培训、百名种子教师培养计划、同步教学等方式进行。石外教育集团对山区教师培训累计总课时14.33万节，累计行程13.33万千米。教师素质明显提升，山区学校有120多名教师在县级以上优质课评比中获奖，赞皇二中2016年包揽全县的市评优课一等奖，灵寿二中2017年包揽全县“一师一优课”的部级优课。110名教师获评县级以上骨干教师、名师，平山二中的种子教师贾秋利2017年被评为河北省特级教师，是平山县唯一获此殊荣的初中教师。教师业务水平大面积提高，带来的是教育、教学质量的大面积提高。山区学校6所初中中考5名学生取得县域总分第一名。据石家庄市教育局统计数据显示，2018年中考有4 465名山区初中毕业生参加中考，2 796名学生考入普通高中，普高率62.6%，高于市区学校的普高率的平均数，其余1 669名学生全部到职业高中就读。

石外教育集团学生手工课

3. 石外教育集团的山区教育精准扶贫项目坚持以问题为导向，用课题研究解决教育扶贫中遇到的问题

2016年，强新志主持的《城乡教育均衡发展中山区教育扶贫实践模式研究》课题被列入全国教育科学“十三五”规划课题（项目批准号：BHA160153）。2016年10月，教育部基础教育司司长吕玉刚在听取石外教育集团的教育扶贫汇报并到井陉县障城中学实地调研后给予高度评价：“方向正确、目标明确、措施有力、成效显著、精神可贵。”2018年5月，河北省文明办和石家庄市文明委召开“履行社会责任，实施教育扶贫”座谈会，总结推广石外教育集团教育扶贫典型经验。省委常委、宣传部部长、省文明委常务副主任焦彦龙在会上做了重要讲话，他说：“石外教育集团履行社会责任，实施教育扶贫的探索实践，是落实习近平总书记‘扶贫先扶智，治贫先治愚’重要思想的一个鲜活案例，也是全省精神文明战线助力脱贫攻坚的一个生动缩影，帮到了点子上，扶到了关键处。”

石外教育集团的山区教育精准扶贫受到国家、省、市等新闻媒体对深度关注和持续报道累计达149次，先后被顾明远教育基金会评为“明远教育奖”（实践类），被人民日报和中国扶贫基金会评为“大国攻坚扶贫优秀案例”，被国务院扶贫办评为“全国脱贫攻坚组织创新奖”。目前，石外教育集团的教育精准扶贫模式已经在河北省石家庄市、承德市和云南省芒市得到复制和推广，越来越多的山区贫困学校与石外教育集团携手同行，共创教育脱贫大业。

石外教育集团学生大型文艺演出

（四）石外教育集团打开国门办教育，同21个国家172所学校成为友好学校，并组建“全球基础教育研究联盟”，每年在石家庄举办“联盟年会”，成为国际化教育的推动者

1. 石外教育集团搭建国际平台与21个国家的172所学校建立了校际友好关系

1998年建校初期，学校在全国率先组织37名师生赴澳大利亚塔斯马尼亚州霍巴特高中进行为期一个月教育交流，并建立了第一所友好学校。20年来学校先后与美国、加拿大、澳大利亚、新西兰、英国、瑞典、丹麦、意大利、芬兰、德国、西班牙、罗马尼亚、俄罗斯、新加坡、日本、韩国、南非、赞比亚、卡塔尔、印度、哥斯达黎加21个国家的172所学校建立了校际友好关系，开展广泛而频繁的教育交流，每年接待30多个国外师生团来访，寒暑假学校派出20多个师生团出访。

2. 石外教育集团与美国艾奥瓦州友好学校的长期深度交往促进了河北省与艾奥瓦州友好省州关系

自1997年开始，石外教育集团与艾奥瓦州的友好交往至今已经21年，石外教育集团在艾奥瓦州可谓是家喻户晓。1985年习近平同志第一次访美去的就是艾奥瓦州，当年他结识的老朋友都多次访问该校，习近平同志的老朋友、现任美国驻华大使、艾奥瓦州前州长布兰斯塔德，每次石外教育集团师生团到艾奥瓦州访问，他都会在州长办公室接见，2013年他为石外教育集团在两省州青少年友好交流中做出的贡献颁发了州长纪念令。

2018年5月，习近平同志的老朋友萨拉·兰蒂夫人的《老朋友：习近平与艾奥瓦的故事》新书发布会特别邀请强校长出席，活动结束后，兰蒂夫人在给强校长的回信中写道：“石外教育集团在建立和加强我们两省州友好关系中扮演着重要角色”。青少年是世界的未来，跨国青少年间的友好交流是根植友谊，是构建人类命运共同体的基础。

3. 石外教育集团开放办学为学生在国际舞台上展现中国学生风采搭建了宽广的平台

石外教育集团自2013年起每年派出5名学生代表中国参加世界粮食奖青年论坛。世界粮食奖被誉为世界食品和农业领域的“诺贝尔奖”，每年在世界粮食颁

奖大会上都会举办青年论坛，邀请世界近30个母语为英语国家的优秀高中生参加大会，石外教育集团学生是唯一一支母语非英语国家的代表队。参加活动前每位学生都要提交一份关于农业方面的英文论文，与来自世界各国的中学生分组交流论文，参与陈述和答辩，听取世界各国粮食、农业、经济、政策领域专家的指导意见。石外教育集团学生提交大会的在大量数据调查和分析基础上的《中国耕地安全》《中国：一场反对食品浪费的战役》《中国渭北高原化肥的过度使用》《中国可持续农作物产量和粮食安全》《中国转基因食品的现状以及可靠发展的解决方案》《中国东北三江平原土地的可持续利用》《中国华北平原化肥的合理使用》《中国“互联网+农业”在农产品销售中的应用》等高质量的论文以及流利的英语表达，引起与会各国专家的高度关注和高度赞扬。

石外教育集团学生和外籍学生一起包饺子

石外教育集团学生在世界粮食奖青年论坛的表现，让世界各国听到了来自中国青年的声音，看到了中国学生的风采。此外，自2000年起，石外教育集团学生交响乐团、民乐团、舞蹈团、合唱团每年与日本、新加坡、瑞典、丹麦、加拿大、美国等友好学校学生艺术团体同台巡回演出，在国际上产生了广泛影响。

4. 石外教育集团在《第三个十年发展规划（2014—2024）》中，明确提出的奋斗目标是打造国际上有影响的教育品牌

在21个国家172所国外友好学校的基础上，组建全球基础教育研究联盟，唱响交流、合作、包容、共赢的主旋律。2014年在学校建校20周年之际，在石外教育集团的倡议下，联盟的宗旨是搭建全球基础教育研究平台，引领全球基础教育发展。联盟总部设在石外教育集团，联盟设有理事会，石外教育集团是联盟理事

会会长学校，联盟吸收了来自14个国家的102所国外学校为会员学校。为了提升办会水平，联盟还成立了学术委员会。学术委员会委员由来自国内外比较教育的著名专家组成。联盟学术委员会主任是中国比较教育的创始人、北京师范大学资深教授顾明远，副主任是清华大学著名教授、教育部"长江学者"石中英。顾明远教授对全球基础教育研究联盟做出的评价是："石外教育集团作为联盟会长学校，能够牵动这么多发达国家的优质学校共同研究基础教育问题，很了不起，这在中国的任何一所大学都是很难做到的。我愿意担任学术委员会主任是因为看到联盟在国际舞台上的影响力。"

联盟每年10月围绕各国基础教育关心的热点问题举办国际教育论坛，先后围绕"21世纪创新人才培养""阅读素养和科学素养""全球化背景下公民素养""中小学艺术素养"等主题举办了四次国际教育论坛，2018年将举办第五次，主题为"健康素养"。

石外教育集团学生户外锻炼

联盟国际教育论坛每年遴选50多位来自世界各国的教育专家和中小学校长参会，其中已有来自美国12个州的62位教育专家和中小学校长出席会议并发表主题报告。先后收到15个国家的州长、市长、议员等发来的51封贺信，产生了广泛而积极的影响。

（五）抓住机遇，以改革创新为"先手棋"，创建新型特色学校

习总书记在全国教育大会上指出："要抓住机遇，超前布局，坚持把优先发展教育事业作为推动党和国家各项事业发展的重要先手棋。""坚持优先发展教育事业，是办好我国教育事业的战略保障。"

1. 石外教育集团抓住机遇，加大教育投入，是从校长办学的层面体现了教育优先发展

2000—2010年是集团飞速发展的10年，随着改革开放不断深入，我国的经济实力快速提升，2010年国家经济总量跃居世界第二位，国家加大了对教育的投入，而该校的发展已经比国家的投入至少提前了10年，大大激发了学校的办学活力。

石外教育集团从建在城郊结合部庄稼地里的新建学校看到了“机遇”。新建学校一无所有，恰如一张白纸，正可以描绘出最新最美的图画。新建学校周边的庄稼地恰好为学校未来拓展留下广阔的空间。

2. 石外教育集团率先进行办学体制改革，率先从银行贷款

石外教育集团建校初期，我国正处于“穷国办大教育”的时期，教育经费只能维持“人头费”，与国外发达国家相比，教育投入远远不足，教育投入要超前，就要加大对教育投入。钱从哪里来？石外集团不等不靠，从国家政策法规中找出路。1993年《中国教育改革和发展纲要》明确指出：“要改变政府包揽办学的状况，形成政府办学为主与社会各界参与办学相结合的新体制”。1995年《中华人民共和国教育法》等相关法规政策提出：“国家鼓励运用金融、信贷手段，支持教育事业的发展。”于是，在国家这些倡导与鼓励的政策中，该校找到了学校发展的机遇，在全省率先进行办学体制改革，1998年成为第一家向银行贷款的学校，2000年、2003年先后与河北怀特集团与乾圆房地产公司合作办学，吸纳社会资金累计2亿多元投入教育，改善了办学条件，扩大办学规模，兴建了石家庄外国语幼儿园、石家庄外国语小学、石家庄第二外国语学校三所民办学校，形成了幼儿园、小学、初中、高中一条龙的集团化办学格局，截至2018年上半年，累计为国家节省办学经费13.8亿元。

3. 石外教育集团吸纳社会资金投入教育，加快了办学条件的改善

办学体制改革让一所占地面积仅33.75亩、建筑面积不足1万平方米、30个教学班规模的新建中学，在政府不增加投入的情况下，学校规模迅速扩大，办学条件发生了翻天覆地的变化，校园占地面积近160亩，建筑面积11万平方米，220个教学班，建起了图书馆、科技馆、植物园、田径场、足篮排球场、体操馆、健美操馆、武术馆、乒乓球馆、羽毛球馆、保龄球馆、游泳馆、滑冰馆、滑雪场、艺术馆、音乐厅、国际报告厅等专业功能场馆，与世界发达国家的一流学校相比，

在教育设施方面都有一定优势。

教育部和河北省有关领导都肯定了石外教育集团吸纳社会资金，加速改善办学条件的做法。河北省教育厅在全省普通高中工作会上推广石外的做法。石家庄市教育局把她称为“石外现象”，组织石家庄市教育局全体干部和市直省重点中学校长，到石外召开解放思想的现场会推广石外的做法，随后二中南校区、正定中学分校、保定外国语学校高中校区相继建设，为河北省基础教育发展带来了后劲。石家庄日报曾以《超前速度》为题进行了专题报道。

4. 石外教育集团走特色办学之路，创办“高校外语预科班”

石外教育集团选择走特色办学之路，是在1995年河北省启动“环京津、环渤海”的“两环经济战略”大背景下提出来的。1996年经河北省教委批准，该校率先在全省进行办学模式改革，创办“高校外语预科班”，1997年正式更名为石家庄外国语学校。一所不为人知的新学校因为外语特色办学轰动省城，引起河北省高层领导的关注，河北省委、省人大、省政府、省政协主要领导都纷纷题词：“面向二十一世纪挑战，培养优秀外语人才”“培养外语人才，振兴河北经济”“特色教育要办出特色，办出社会效益”“努力推进素质教育，多出、出好外语人才”。外语特色办学就是为了适应国家改革开放的需要，为河北省经济建设培养更多更好的外语专业人才和专业外语人才。

5. 石外教育集团被教育部列为“高校招生保送资格”学校

2003年年底该校向教育部提出列入高校招生保送资格学校的请示，2004年教育部正式批准该校成为高校招生保送资格学校，是河北省唯一具有保送资格的学校（全国仅有15所）。一所新建学校，特色办学使学校发展进入了快车道，五年跃升河北省重点中学，十年跻身全国外国语学校15强。石外集团真正实现了“培养社会主义建设者和接班人的根本任务”，满足了建设社会主义现代化强国的需要。

外籍学生在石外教育集团练书法

二、石外教育集团改革开放办学的启示和经验

（一）回答了教育的开放之问。石外在中外教育比较借鉴中，扎根国情，始终把握“立德树人”办学方向

从建校之初，石家庄外国语教育集团始终坚持以中西方教育结合为目的的开放办学，先后与21个国家的168所学校建立了校际友好关系。开展中外比较教育研究，在与世界各国教育的交流、比较中，更新了观念，拓宽了视野，积极吸收和借鉴发达国家的教育理念与成功经验，结合我国教育实际，破解应试教育难题，全面推进素质教育。

习近平总书记在全国教育大会上第一次明确提出“培养德智体美劳全面发展的社会主义建设者和接班人”的新要求，“要深化教育体制改革，健全立德树人落实机制，扭转不科学的教育评价导向，坚决克服唯分数、唯升学、唯文凭、唯论文、唯帽子的顽瘴痼疾，从根本上解决教育评价指挥棒问题”。石外集团坚守办学定力，建立健全“立德树人”落实机制和全面实施素质教育的做法完全符合习总书记提出的新要求。

石外教育集团始终坚持培养“德、智、体、美、劳”全面发展的人，坚持培养“爱国、交际、协作、文明、健康、创新”的适应未来社会的人，培养“自主学习、自主发展、自主教育、自主管理”的独立自主的人，培养“正确世界观、人生观、价值观的勇于担当的人”，培养“既有中华优秀传统文化底蕴，又有国际视野的具有国际竞争力的人”。石外教育集团正是从“全面、未来、独立、担当、国际”的五维育人目标，回答了习近平总书记多次强调的教育最根本的任务就是要完成好、履行好立德树人的职责，培养造就中国特色社会主义事业建设者和接班人。

怎么培养人？扎根中国，融通中外，立足时代，面向未来。这是石家庄外国语教育集团的答案。扎根中国大地办教育，就是要改变中国传统教育方式的弊端，变“包办式、灌输式、说教式”为“自主式、合作式、探究式”，使学生变被动接受教育为主动参与教育，只有这样才能培养出创新型人才，才能建设社会主义创新型国家。

（二）回答了教育的担当之问

石外教育集团立足城乡教育均衡发展，提出“大家好才是真好”的办学思想，实施教育精准扶贫，今年10月17日，荣获国家授予“全国脱贫攻坚奖组织创新奖”。

石外教育集团在办人民满意的教育、促进教育公平、推动城乡教育均衡发展眼的大背景下提出“大家好才是真好”的办学思想，将学校发展融入国家发展战略，主动承担社会责任，实施教育精准扶贫，促进城乡教育均衡发展，这是解决新时代广大人民群众对优质教育的需要和教育发展不平衡不充分的主要矛盾的新思想，同时提出了优质学校再发展的新思路。“一枝独秀不是春”，“满园春色”才是教育者的共同追求。

习总书记在全国教育大会上明确指出：“教育是民族振兴、社会进步的重要基石，是功在当代、利在千秋的德政工程，对提高人民综合素质、促进人的全面发展、增强中华民族创新创造活力、实现中华民族伟大复兴具有决定性意义。石外教育集团的教育情怀是国家情怀，是站在国之大计、党之大计的高度来思考教育、发展教育。

（三）回答了教育的改革之问

石外教育集团践行问题导向深化教育改革，使改革成为学校持续发展的“先手棋”。石家庄外国语教育集团在20世纪90年代创办初期，运用国家促进教育改革的相关政策，站在教育超前发展和教育为社会主义建设服务的高度，率先吸纳社会资金开展校企合作进行办学体制改革，率先创办外语特色学校进行办学模式改革。所以说，改革是石外教育集团实现跨越式发展的“先手棋”。

习总书记在全国教育大会上指出：“要抓住机遇，超前布局，坚持把优先发展教育事业作为推动党和国家各项事业发展的重要先手棋。”石外教育集团从校长办学层面体现了教育优先发展。

（四）回答了教育的未来之问

石外教育集团不忘本来，吸收外来，面向未来，牵头与21个国家172所学校共同组建了全球基础教育研究联盟。习总书记在全国教育大会上的讲话指出：“不断使教育同党和国家事业发展要求相适应、同人民群众期待相契合、同我国综合国力和国际地位相匹配。”石外教育集团作为全球基础教育研究联盟的会长学校，定位是面向未来、放眼全球，为基础教育发展探索方向，引领世界基础教育潮流。

三、建 议

（一）在贯彻全国教育工作大会精神中，选树一批像石外教育集团一样的践行习总书记教育思想的各类典型，通过典型示范带动，推动我省教育事业高质量发展

石外教育集团在如下几个方面践行了习近平总书记教育思想：一是把握“立德树人”办学方向，实施了“五维培养目标”；二是围绕“培养德智体美劳全面发展的社会主义建设者和接班人”，建立了“五·四”立德树人德育体系；三是体现素质教育的“四自主、四环节”的教学模式；四是“4325”的健康工程；五是“23410”的艺术教育模式；六是培养劳动素养的8项校本劳动课程；七是办好家长学校，建立班、年级、学校和集团四个层次的家长委员会，让家长参与学校管理，形成家庭、学校、政府、社会四方合力，共同培养学生。上述经验，对推动其他中小学贯彻习总书记培养“德智体美劳”全面发展的要求有一定借鉴。

石外教育集团学生做手工

（二）在全省推广石外教育集团精准扶贫经验

2018年10月17日，在国家第五个扶贫日，国家隆重表彰了一批脱贫攻坚先进集体和个人；习近平总书记和李克强总理分别对此作出重要指示和批示；石外在如此高规格表彰中，被授予“全国脱贫攻坚奖组织创新奖”，是全国首次评选的40个脱贫攻坚集体奖之一；既是我省扶贫领域首次获此集体奖项，也是全国基础教育系统唯一获此奖项的学校；通过推广石外教育集团扶贫经验，既为我省精准扶贫提供示范，又推进了我省城乡教育均衡发展。

（三）继续支持石外教育集团办好全球基础教育联盟年会，使其成为全球基础教育的“达沃斯论坛”，成为全球基础教育发展的推动者

一是支持并指导该联盟年会把握方向，不断提高质量；二是支持该联盟年会不断扩大影响；三是支持石外教育集团承办该联盟年会中所需的必要条件。

（注：该调研报告得到河北省政府主要领导和主管领导肯定性批示；2019年，教育部和河北省推广了石外教育集团素质教育、开放办学等经验。）

借鉴深圳产业供应链发展经验　推进我省商业转型升级高质量发展考察调研报告及365网络科技转型升级典型案例

河北省委省政府决策咨询委员会转型升级专题调研组

（2018年3月21日）

为了贯彻落实党的十九大精神和省委九届六次全会部署，推进商贸流通供给侧结构性改革，探索河北省商业转型升级高质量发展突破口，日前，省委省政府决策咨询委员会转型升级专题调研组专程赴深圳考察商业转型升级高质量发展有关情况。深圳市副市长高自民同志会见并向考察组一行介绍了相关情况。

董经纬同志（左三）代表考察调研组向深圳市副市长高自民（左四）赠送“和而不同”字幅

考察期间，调研组走访了深圳市中小企业电子商务促进会、金蝶集团、科陆电子、跨境电商西班牙国家馆等7家高新技术企业和电商平台企业，深圳市经贸信息委专题召开商业转型升级座谈会，收获很大、启发很多。

现结合我省商贸流通产业发展现状，调研了我省电子商务龙头企业365集团建设“云通365”智慧物流大数据中心及构建“蜂·365”产业电商线上第一平台创新实践，借鉴深圳产业供应链发展经验，解析我省商业转型升级高质量发展路径，提出：以物流大数据为核心，依托太行山高速路和正在建设的三条绿色产业带（旅游、康养、特色农产品），建立“互联网+道路+产业+流通”融合发展模式，构建产业电商跨境贸易平台，对接“一带一路”，打造河北省全球供应链领先企业，推进我省商业转型升级高质量发展，形成本考察调研报告，供省委省政府和主管部门决策参考。

365集团董事长于树中（前左）与深圳市中小企业电子商务促进会会长
江红辉（前右）签订战略合作备忘录

一、深圳商业转型升级成效、路径与启示

（一）深圳商业转型升级的成效

1. 深圳形成了以服务型和体验式消费为增长动力的新格局

深圳市积极引导大型商业网点实行差异化竞争，鼓励购物中心、批发市

场、百货商场等是商业业态向主题型、体验式业态转型，适当增加餐饮、教育文化、娱乐服务、医疗保健等占比，实现商旅文娱乐体融合发展。支持举办主题性的亲子活动、展览活动和集中促销活动，迎合体验式消费需求，吸引客流，增加顾客停留时间。如天虹商场对传统百货卖场进行升级再造，打造“主题场景构成的体验式消费商场”，在商场内部打造特色主题街区（楼层），通过体验式消费带动客流和销售收入增长。又如海岸城广场根据对客流群的深入分析和精准定位，进行“轻奢时尚消费目的地”的新定位和调整，与市内其他同行形成错位竞争，同店业绩出现两位数以上提升。

2. 深圳形成了以网络零售为扩张动力的新格局

不断丰富“全国电子商务示范城市”品牌内涵，大力支持和鼓励电子商务尤其是跨境电子商务发展，引导传统商业企业通过入驻第三方平台、开设网上商城等方式开展网络零售业务，拓展经营渠道和空间。据统计部门数据，2017年1—10月，深圳市共实现网络零售额243.3亿元，同比增长44.5%。其中，环球易购、有棵树、海捣网等一批跨境电子商务企业发展迅速，年均实现100%以上的增长，成为拉动网络零售快速增长的主要动力。同时，一批传统电子商务企业进军网络零售市场开始取得成效，天虹商场、沃尔玛、人人乐等企业网络零售业务增速也大大高于实体零售部分，占全部营业收入的比例逐年跃升。

调研组一行听取深圳招商引资实战平台负责人介绍情况

3. 深圳形成了以业态创新为内生动力的新格局

深圳市注重鼓励企业加大创新力度，通过迎合消费需求和解决消费痛点等措施，不断调整和创新商业业态，提升商业发展水平。一是发展精细化业态。针对不同消费需求的人群，推出高端定制、体验沙龙、精品超市等新的业态，更好地满足高端消费需求。如华润万家推出的“ole”“bit”等精品超市业态，市场反响非常好。二是大力发展自有品牌和买手店。鼓励商业企业充分发挥“最贴近消费者”的优势，紧贴消费需求，从价值链下游逐渐切入设计、生产、配送等中上游。如山姆会员店的“MM”、沃尔玛的“惠宜”、天虹的“天优”均得到了市场的认可。三是一些企业通过建立专门的队伍，精选全球热门商品和个性化商品，打造买手店，也越来越受欢迎。

4. 深圳形成了多层级的商业体系新格局

引导发展“国际商业中心—市级商业中心—区级商业中心—社区商业—特色商业街区”五个层级的实体消费商业体系，分别满足消费者“超广域消费、一站式消费、一站式购物、便利购物与日常消费、特色消费”五种类型的消费需求。目前，国际商业中心、社区商业、特色商业街区等发展初见成效。以罗湖区金三角为核心的国际商业中心建设，结合城市更新改造等，引入绿色生态设计，实施商业步行街建造拱廊顶棚等空间品质提升再造工程，引导现代新型业态和国内外顶级品牌聚集，建设高端商业“密集发展区”和品牌集聚的国际知名商业区。鼓励各大品牌连锁企业在社区开设门店，利用大型企业的管理经验提升社区商业发展水平和服务水平，如百果园、钱大妈、永辉生活、E栈等为代表的社区商业载体，能满足居民对日用

调研组一行与深圳市经济贸易和信息化委员会就商业转型升级等问题进行专题座谈交流

品、生鲜、快递服务等的日常需求。利用传统产业优势，加快推进大浪时尚创意城及设计师孵化基地、荔秀服饰文化街区、横岗眼镜城及时尚E城、中国时间谷及光明钟表基地总部经济大厦等重大时尚产业项目建设，形成集设计研发、生产加工、展示销售、休闲体验多功能于一体的商业街区。

（二）深圳商业转型升级的路径

1. 创新驱动

近5年来，深圳坚持将创新作为城市发展主导战略，率先提出并积极构建综合创新生态体系，推动创新从“跟跑”向“领跑”转变，科技进步贡献率超过60%，3次位居福布斯中国大陆创新城市榜首。通过考察调研，我们深刻地体会到深圳商业转型升级，充分遵循了“创新”和“质量”这一基本理念和基本原则。以华为、腾讯为代表的世界500强本土企业6家，进驻深圳市世界500强企业300多家；国家高新技术企业9 689家；创新产品占全国20%；风投企业5万多家，占全国1/3。从一个侧面反映了深圳市科技创新资源丰富，实力强劲。

2. 政策引领

深圳市政府出台《深圳市商业网点规划（2016—2020）》《深圳市扩大消费重点行动计划（2017—2018）》《深圳市关于进一步促进商贸流通业发展的暂行措施》等政策，推进商业转型升级。同时，制定《2017年度中央外经贸发展专项资金（跨境电子商务类项目）申报指南》，支持围绕跨境电商开展的各种配套服务类项目建设；支持不以盈利为目的的公共服务平台类项目建设；支持跨境电子商务供应链协同，重点是与跨境仓储、物流、供应链管理和外贸综合服务有关的项目；支持跨境电子商务市场开拓创新类项目，重点是以交易平台类企业为主，纯网商类企业主要对应开展国际标准认证、质量管理等项目。

3. 顺势而为

考察走访的深圳招商引资实战平台、金蝶国际软件集团、前海周大福全球商品购物中心、盘古天地集团、科陆电子股份有限公司、蓝田综合保税区西班牙国家馆和深圳市中小企业电子商务促进会等企业单位，立足粤港澳大湾区，辐射全国内地，抢抓“一带一路”国家战略机遇，抢占深圳人才高地、科技高地、金融高地、创新高地，顺势而为，推进企业向国际化、法制化、市场化方向发展。

调研组听取深圳市中小企业电子商务促进会江会长介绍

（三）深圳商业转型升级的启示

2017年，河北省供给侧结构性改革和产业结构调整取得明显成效，但我省发展不平衡不充分问题依然突出。一是发展质量和效益不高，产业大多处于价值链末端。二是结构性矛盾突出，产业结构偏重。六大高耗能行业增加值占规模以上工业比例高达40%。民间投资、制造业投资后劲不足，供给结构不优，知名品牌不多。三是创新能力不强。四是营商环境亟待优化。

2016年，全省消费品零售总额14 364.7亿元，仅是深圳市的2倍。从一个侧面反映了河北省内外贸易发展空间较大，但企业创新能力不足，电商平台经营规模偏小，应借鉴深圳经验，推进本省商贸流通企业做大做优。深圳商业转型升级给我们的启示如下。

1. 解放思想、抢抓机遇、创新发展

“拿着旧地图，找不到新大陆”，只有打破旧的，才能建立新的。河北省商贸流通企业一定要用习近平新时代中国特色社会主义思想武装头脑，借助“四个战略机遇”（粤港澳大湾区、京津冀协同发展、雄安新区建设、改革开放40周年纪念活动），对接“一带一路”，积极探索我省商业转型升级和现代流通高质量发展突破口。应借鉴深圳经验，确立“不破不立”的思想，构建“互联网+道路+产业+流通”融合发展模式，建立全渠道管理体系。

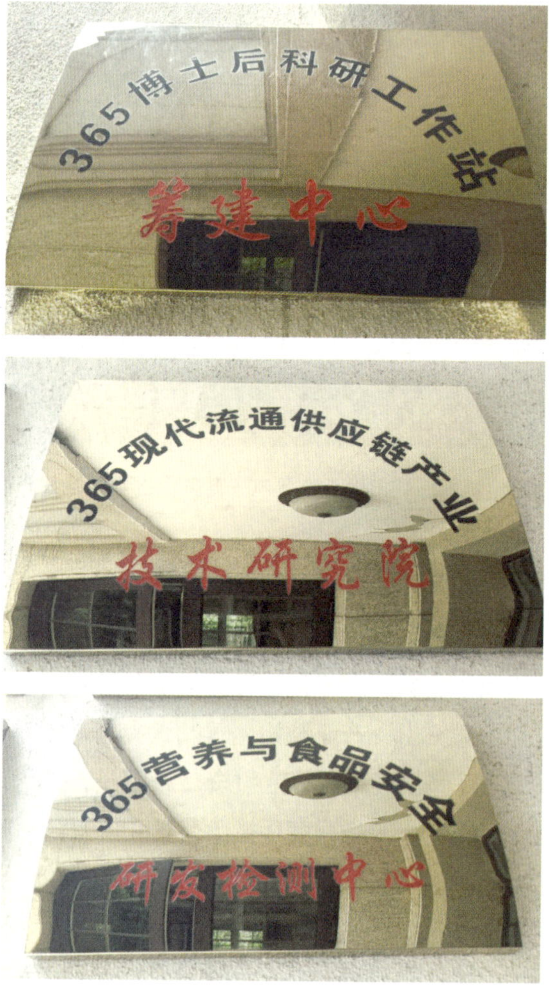

365集团的战略布局

2. 联合重组、构建平台、做大体量

深圳怡亚通作为中国第一家上市供应链企业，其打造“产业供应链+互联网”模式，构建产业供应链生态体系的经验和做法值得学习借鉴。在没有互联网以前，传统的商业模式以多级分销、划区割据的销售模式为主。随着移动互联网的发展，过去相安无事的层层分销模式正在被打破。河北365集团通过并购、重组、合作、自主发展的方式，与深圳中小企业电商促进会产业集聚平台对接，构建“蜂·365”产业电商平台，是推进传统商业转型升级，做大体量的有益探索。

3. 战略驱动、政策引领、顺势而为

近两年来，深圳怡亚通实施“O2O”供应链商业生态战略，从之前的“平台战略”向全面“O2O”“生态战略”转变，战略驱动是其核心能力。未来，怡亚通的目标是：产品可直接送达全国380个主要城市和2 800个县级市，覆盖全国超过500万家实体店、10亿消费者，整个生态圈年交易额将超过万亿。怡亚通的快速跨越发展得益于深圳市大力发展产业供应链的政策引领。

调研组深入深圳现代供应链企业考察调研集锦

二、借鉴深圳经验，建设大数据产业基地，打造河北的国际领先供应链企业

省委书记王东峰在省委九届六次全会上讲话明确提出：要大力发展现代物流、金融保险、电子商务等现代服务业，培育共享经济、数字经济、现代供应链等新业态新模式，推动传统产业优化升级，打造一批具有创新能力的排头兵企

业。会上，省长许勤明确提出：要着力创新驱动，增强高质量发展动力，推动我省境内创新资源与全国、全球创新资源互动协同，构建京津冀协同创新共同体，形成开放式创新的新格局。

石家庄大数据体验中心——365·数谷

国务院办公厅发布的《关于积极推进供应链创新与应用的指导意见》，明确提出：3年内培育100家全球供应链领先企业。作为在京津冀地区线下实体网点最多，超过15 000多家的河北365集团，学习借鉴深圳经验和怡亚通模式，立足京津冀，面向全中国，面向"一带一路"国家和地区，融入全球化，构建全球产业供应链生态体系，建设大数据产业基地，建立"云通365"物流大数据中心，构建"蜂·365"线上第一产业电商平台，以大数据为驱动，推进商贸流通供给侧结构性改革，为我省传统商业全面转型升级赋能，为现代流通高质量发展提供经验和模式，值得各级党委政府关注和支持。

（一）以石家庄大数据小镇为载体，建设"云通365"智慧物流大数据中心

石家庄大数据小镇坐落在鹿泉经济开发区，是在河北省重点项目"通用·365电子商务智慧谷"基础上重新定位规划设计建设的大数据产业基地。项目总投资20亿元，规划占地500亩。目前共投资5.6亿元，包括：园区征地、仓库建设、物流设备、车辆、物流软件等投入0.76亿元，全省49个县14 000家"好乡亲365"门店和1 500家"36524"实体店铺及物流中转站共投入4.84亿元。中国农

业大数据、物流大数据、零售大数据和旅游大数据等大数据实验室及大数据产业基金、大数据产业众创空间正在规划建设中。

通用·365电子商务智慧谷俯瞰图

365集团与阿里集团投资控股的“企加云数据科技公司”达成战略合作协议，以石家庄大数据小镇为载体，建设中国（河北）产业大数据平台，按照业务数据化（第一步：搭建大数据平台架构、第二步：大数据小镇大屏展示、第三步：集团大数据平台与集团新零售板块IT系统内部打通）和数据业务化（第四步：建立数据联盟、第五步：引入大数据战略合作伙伴、第六步：进入资本化运作）等“六步走战略”，构建“云通365”物流大数据中心和“蜂·365”产业电商线上第一平台。依托365集团上万家实体门店，上千万顾客的消费数据，开发大数据产品，赋能零售门店及供应商，产生大数据实际交易价值。

建设“云通365”智慧物流大数据中心，与国际、国内相关方共商共建智慧物流大数据产业联盟，设立智慧物流供应链金融公司，加快整合物流信息公共服务平台建设，整合汇集海关进出口、口岸、运输公司、仓储、快递公司等，打造中国物流大数据交易中心及跨境电商保税仓库。

（二）以太行山高速路和三条绿色产业带建设为依托，建立“互联网+道路+产业+流通”融合发展新模式

太行山区经过30多年的技术开发，形成了一批在国家具有优势品牌和市场竞争力的支柱产业群，培育了太行山区具有优势地位的林果、中草药、杂粮产业，绿色农产品资源丰富。以“一路三带”（即：依托太行山高速公路，建设太

行山生态文化旅游产业带、太行山山地特色农业产业带、太行山中医药养生养老产业带）建设为依托，探索“互联网+道路+产业+流通”融合发展新模式。构建产业生态链，推动一些重点品种（类）进入国家级特优区，培育形成优势主导产业，打造优势品牌，带动农民增收。

“要想富，先修路”。依托太行高速，建设三条绿色产业带，有利于通过产业带的建设聚集人流、物流、车流，弥补高速建设的成本，缓解筹融资压力，缩短投资回收期。同时，以大数据为驱动，以高速服务区为载体，辐射周边农业园区，整合工业、农业、商业、旅游资源，建立“互联网+道路+产业+流通”融合发展新模式。建立高速、国道、省道、县道、乡道“五级公路”智慧交通网络和智慧物流体系，为实施乡村振兴计划提供支撑。

以大数据、人工智能、物联网、云计算等技术，改造、提升、赋能全省高速公路服务区，成为智慧服务区，包括：智慧加油、智慧充电桩、智慧便利店、智能餐厅、云宿客栈、冷链仓储，等等。结合地方特色因地制宜在高速公路服务区增设休憩、娱乐、物流、票务、旅游信息和特色产品售卖等服务功能，设置房车车位、加气站和新能源汽车充电桩等设施，推动高速公路服务区向交通、生态、旅游、消费等复合功能型服务区综合体转型升级。

（三）基于“蜂·365”产业电商平台，构建“京津冀绿色农产品供应链联盟”

近年来，河北365集团积极响应京津冀协同发展战略，率先推进“互联网+”行动计划，实施农村电商全覆盖工程，构建河北省产业电商跨境贸易服务平台。目前在石家庄、唐山、保定、秦皇岛、衡水、张家口、邢台等城市社区拥有“365生活通”智慧便利店1 500多家，在全省1/3的农村拥有“好乡亲365”农村网店14 000多家。未来5年，365集团将自上而下的、利用供应链和平台优势对终端门店进行深度整合，线下实体商业网点将突破10万家以上。

线下实体网点是互联网基础设施，也是依托“大智移云”建立产业供应链生态系统的固定智慧终端。基于实体网络，推进传统商业网点与互联网、物联网深度融合，以线上线下（O2O）模式改造升级传统商业网点，构建全渠道产业链生态系统，打造河北省“蜂·365”产业电商线上第一平台。“蜂·365”线上第一平台，是从线下实体网络向线上空间拓展的产业电商平台；是区别于阿里、京东“第一高地”和腾讯、美团“第二高地”的365“第三高地”；是发挥线下实体网络优势，融合第一、第二高地的长处，补齐第一、第二高地短板，推进传统商业网点与互联网、物联网深度融合，是改造升级传统商业的“芯片”和“引擎”。

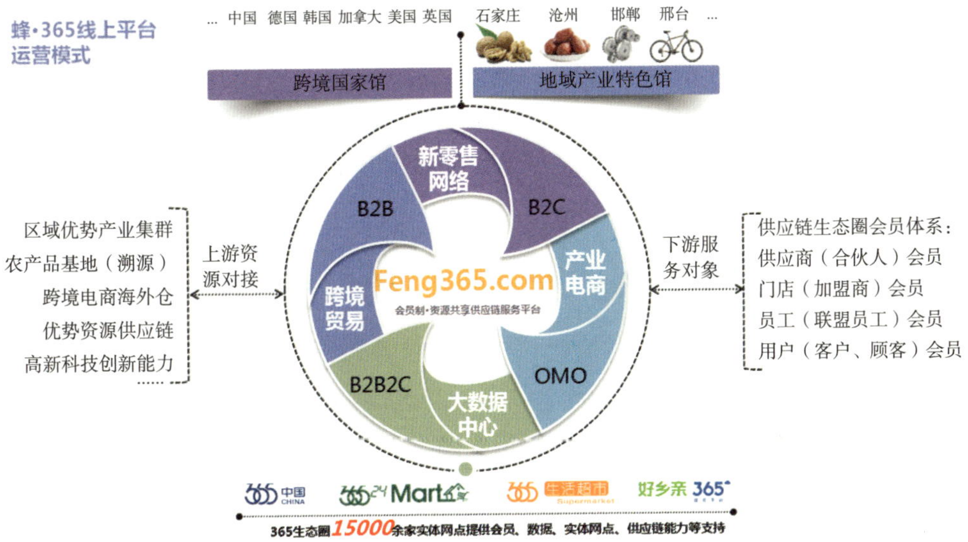

基于“蜂·365”产业电商平台，构建“京津冀绿色农产品供应链联盟”，对接“一路三带”产业集群，建立“365优鲜（溯源）”安全农产品供应链体系，大力发展质量农业、科技农业、品牌农业、绿色农业。“蜂·365”产业生态集聚平台的建立，将突破消费互联网向产业互联网转型升级。

（四）整合产业供应链生态系统，为传统商业经营主体赋能

“蜂·365”产业供应链生态平台，其核心是打造“O2O”商业生态体系，贯彻“1+3+5生态战略”，构建以大数据驱动的产业供应链生态系统。“1+3+5生态战略”，“1”即线上“蜂·365”产业供应链生态平台；“3”即“‘365生活通’智慧社区服务平台+‘好乡亲365’美丽乡村服务平台+产业电商跨境贸易服务平台”；“5”即“线下分销平台+‘O2O’金融+终端传媒+零售服务平台+增值服务”。通过横向一体化、纵向专业化，实现“O2O”完美结合，并聚合众多品牌企业、分销商、物流商、零售终端等合作伙伴。同时，发展供应链（产业

链）金融，建立产业银行，丰富面向中小微企业的的融资渠道，打造基于真实交易、服务实体经济的供应链金融生态，有利于确保资金流向实体经济，避免金融脱实向虚。

在“O2O”生态战略驱动下的“蜂·365”线上平台，将整合365集团上下游优势供应商资源，联合10万终端门店和广大消费者，以线上线下结合的方式，打造一个跨界融合、平台共享、共融共生的供应链商业生态圈。为中小零售商创造一个共生发展的平台，将传统门店升级成为全新“线上+线下”的自定义综合商城，不仅能售卖自己商店的商品，还能销售365集团拥有的超过10万种来自全球各大品牌的商品。同时，还具备消费金融服务、媒体服务（品牌推广）、增值服务等功能，帮助中小零售商店做大做强，为传统商业经营主体赋能。

（五）对接“一带一路”国家战略，打造全球供应链领先企业

2016年中国电子商务交易额22.97万亿元，同比增长25.5%。其中，“B2B”市场交易规模16.7万亿元，网络零售市场交易规模5.3万亿元，生活服务“O2O”交易规模9 700亿元。对“一带一路”沿线国家进出口总额6.25万亿元，占我国当年进出口总额24.33万亿元的25.69%，意味着跨境电商业务在“一带一路”沿线国家仍有巨大的发展潜力。构建“京津冀绿色农产品供应链联盟”，上游对接“一路三带”产业集群，下游对接深圳产业电商跨境贸易平台，直接面向“一带一路”国家和地区，将是一个承载无限可能的千亿级生态圈。

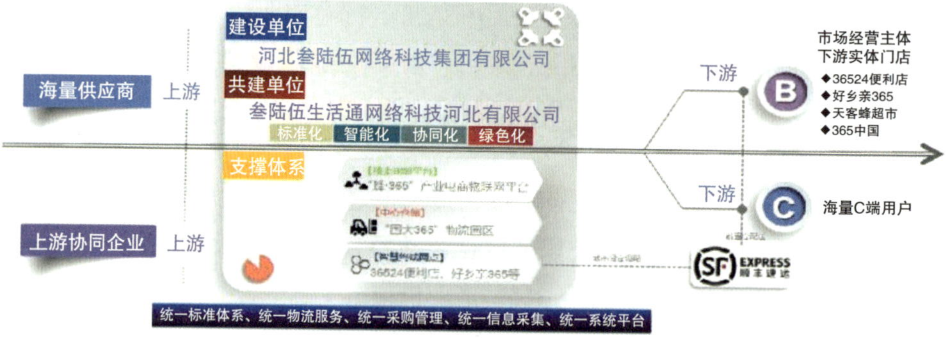

365集团现代流通供应链体系建设项目运营模式

河北365集团走进新时代、开启新征程，不失时机地抢抓乡村振兴、京津冀协同发展和“一带一路”战略机遇。本着为国家服务：做国家战略的坚定执行

者；为行业服务：做互联网基础设施建设者；为人民服务：为人民生活更美好不懈努力的使命感、责任感。建设“云通365”物流大数据中心，构建“蜂·365”商业生态共享平台，就是要通过“创新模式、联合重组、战略驱动、资本运作”等方式，把365集团打造成为全球供应链领先企业。

三、对我省商业转型升级高质量发展的五点建议

（一）立足商业转型升级，支持大数据产业基地和产业电商平台建设，促进我省产业产品对接“一带一路”

产业大数据是推进商业转型升级高质量发展的核心资源，产业电商平台是推进产业结构转型升级的“芯片”和“引擎”。应制定发展大数据产业和建设产业电商平台支持政策，建设中国（河北）产业大数据基地，建立中国农业大数据、交通大数据、物流大数据、零售大数据、旅游大数据等大数据实验室。各级政府应支持传统商贸流通企业向产业供应链服务企业转型，大力培育新型供应链龙头企业。以大项目（如河北省产业电商跨境贸易平台）为驱动，建立供应链综合服务平台，拓展质量管理、追溯服务、金融服务、研发设计等功能，提供采购执行、物流服务、分销执行、融资结算、商检报关等一体化服务。支持建立跨境电子商务通关服务平台系统、综合服务平台系统、监管部门配套管理系统等支撑体系。着力发展“丝路电商”，鼓励企业在沿线开展电子商务，开展大数据、云计算、人工智能等服务，帮助“一带一路”相关的国家发展数字经济，扩大我省跨境贸易规模。

（二）立足高质量发展，支持商业创新和新技术运用联动发展

出台支持政策鼓励新技术应用，支持大型商贸企业积极应用互联网、物联网、大数据等新一代信息技术建设“智慧商店”。鼓励业态创新，支持企业发展以设计、定制、体验为特点的个性化商业模式，进一步打造服务型、体验型、主题型消费业态。引导经营模式创新，支持企业建立高素质买手队伍，通过买断经营、开发自有品牌等形式提高自营产品比例，培育自有品牌。地方政府政策的制定，应精准推动传统商业服务模式创新、跨业融合、多维拓展，落实“互联网+流通”行动计划。支持零售企业实体店数字化改造，开展电子商务进农村进社区

工程，扩大网上消费，满足个性化消费需求。通过政府购买服务的方式，加大互联网基础设施（实体网点）建设技术和资金投入。

（三）立足智慧供应链生态体系，打造供应链综合服务平台

供应链创新发展作为促进产业组织方式已经上升到国家层面，是供给侧结构性转型的重要举措之一。传统商业企业应以供应链与互联网、物联网深度融合为根本路径，以信息化、标准化、信用体系建设和人才培养为支撑，创新发展供应链新理念、新技术、新模式，高效整合各类资源和要素，建设“一路三带”产业集群，构建“京津冀绿色农产品供应链联盟”，提升产业集成和协同水平，打造大数据支撑、网络化共享、智能化协作的智慧供应链体系，大力发展质量农业、科技农业、品牌农业、绿色农业，推进供给侧结构性改革和产业结构调整。

（四）立足发展供应链（产业链）金融，提高产业供应链平台运营效率

中小企业是中国经济的重要力量，供应链金融使中小企业获得了强有力的金融支撑。供应链金融的规范发展，有利于拓宽中小微企业的融资渠道，确保资金流向实体经济。提高产业供应链运行效率，就是要通过资源整合和流程优化，促进产业跨界和协同发展，加强从生产到消费等各环节的有效对接，降低企业经营和交易成本，促进供需精准匹配和产业转型升级，全面提高产品质量和服务效率。

（五）立足提升河北消费和企业创新吸引力，持续不断优化营商环境

加强规划引导、政策引导和信息引导，推动商业网点建设管理的法规体系，加强对超大型和大型商业网点过度建设的调控，推动商业设施建设与人口分布、消费需求、交通体系、环境保护等相协调。推动建立立体、高效、快捷的企业服务平台体系，在用地选址、网点规划、工商登记、卫生监管、财政支持等方面积极服务企业。推动建立完善的税收制度，进一步解决连锁商业汇总纳税问题，扩大增值税抵扣范围，实现公平纳税。推动商业用电用水与一般工业用电用水价格并轨，进一步降低刷卡费率。完善支持商业企业技术进步的政策措施，健

全商业企业信用信息数据和公开披露机制，营造商业诚信发展的社会氛围。

（注：该调研报告得到河北省政府主要领导和主管领导肯定性批示；省政府采纳相关建议，出台了相关方案和支持政策；选择培育了一批全球和全国供应链优势企业；在京津冀协同发展中，河北现代供应链优势企业成为一支生力军，如河北365网络科技集团。）

关于“对接健康中国战略　振兴河北杂粮产业助力乡村振兴”的报告

河北省委省政府决策咨询委员会农业农村组　河北省老科学技术工作者协会　河北省乡村振兴促进会　河北省农林科学院

（2019年11月）

省政府：

2019年9月24—25日，我们组织中国科学院、中国社会科学院、中国农业科学院、中国农业博物馆、国家谷子高粱产业技术体系、国家谷子改良中心、河北省老科技工作者协会、乡村振兴促进会的专家以及部分国内知名企业家，在我省邯郸武安市召开了“挖掘谷子文化，对接健康中国，壮大谷子产业，助力乡村振兴”研讨会。

一、本次会议的特点

（一）主题新

本次研究会主题是“对接健康中国战略，振兴河北杂粮产业”，这个主题的论坛或研究会，在国内尚属第一次。这个主题既符合习总书记关于“健康中国”的思想，也符合中央规定的《乡村振兴战略规划（2018—2022年）》。这次会议立意新颖，特点突出。

（二）层次高

出席会议的人数多、专家层次高。出席这次会议人数多达160多人，其中著名专家学者有：全国政协常委、中国工程院原副院长刘旭院士；原全国政协委员、中国农业历史学会原会长曹幸穗教授；全国政协委员、北京市农林科学院院长李成贵研究员；人民日报教科文部原主任李新彦教授；台湾“中华有机农业协会”执行会长吴远镇先生；国家谷子高粱产业技术体系首席科学家刁现民研究员；中国社会科学院考古研究所赵志军研究员；全国人大代表、杂交谷子发明人赵治海研究员以及国家谷子高粱产业技术体系、河北杂粮创新团队的有关专家。中国老科学技术工作者协会副会长、河北省老科学技术工作者协会会长、河北省委原常委、纪委书记臧胜业同志；河北省乡村振兴促进会顾问、河北省政协党组原副书记、副主席赵文鹤同志也出席了会议。出席会议专家之多、层次之高为近年所少有。

国家相关专家和调研组同志一起在邯郸武安出席研讨会

（三）探讨深

就谷子及杂粮产业发展进行了大跨度研讨，从1万年前的谷子驯化诞生，到历朝历代的变革、今日现状及未来发展方向。传递的信息、知识量极大，涵盖了谷子、杂粮的诞生、科技进步、生产管理、品牌建设以及对人类、中华民族所做的贡献等方方面面问题进行了探讨。本次研讨会不仅仅探讨谷子这个农作物的发生发展，还对谷子及杂粮的物质、精神层面有了全面认识，同时，对杂粮产业发展寄予厚望。

刘旭院士（左一）、臧胜业会长（左二）、赵文鹤顾问（右一）在研讨会上

（四）影响大

政府领导、相关部门、科学家、企业家、文化工作者，自然科学、社会科学、历史、文化、产业经济学者一起研究问题，多视角、广领域研究谷子及杂粮产业的发展问题，克服了专家学者自娱自乐研究、坐而论道、泛泛而谈、不能落地的弊端。新闻媒体高度关注，人民日报、中央广播电视总台、各类网络新媒体、农民日报、河北日报等纷纷从健康中国、乡村振兴、产业发展、农耕文化等不同角度予以报道，引发专家学者、企业家、媒体人对谷子等杂粮在新的时代背景下的深层次思考，影响广泛。

二、会议共识

这次会议形成了一些非常值得关注的新共识。

共识之一。以谷子为标志的杂粮与饮食结构和健康直接相关。与会专家一致认为，当前，随着工业化、城镇化、人口老龄化的加快，我国人民的生产和生活方式发生很大变化，不合理饮食、不健康生活方式引发许多新疾病，亚健康和慢性病人急剧增加，直接影响国人健康和工作状态。2016年8月习近平总书记在全国卫生大会上指出，要把人民健康放在优先发展的地位；2016年10月，中共中央、国务院印发了《“健康中国2030”规划纲要》；2019年6月24日，国务院印发了《国务院关于实施健康中国行动的意见》；2019年7月15日，国务院办公厅印发了《健康中国行动组织实施和考核方案》。这些文件都强调要坚持以“人民为中心”的发展思想，从“以治病为中心”转变为以“保障人民健康”为中心，加强早期干预，形成有利于健康的生活方式、生态环境和社会环境，为建设健康中国奠定坚实的基础。

共识之二。当前，五谷杂粮在人们的饮食结构中越来越重要。与会专家指出，解决中国人的健康问题不能简单照搬国外。中华民族发端于农耕文明，以植物食品为主的饮食习惯哺育和培养了中国人特有的肠道微生物种群，是我们的基因所在。早在《黄帝内经·素问》中就有“五谷为养，五果为助，五畜为益，五菜为充，气味合而服之，以补精益气”的饮食调养原则，五谷在我国通常是指“稻、麦、粟、粱、豆”，这充分说明了五谷杂粮在中国饮食中的地位。解决中国人健康问题必须下决心改变当前国人不合理的膳食结构，建立适宜中国人的健康营养标准。

王慧军院长（左二）调研谷子现场

共识之三。我国应重新确立杂粮作物在中国粮食、食品、环境安全中的重要地位。与会专家强调，近年来，虽然杂粮种植面积不大，区域有限，但它仍是中华民族膳食结构中不可或缺的食品。数量多了不行，但种类少了也不行，缺了更不行。如今虽不是主粮，但必须要摆上中国人的每日餐桌。作为营养配餐，它老少皆宜、南北通吃、营养丰富、健康必备。作为环境友好作物，它资源节约、省水、省肥、省药、质量安全。杂粮中的植物蛋白富含人体必需的8种氨基酸，可提高脑部代谢效率；磷脂对脑部神经的发育、活动有良好的功效；膳食纤维在肠道内可吸附水分子，使食物残渣或毒素迅速排出体外，达到排毒的效果。此外，它药食同源，还有许多功能成分有待深入研究与开发。

共识之四。挖掘、弘扬谷子文化，为农业增效、农民增收、乡村振兴、塑造健康中国服务，需要政府、科学家、企业家、社会学者共同发力。会议认为，政府要给予强有力的政策支持，加大宣传力度，引导国人建立包括五谷杂粮在内的合理膳食结构，由吃饱、吃好，向吃品质、吃营养、吃健康转变；科学家要从优良品种培育开始，进行杂粮的全产业链研发，为杂粮生产、加工、消费提供强有力的科技支撑；企业家应适应现代人工作、生活节奏不断加快的特点，针对不同消费人群，开发孕妇、儿童、少年、青年、中年、老年、男人、妇女、健康人群、亚健康人群、各种疾病人群等需求的健康营养食品，为打造健康中国人奠定基本的食品基础。广泛宣传合理膳食是人类健康最基础的工作，恢复五谷杂粮的本来面目，告知大众，它是中华民族的传统主食作物，是特色营养作物，是环境友好作物，是优质高效作物。

三、五点建议

我们认为，河北省是中国杂粮主产区，种类齐全，分布广泛，栽培历史悠久。邯郸武安考古证明，在8 700年以前我们的先民就开始在这里种植谷子、黍子，是我国北方旱作农业和农耕文明的发源地。在我国几千年的发展历史中，五谷杂粮长期养育了中华民族，培育了中华文明。当前，我省正在进行农业供给侧改革，产业结构调整，维系生态涵养功能，压缩高耗水作物、治理超采地下水，发展草食性畜牧业等，这些都为恢复杂粮生产提供了极好发展机遇。尤其是京津冀区域，这是中国高档消费人群最为集中、生态功能较为脆弱的地方，振兴杂粮产业更为重要。为此，我们建议如下。

（一）恢复太行山、燕山丘陵区、黑龙港低平原区以谷子为代表的杂粮主体种植地位

将其作为种植结构调整、地下水压采治理的重要内容，种植面积至少应恢复到1 000万亩以上。这两个区域曾是我省杂粮的主产区，20世纪50年代仅谷子种植面积就有1 000多万亩。进入90年代以后，由于产量低，费工、费时，难以实现机械化等因素种植面积逐年缩减，改为小麦—玉米一年两熟种植制度。这

种种植制度引发了区域地下水的严重超采，从而形成7万多平方千米的地下漏斗区。目前，谷子产量低、费工、费时、难以机械化的问题随着科技进步都已解决。我省发明的杂交谷子产量已稳定通过500千克/亩，创出超过700千克/亩的高产纪录，常规谷子已稳定通过400千克/亩，创出超过500千克/亩的高产纪录。我省发明的轻简化栽培技术已使谷子生产实现全程机械化。生产同样粮食产量，谷子需水量只有小麦的1/2，玉米的2/3，近年来谷子价格却是小麦、玉米的2倍，且谷草是优质饲草，有利于构建优质畜牧业，因此，发展杂粮可以实现农业增效、农民增收。

王慧军院长（左三）与技术人员交流相关信息

（二）将谷子等杂粮纳入我省粮食收储范围，给予政策性支持

目前，谷子等杂粮消费形式单一，多以粥饭为主，市场需求量有限，面积与价格不稳。杂粮大多种在贫困地区，为农民的主要收入来源之一，扩大种植面积，价格就可能会降低，可能会出现增产不增收现象。扩大杂粮的销售出路在于加工转化，但是企业加工转化需要稳定的谷子货源。目前，种植面积受市场价格波动影响，致使总产量小，远远不能满足企业转化的需求，导致了投资深加工领域的企业数量少、产业链延伸产品研发严重滞后。专家指出，凡是起源于中国的作物都带有皮壳，利于贮藏，是中华文明历史得以延续以及战胜各种大灾大难的重要原因。为了提高农民扩大种植杂粮的积极性，稳定加工企业货源，建议：在我省试点启动对杂粮保护性收购机制，在主产区纳入国家政策性收购范围，制定最低保护收购价格，以稳定市场价格，逐步扩大种植面积及产量，促进市场稳定

运行，保护农民利益。同时，给予地方杂粮储备以政策支持和储备补贴支持，使杂粮储备成为农民生产和企业消化的促进剂。

（三）加大对杂粮加工企业的支持力度，鼓励提高研发、加工转化能力

杂粮营养平衡、人体必需，随着消费者膳食消费理念的转变与消费结构的不断升级，消费需求日益旺盛。但不可否认，人们对未来食品的要求是安全、营养、美味、好吃、快捷、方便，追求品质、品牌。而目前我省杂粮企业多数还停留在原粮初加工阶段，“不好吃、不便捷，品质不高，品牌不响”问题突出。建议政府、科学家、企业家、金融、保险、农民“六家握手”共同发力，打造我省杂粮加工品牌企业，给予政策支持，延伸产业链条，从初级加工、深加工、精深加工等方面建立杂粮产业加工体系，瞄准多样化市场需求，以突破杂粮精深加工技术为重点，优化产品结构，细分消费人群，例如，开发适合老人、儿童、学生、孕妇等不同消费群体的产品，提高产品附加值，稳步扩大杂粮产品市场份额，形成“以加促消，以消带产”的良性循环。

我省谷子生产基地

（四）加大宣传力度，培育壮大区域公用品牌

当前，我国谷子等特色杂粮产业正处于重大机遇期，兄弟省份特色杂粮产业快速发展。例如：山西的沁州黄小米、内蒙古的敖汉小米纷纷登陆高铁、央视甚至纽约时代广场，有力拉动了优质小米消费。河北谷子等杂粮产业具有显著区

域优势、科研优势、资源优势，但是在宣传力度、区域品牌打造方面较先进省市还有一定差距。建议政府在不同媒体全方位、多角度、立体式宣传河北杂粮，推出河北谷子和杂粮知名品牌，讲好河北故事，提高河北杂粮知名度和消费意愿；设立特色优势产业专项，集中打造一批区域公用品牌；深度挖掘武安磁山粟文化，将磁山文化写进中小学教科书，让全国广大青少年深入学习了解中华民族这段光辉灿烂的历史，加强爱国主义教育，把小杂粮做成大产业，使其走向全国，走向世界。

（五）加强顶层设计，优化河北省杂粮产业空间布局

我国杂粮主产省和主产区纷纷借助实施乡村振兴战略的契机，制定本区域杂粮产业发展规划和出台系列支持政策。如山西省人民政府出台了《山西小米品牌建设实施方案》，组织召开了三届全国小米产业大会；内蒙古敖汉旗制定了《敖汉旗小米产业发展规划》，目标是打造百亿元小米产业，连续组织召开了六届小米起源与发展会议。建议河北省加强顶层设计，组织相关专家依据河北省各区域资源禀赋、生态特点、产业竞争力制定《河北省杂粮产业发展规划》，优化区域布局，促进河北杂粮产业转型升级和绿色高质量发展。

执笔：王慧军　河北省委省政府决策咨询委员会农业农村组组长
张文军　河北省老科学技术工作者协会农业农村分会会长
张彦惠　河北省乡村振兴促进会执行会长
李顺国　河北省农林科学院谷子研究所副所长

（注：该报告引起主管省领导及省委省政府原领导高度重视，引发了各方面对杂粮产业的关注。）

关于河北威县发挥“农投公司”的龙头作用 为精准脱贫和乡村振兴提供持久动力的调研报告

河北省委省政府决策咨询委员会农业农村组

河北省乡村振兴促进会

（2019年10月）

2012年，威县被确定为国家扶贫开发工作重点县，2014年1月威县成为全省唯一的县级综合改革试点。面对艰巨的脱贫任务和现代农业蓬勃势头，威县积极探索建立发展现代农业、加快脱贫攻坚的投融资新机制。2014年7月，威县在全省县级层面率先设立集投资建设、管理运营于一体的县属国有公司——河北威州现代农业投资有限公司（以下简称“农投公司”），通过建设以财政资金为杠杆的农业投资融资平台，以市场为纽带的农业信贷金融，加上产业基金与信贷、融资相耦合，三者联动形成“共振效应”，探索出一条“政府引导、企业管理、市场运作”的现代农业发展新路径。目前，公司在职员工15人，注册资本1亿元，总资产6.975亿元，旗下全资子公司3家，控股子公司2家，参股

调研组成员考察现场

公司3家。2018年收入706.91万元，纳税14.7万元，利润35.99万元。截至2018年年底，已为12 858名贫困群众分红1 355.22万元，181村集体分红554万元。

董经纬（右一）、张彦惠（右四）、贾嵩（左一）在威县听取
安庆杰（邢台市委常委、威县县委书记）介绍情况

一、农投公司成立过程及基本职能

（一）农投公司形成了“五位一体”新机制

按照2014年中共中央、国务院《关于全面深化农村改革加快推进农业现代化的若干意见》及2014年国务院办公厅《关于金融服务“三农”发展的若干意见》，先行先试探索农业农村资源的市场化配置，整合现有农业资源，建立农业行业集投资、融资、担保、建设、管理等为一体的农投公司，多渠道筹措现代农业建设资金，形成现代农业投（融）资、建设、运营、管理的良性循环机制，为全县“三农”工作、现代农业重大项目建设提供资金保障。

安庆杰（左二）向调研组介绍情况

（二）组建及运行方式

2014年7月，由县财政局和县投融资管理中心共同出资5 000万元，县政府授权威县财政局为国有资产管理机构，由县财政局和县投融资管理中心作为该公司出资人，履行出资人职责。管理运营方式为企业董事会、监事会在县农投管理办公室领导和业务指导下工作。

（三）性质及主要职能

公司性质为：经县政府授权对国有资产进行经营和管理，并承担国有资本经营和资产保值增值责任的国有公司，具有独立法人资格和完善的法人治理机构。主要代表县政府行使四项职能：①依托现有农业资源，引导集聚政府资金、金融资金和社会资金，投资现代农业项目。②按照先行先试原则，探索现代农业综合改革，创新土地流转多种模式，促进农村宅基地复耕，推进新农村建设。③采取向金融机构贷款方式，搭建投融资平台，开辟投融资渠道，吸引优质农业项目，扶持龙头企业，发展农民专业合作社，提高公司自身“造血输血”能力。④整合全县财政涉农资金，广泛参与现代农业综合开发和投资管理。

威县梨果成为纪念抗战70周年“阅兵梨”

二、农投公司探索了资产收益扶贫新路径

依托中国蛋鸡第一品牌德青源、奶业巨头君乐宝等，先后探索出“金鸡”“金牛”“威梨”等资产收益扶贫模式，实施威县德青源金鸡，君乐宝第三

牧场、乳品加工厂，威梨冷链物流等一批立县产业扶贫项目。2016年，全国产业精准扶贫现场观摩会到威县观摩该模式；2016年全省推广威县4项改革经验，资产收益扶贫模式是其中之一。2017年2月21日中央政治局第三十九次集体学习时，威县“金鸡帮扶”产业扶贫项目又成为学习参考资料。

威县德青源产业园区

（一）“金鸡”模式

德青源是中国蛋鸡产业化龙头企业，推动并参与制定了中国第一部鸡蛋标准，创建的“鸡蛋身份证制度”，确保任何一个农场生产的鸡蛋都可全程追溯，开创了我国鸡蛋品牌先河。威县农投公司依托德青源优质资源，结合自身实际，探索创新的“金鸡帮扶”产业扶贫项目，其核心可概括为“国企融资建厂、扶贫资金入股、企业租赁经营、贫困群众分享、集体经济受益”五个方面。按照“分期建成、分期移交、分期收益”原则，目前已累计为126个村（贫困村48个）、13 810贫困人次，分红750.3万元，48个贫困村每村每年增加集体收入2万元。

（二）“金牛”模式

借鉴“金鸡”模式，2017年又与河北省最大的乳制品加工企业君乐宝集团合作，探索实施“金牛”模式。通过建设君乐宝威县第三牧场和年产16万吨乳品深加工项目，实行“资本到户、权益到户、效益到户”，探索完善“扶贫资金变资产，资产租赁享收益”的资产收益扶贫路径，辐射带动赵村镇及周边5个乡镇、175个村（65个贫困村）、2 097户、4 520人稳定增收，带动133个贫困村集体经济收入稳定增加，乡村经济和社会发展走向振兴之路。

（三）“威梨”模式

依托威县10万亩优质梨果产业带，农投公司主动融入全县产业发展大局，打造优质梨果基地，积极探索“统分结合、资产经营”的“威梨”模式。在纪念抗战胜利70周年大阅兵期间，“威梨”走进阅兵村，荣获“阅兵梨”美誉。2016年威梨入编《中国名优特产大全》，党的十九大及2018年全国两会期间，“威梨”凭借果型美、口感佳、农残低、可追溯等优势，从众多品牌中脱颖而出，成为代表、委员的特供水果。在连续4届中国（廊坊）农产品交易会上，4个“威梨”优良品种屡获果王、金奖。目前，正在推进威梨综合发展中心冷链物流项目，总投资2.55亿元，冷库年储藏果品总容量可达5万吨，冷链物流果蔬吞吐量达18万吨以上。

调研组了解“威梨”模式

“三大模式”不仅有力带动了贫困群众增收，还加快了当地产业结构调整和升级，推进了美丽乡村建设和新型城镇化建设，探索出一条增加农村集体收入的有效途径。

三、农投公司创新了四权分置利益联结机制

明确政府主导权、企业经营权、投资平台管理权、贫困户收益权，让贫困

户优先参与进来、分享收益，构建了归属清晰、权责明确、保护严格、流转顺畅的现代企业产权制度。

（一）政府的主导权

根据全县产业总体规划确定入股贫困户，使其成为“特惠股东”，明确财政扶贫资金使用及分红比例。政府和市场的作用是资产性收益扶贫的保障，资产性收益扶贫制度改革创新，不仅需要市场无形之手的牵引，也需要政府有形之手的强力推进；在政府的政策和资金的支持下，通过龙头企业公司化运作和管理，实现完整的扶贫体系，通过发展特色产业带动了经济发展，带动贫困户和贫困村致富。

调研组在君乐宝威县基地调研

（二）投融资平台的管理权

依托政府投融资平台，将财政资金、金融资金整合使用，壮大扶贫资金实力：财政扶贫资金。通过建立合作社，将财政资金拨付给合作社，落实到贫困户、贫困人口，统一入股农投公司建设扶贫项目。金融机构资金。由农投公司通过合作社整合建档立卡贫困户的扶贫资金作为资本金，再出面向金融机构贷款，用于扶贫项目建设，本息从将来项目经营利润中逐年偿还；同时保险公司介入，降低扶贫资金风险。通过多种资金的有机融合，破解单一资金使用的局限，使资金使用效率得到提高。

（三）合作组织的使用权

该机制一个突出的特点是，扶贫龙头企业不投资扶贫项目固定资产建设，全部由政府投融资平台农投公司承建承贷。龙头企业租赁经营，支付给农投公司租金，用于偿还农投贷款本息、贫困户分红和发展贫困村公益事业，有效减少了企业的投资和负债。同时，传统扶贫模式缺项目、缺资金，更缺人才，由专业团队经营项目能有效提高经营水平。

威县君乐宝乳产品加工厂

（四）贫困户的收益权

将财政扶贫资金折股量化给贫困户，通过合作社统一入股农投公司，从龙头企业租赁扶贫项目支付的租金按股分红，不参与直接经营。以农投和合作社为纽带，有劳动能力的贫困户可优先到项目务工。

通过入股公司经营的产业扶贫项目，威县30%的贫困村，占全县贫困人口80%的4 945户、12 858人实现稳定脱贫，133个村增加集体收入266万元，累计提供500个贫困就业岗位，为2018年威县如期脱贫摘帽做出了突出贡献。

四、农投公司新机制巩固了脱贫效果，助力乡村振兴

农投公司新机制巩固了脱贫效果，带动全县“三农”快速发展，为实施乡村振兴战略奠定了坚实基础。

（一）农业产业摆脱了“弱、单、散”，走上了质量兴农之路

引进德青源、君乐宝乳业，解决了“生产什么”“如何生产”和“谁来生产”等关键性问题，撬动企业资本加大现代农业基础设施建设，大大改善农业生产条件；现代化生产，打破了过去“一棉独大”的产业结构；以财政扶贫到户资金入股合作社，合作社参股龙头企业，形成“龙头企业+合作社+贫困户”股份合作组织，实现了由分散经营向适度规模经营转变。通过项目实施，真正把优质“产出来”、安全“管出来”、品牌“树起来”。

调研组听取情况介绍

（二）农村面貌摆脱了“脏、乱、差”，走上了绿色发展之路

畜禽养殖产生的污染是农村环境污染的主要来源之一，一家一户或小型养殖场无力解决这一难题。农投公司通过对政府推动力、龙头企业拉动力、合作社组织力、贫困户内生动力、省农林科学院第一生产力、农发行威县支行撬动力、

人寿财险河北分公司保障力的“多方合力拔穷根”行动，引导配套发展相适应的饲料加工、沼气发电、有机果蔬种植等，最终形成了包含全产业链可持续发展的现代生态农业发展模式。实现了农业清洁生产和绿色发展，被国务院确定为全国五大生态农业循环圈之一。

董经纬（右一）向相关同志了解情况

（三）农民生活摆脱了“土、累、贫”，走上了共同富裕之路

引入德青源、君乐宝乳业落户，培育了一批新型职业农民，并把先进经营理念、市场观念、现代企业文化带到农村来，使农民摆脱小农意识、增强集体观念，有利于形成乡风文明、治理有效的社会环境和治理体系。农业生产实现从农民“单打独斗”向“抱团发展”，提高了劳动生产率和农业经营收益。通过土地流转、资金整合下放、折股量化、投放参股，创新利益联结机制，农户成为现代农业产业链上的一个环节，实现了入企打工挣薪金、流转土地赚租金、参与入股分红金，天天能打工、月月有收入、年年能分红，增加了农民收入，走上了脱贫致富之路。

（四）村集体经济摆脱了“无、弱、穷”，走上了集体振兴之路

村级无集体收入或收入少，是制约当前村级服务作用发挥的一大突出瓶颈。农投公司探索出“政府+龙头企业+合作社+农户+金融机构+科研机构”“六

位一体”的产业扶贫模式，在带动贫困群众稳定脱贫同时，也探索出一条拓宽村级集体收入来源的有效途径。德青源、第三牧场和乳品深加工项目建成后，贫困村通过整合涉农资金形成的股份，每村每年增加了集体经济收入，主要用于村级环卫、安保、公益活动服务和养老护工等“特惠岗位”的公益岗支出，还可用于村公益设施建设维护及脱贫后相对贫困群众的救助。

五、几点建议

通过调研，提出如下建议。

（一）威县精准扶贫新机制，既发挥了巩固脱贫效果的作用，又是推进乡村振兴的长效机制，值得在全省推广。

（二）指导的县组建“五位一体”的农投公司，并实施“四权分置利益联结”新机制。

（三）省市相关部门继续关注指导支持威县创新完善相关机制。

（四）建议组建河北省乡村振兴战略投资基金（或者称河北省农投基金）。投向“精准扶贫”和“乡村振兴”项目。

（注：该调研报告引起省政府主管领导高度重视；该做法成为中央政治局集中学习时典型案例之一，正在全国各地推进。）

健全科技创新全链条体系
抢占高质量发展制高点

——关于石家庄市鹿泉区连续两年位居全省县域科技创新能力第一的调研报告

河北省委省政府决策咨询委员会农业农村组

党的十九大报告指出，创新是引领发展的第一动力，是建设现代化经济体系的战略支撑。近年来，鹿泉区深入贯彻落实习近平总书记关于科技创新的重要论述及党的十九大精神，把科技创新摆在推动高质量发展的核心位置，特别是2020年，在新冠肺炎疫情影响之下，坚决贯彻中央政治局4月中旬会议精神，坚持新发展理念，大力实施创新驱动发展战略，坚持以供给侧结构性改革为主线，深入开展“双创双服”“三创四建”活动，不断健全科技创新全链条体系，连续两年位居全省县域科技创新能力第一，冲破疫情制约，推动高质量发展迈上新台阶。

鹿泉科林电气公司

——科技创新队伍不断壮大

牢牢抓住人才这个科技创新的核心，加大人才服务力度，壮大科技人才队伍，构建了“区、镇、企”三级人才管理服务网络体系，不断完善“培养—引进—服务—保障”立体引才、聚才、留才、用才机制，全区主导产业引进各类优秀人才3 500余人，其中，柔性引进院士8名，培养引进国家级人才15名，省级人才59名，市级人才91名，累计认定高层次人才139名，形成了“聚英才以用之，优环境以留之”的良好态势。

——科技创新主体不断发展

牢牢抓住企业这个科技创新的主体，大力培育引进科技创新企业，全区共有省认定高新技术企业116家，千家工商注册企业中高新技术企业数量为12.83家；省认定科技型中小企业达678家，千家工商注册企业中科技型中小企业数量为75.02家，科技创新贡献率达到63%，先后获评全省创新型城市和工业转型升级“双试点”区、省级双创示范基地、全省知识产权示范区。

——科技创新投入不断加大

牢牢抓住投入这个科技创新的动力，始终把科技创新作为重点支出领域，持续加大财政科技投入力度，2019年财政性科技支出8 658万元，占公共财政支出比例为1.78%；同时，引导推动企业加大科技研发投入，规模以上工业企业R&D经费支出占主营业务收入的比例为1.94%；深入开展“双问计”活动，2019年争取国家级科技项目5项，资金2 894万元；争取省级科技项目资金38项，资金5 389.5万元，争取市级科技计划项目51项，资金1 718万元。

——科技创新资源不断聚集

牢牢抓住研发这个科技创新的平台，按照“政府扶持平台，平台服务企业，企业自主创新，创新升级产业”的思路，加快培育重点实验室和研发机构，不断提升自主创新能力，建成首个京石两地协同发展创新创业平台，全区国家企业技术中心4家，省级以上研发平台48个，省级以上创新园区、基地5个，省级以上创业服务机构20个，院士工作站总数达到9家，博士后创新实践基地达到3家。

——科技创新成果不断涌现

伴随鹿泉科技创新能力的不断提升，一大批科技创新成果在鹿泉竞相涌现、硕果累累，万人有效发明专利拥有量为6.2件，规模以上高新技术产业增加值占规模以上工业增加值比重为31.53%，农业产业化经营率为79.65%。君乐宝荣获“2019年世界乳品创新奖”两项大奖，入选品牌强国十大新锐品牌和“中国民营企业500强”；立德电子及朱晓东专家获国家科学技术进步奖一等奖；中国电科13所获国家科学技术进步奖一等奖；中国电科54所获国家技术发明奖二等奖、国家科学技术进步奖二等奖。

一、搭建创新平台全面铺开科技创新大天地

科技创新是区域发展的主引擎，也是高质量发展的第一驱动力。鹿泉区依托电子信息产业优势，以科技创新为引领，以科创园区为载体，以孵化加速为助力，以成果落地为导向，以军民融合为抓手，搭建全链条式科技创新平台，为全面提升区域科技创新能力奠定了基础。

鹿泉创新中心

（一）做优创新总部

将开发区作为高新技术产业的“桥头堡”、科技创新的“主战场”，着力打造高标准创新总部区。深化开发区“1+8”改革，推进体制机制、人事薪酬等改革，扩大托管面积，实现创新“九通一平”，改出了动力、改出了效率，为科技资源加速聚集、创新活力持续迸发，提供了强有力的承载支撑。截至目前，开发区高新技术企业达到82家，研发平台占全区的80%以上，主营业务连续两年超千亿，2019年超1 400亿，综合实力位居全市同类开发区第一，被评为全省高新

技术企业发展先进开发区。

（二）做快创新孵化

科研成果只是“种子”，只有放在适宜的“环境”里才能生根发芽。为促进科研成果尽快转化，鹿泉区打造了创业大街、梦巢小镇、鹿岛V谷、颐高孵化器等孵化中心，成立了鹿泉科技创新中心和智能科技孵化中心，鹿岛V谷、军鼎科技园等被认定为国家级孵化器，2019年，全区众创空间和孵化器、加速器达到14家，入驻初创团队120个，入驻企业199家，主营业务收入突破百亿元。

（三）做实创新落地

创新技术转化是根本，推动项目落地是关键。鹿泉区着眼技术转化落地，打破“独门独院”模式，由政府或投资商建设“创新小区”，完善各项配套设施，提供高效优质服务，让科技企业真正实现拎包入驻，直接开展科技创新、企业运营。先后建设了光谷科技园、科瀛创新产业园等8个科技型“园中园”和硅谷智能科技园、中关村创新产业园等6个现代产业园，实现了科技型中小企业“扎堆”发展、高新技术产业集群发展、区域经济创新发展的共赢。

（四）做强创新融合

鹿泉区抢抓军民融合上升为国家战略的重大机遇，将军民融合发展战略和创新驱动发展战略深度融合，成立了国家军民两用技术交易中心河北分中心、河北省军民两用技术交易中心、河北省军民融合知识产权交易中心等“五大中心”，坚持技术、产业、园区、项目、企业一起抓，实现了信息通、技术通、人才通，整合军民两用技术1.8万项，知识产权专利22万件，签约核心专家85人，扶持创办军民融合企业62家，光谷科技园被评为全省军民融合产业示范园。

（五）做大创新产业

将电子信息产业作为科技创新着力点，与中国电科13所、54所签订战略合作协议，健全完善对接沟通机制，从土地、资金、人才、政策、服务等方面为“两所”提供全方位支持，大力发展电子信息产业。2019年，全区电子信息企业总数达到398家，销售收入达到260亿元，创税3.15亿元，增长48%，远东通信等19家企业入选全省首批千家领军企业，先后被认定为国家半导体照明产业化示范基地、河北省战略性新兴产业示范基地、河北省电子信息产业名区等。

二、健全服务体系全面激发科技创新内动力

推动科技创新引领高质量发展，离不开先进的科技创新服务体系。鹿泉区以深化科技管理体制改革为动力，持续优化“五大服务”，破除制度瓶颈和藩篱，激发了科技创新的内动力。

（一）优化人才服务

研究制订了人才优先发展三年行动计划、高层次科技人才奖励办法、人才住房保障实施意见等政策制度，设立4 000万元人才奖励资金，启动了投资4.2亿元的人才公寓建设，并配套建设幼儿园、学校、医院、商场等设施，让人才引得进、留得住、用得好。聚焦产业需求、研发需求、市场需求，协助企业开展招才引智活动，推动人才与产业发展深度融合；深化人才绿卡制度，探索创新人才服务模式，建立人才服务中心，用高素质的人才激活创新创业活力。

鹿泉电科导航公司

（二）优化金融服务

认真贯彻中央关于支持实体经济发展的有关金融政策，建立了“政府扶持+金融机构支持”的科技金融服务体系，扩大战略性新兴产业投资，打开了中小企

业科技创新资金投入的源头活水。制定了金融服务八条扶持政策，设立了6 000万元的创新创业资金，常态化开展政银企对接，加大对科技创新企业支持力度。引入风投机构5家，设立5亿元的产业引导和扶持基金，1亿元的高新企业风险补偿金，协调驻鹿银行放大10倍为企业科技创新提供信用贷款融资，仅2020年一季度就协调建设银行、国家开发银行、中国银行等6家银行为君乐宝发放贷款11.2亿元。大力鼓励企业上市融资、搏击资本市场，成立上市服务机构，聘请专业团队培育上市，截至目前，成功上市的本土企业达到10家。

（三）优化政策服务

为应对疫情等不利影响，认真贯彻中央会议精神，从落实减肥降税、鼓励创新创业等方面入手，持续营造良好的科技创新政策环境，为科技创新提供坚强保障。一方面，强化政策执行。抓好上级各项政策的落实落地，加强政策宣传解读，主动组织推介服务，帮助企业解决问题，消除政策落实“中梗阻”；特别是严格落实国家减税降费政策，2019年为企业减轻负担6.43亿元。另一方面，完善政策措施。先后出台了大力鼓励创新创业、加快科技创新、高新技术企业培育、重大科技成果转化、精准服务科技中小企业、孵化器载体提升等系列配套政策，营造了良好的创新生态，让政策红利充分释放，让创新活力充分涌流。

（四）优化政务服务

着眼于解决审批难、审批慢等问题，以深化“放管服”改革为抓手，持续推进行政审批制度改革，推行容缺受理、并联审批，开启“不见面审批”新模式，90%政务服务事项实现“一网通办”，323项实现“最多跑一次”，投资项目审批时间压缩至68个工作日，企业登记时间压缩至1.5个工作日。在全省率先成立“政法护航工作站”，在全市率先推行公共服务窗口“无休日”制度，大力优化营商环境，全力支持科技企业发展。

（五）优化包联服务

坚持“政府就是服务、部门就是保姆”，墙内事企业办、墙外事政府办，制定了政企定期交流、区级领导分包等机制，主动为企业发展保驾护航。明确29名区级领导分包116家高新技术企业，定期深入企业调研指导，召开科技企业座谈会，协助企业与科研院所联系对接、创新交流，解决技术创新、成果运用等问题。同时，开展多种形式学习考察、培训交流服务，组织举办创新创业大赛军民融合行业赛、光电子应用产业高峰论坛等活动，帮助企业了解国家创新动态、前沿科技，促进企业与科研院所融通发展。

三、扶持创新主体全面培育科技创新“百花园”

党的十九大报告指出，要建立以企业为主体、市场为导向、产学研深度融合的技术创新体系，加强对中小科技企业创新的支持。鹿泉区按照“抓大活小、以小聚大”的思路，既支持“顶天立地”的大型领军企业加强科研创新，也扶持“铺天盖地”的中小企业创新创业，加快培育大小科技企业竞相创新创业的“百花园”。

（一）强化引进来与促成长有机结合

坚持招商引资与自主培育同向发力，不断推动制造向创造、速度向质量、产品向品牌转变。持续加大党政领导带头招商力度，发动干部围绕高新技术企业精准招商，鼓励企业以商招商，小码联城、清控科创、海康威视、神玥软件、森斯泰克、联东U谷等一大批优质科技项目落户鹿泉。同时，根据市场需求，强化科技引领，加大政府支持，按照企业的不同发展阶段进行梯度培育，力促科技型企业快速成长。科林电气是鹿泉区“土生土长”的科技企业，经过十几年的孵化加速，由起初的二十几名员工、十几间车间不断发展壮大，成为鹿泉首个自主培育的主板上市企业，入选2019年度中国电气工业100强，成为中国智慧电气的引领者。

（二）扶持“大航母”与“小巨人”共同发展

坚持大而强与小而精互促共进，努力形成大项目顶天立地，小企业铺天盖地的发展态势。一方面，发展“大航母”。以做优做大主导产业为抓手，全力扶持君乐宝、远东通信等龙头企业做大做强，君乐宝主营业务收入达163亿元，扛起了振兴民族乳业的大旗；远东通信等6家高新技术企业纳税均突破1亿元。另一方面，培育“小巨人”。围绕破解“小巨人”壮大难，通过强化政策支持、实施联动培育、提高服务质量，大力培育“专精特新”小巨人企业，东森电子、京华电子、麦森钛白粉等32家企业被认定为全省“专精特新”小巨人企业。

（三）推动创新链与产业链双向融合

依托“1+3”现代产业聚集发展，坚持以市场为科技创新导向，以企业为主体，深化与高等院校和科研院所的合作，围绕产业链布局创新链，以创新链延伸产业链，推动“两链”双向融合，加快产学研“三素”深度融合，完善了“政产学研用”创新创业链条，构建了“研发—交易—孵化—落地—成长”的全链式创新体系，营造了良好的创新创业生态系统，促进了越来越多的创新技术在鹿泉区落地转化，聚集了众多的研发团队和创新企业，培育了一批科技型中小企业破土而出，推动了一批领军式高新技术企业巨变成长，全区科技创新能力和产业竞争力不断攀升。

（注：该调研报告得到省主管领导肯定性批示，引起多方高度关注。）

河北建设集团股份有限公司香港上市情况调研及建议

河北省委省政府决策咨询委员会专题调研组

（2019年4月9日）

一、河北建设集团香港上市之路

河北建设集团股份有限公司是河北省建筑业龙头企业，该公司成立于1952年，成立初期为两个中央建筑安装企业，1965年调整更名为建工部八局二公司，1974年更名为河北省建筑工程局第一建筑工程公司，1996年改制成立河北建设集团。经过多年发展，河北建设集团已发展成京津冀最大的民营建筑企业。公司2018年位列中国企业500强第376位，中国承包商80强第18位，共创建鲁班奖工程22项、参建12项。

河北建设集团经过改制后虽然取得了快速发展，但与央企和外省优秀省级同行业企业相比，还有很大差距。经过几十年的积淀，该企业蓄积了大发展的综合实力，进入了能量释放期，为了谋求跨越发展，实现重回中国建筑业第一方阵的目标，企业需要借助上市带来的综合效应。

河北建设集团香港主板上市过程紧凑、用时较短。2016年6月开始内外部调研。2016年11月28日正式启动上市工作。2017年4月21日，完成股份制改造。2017年12月15日，河北建设集团股份有限公司在香港联交所H股挂牌上市，当日股价4.46港元（2017年12月15日，1港元约合0.84元人民币），市值78.5亿港元，募集资金20.2亿港元。

李宝元（左一）和李宝忠（右一）在香港主板上市“一锤定音”

河北建设集团成功上市，填补了河北省建筑工程企业境外上市的空白，扩大了河北省企业在国际上的影响。上市一年来，公司用好上市牌，唱好主业戏，各项效益指标全面提高，取得了建设与发展双丰收。

审视上市的整个过程和上市前后的变化，至少有以下几个方面经验做法值得借鉴。

二、河北建设集团香港上市带来的六大变化

（一）企业影响力越来越大

河北建设上市实现了“三个第一”：①河北省首家建筑业上市公司。②香港联交所最大的以建筑工程为主营业务的民营上市企业。③雄安新区设立后香港上市的第一支雄安概念股。“香港主板上市公司”成为河北建设集团最闪亮的品牌。上市后，公司得到了全球投资者和权威行业媒体的广泛关注。2018年河北建设首次上榜《财富》中国500强排行榜，位列183位，同时首度入选ENR国际承包商250强，位列113位。知名度的提高，极大扩展了公司的海内外影响力，为公司承接更多的大工程提供了便利。

省委省政府决策咨询委员会专题调研组董经纬（左二）等同志在
河北建设集团调研并赠“雄安第一股”题字

企业影响力提高，直接降低了进入国内、国际两个市场的门槛，企业发展机遇越来越多。

（二）资信评级越来越高

公司上市以后，国内有关信用评级机构提升了公司的信用级别；国际著名信用评级机构开始关注公司情况；多家金融机构主动增加对公司的授信额度，提供更加优惠的融资选项；贷款形式也发生良性变化，由原来传统的抵押、担保转变为信用贷款；贷款期限也由原来的一年短期变为两年或三年的中长期。金融地位的提高，融资能力的增强，为主业发展提供了有力支撑。

省调研组听取李宝元介绍公司上市过程

（三）市场资源越来越多

河北建设集团上市后，大客户资源加速积累，尤其央企和集团级大客户给企业带来了很大的市场份额，贡献率比2017年增长了近10个百分点。在雄安，公司与十几家央企、大型设计院签署了战略合作协议，并在各个维度、各个领域尝试开展深入广泛的合作。成功获批设立院士工作站、国家博士后科研工作站和国家企业技术中心。这些资源，为公司实现可持续性发展积蓄了后劲。

（四）内控管理越来越强

上市过程中，十余家中介机构帮助公司梳理问题，查找隐患，甄别风险，完善制度，不但疏通规范了管理流程，而且培养锻炼了一大批适应上市企业规范运作的专业人才。上市成功后，公司在世界一流的国际咨询团队帮助下，完善了内控手册，强化了从标前评审、方案设计、安全生产、成本核算、回访保修等各个生产流程的标准化管理。全面推行国际会计准则，改进内部监察工作，优化信息化工作平台，确保及时准确掌握公司运营状况。通过一系列制度改进和流程再造，公司的管理更加正规，整体面貌焕然一新。

省调研组听取李宝元、李宝忠、申丽凤（上市总策划）介绍情况

（五）优秀人才越来越多

伴随着整体品牌和知名度上升，公司对人才的吸引力进一步增强。上市以来，招收、引进各大院校及社会优秀人才近千人，大大丰富了公司的人才资源。据统计，2018年公司整体离职率仅为3.39%，远低于同行业企业平均水平。公司6 600余名员工中，专科及以上学历人员占全体员工的90%。享受政府津贴专家7人，博士、硕士142人；教授级高工81人，高级职称683人，中级职称1 840余人；各类注册师近2 500人，其中一级注册建造师达到1 558人，仅2018年一年就有360人通过一级建造师考试。人才资源在省内同行业处于绝对领先水平。

河北建设集团商学院“教学基地”揭牌仪式

（六）经济效益越来越好

上市前，2017年全年完成产值411.7亿元，净利润10.97亿元（含未剥离业务利润），新签合同额613.1亿元。上市后，在国内整体经济形势下行的情况下，公司各项指标不降反升。2018年全年完成产值487.5亿元，实现净利润11亿元，新签合同额674.9亿元。

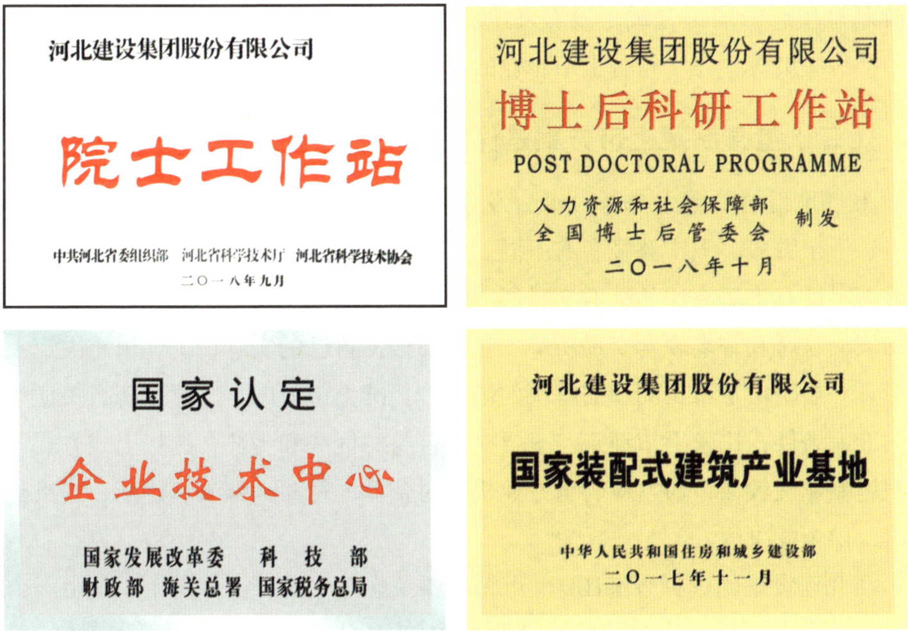

河北建设集团获得的行业认可

三、河北建设集团香港成功上市的五点作法

（一）抓好企业运营质量是上市的基础

上市是对企业运营质量的全面检验。能否上市主要在于企业过硬的运营质量。企业运营质量源于立志长远发展的愿望。想长远发展，必须依法合规地干正事走正道。河北建设能够快速实现上市的基础，一是企业始终保持强烈的发展欲望，实现从小到大、从弱到强的质的飞跃，成长为中国500强企业，并进入行业前20强。公司积极谋求上市，也是为了通过上市跃升更高的平台，借助上市效应实现更大的发展。二是几十年持续规范经营的良好积累，公

李宝元、李宝忠和申丽凤等向省调研组介绍情况

司改制过程严格依法合规，没有发生一件上访事件。公司的经营管理、资金运转、社保缴纳等，完全符合上市企业的严格标准。

（二）量身制定上市方案是保证

上市是公司的重大抉择，牵一发而动全身。企业情况不同，可选择的上市地点、上市方式、上市路径各有不同。目前，除国内沪市、深市外，可供选择的境外著名证券市场有纽约证券交易所、纳斯达克股票交易所、伦敦证券交易所、新加坡交易所和香港联合交易所等。企业要根据自己的实际情况，慎重决定上市选择。一要明白上市目的和需解决的问题，找准上市方向。二要了解有关证券市场的准入条件，比较上市地点。三要搞清自身的优势和劣势，选择上式方式。这些问题专业性较强，通常应聘请专业机构对企业进行深入调研和诊断，提出建议方案，供企业决策。

河北建设集团选择香港H股上市，主要考虑以下四点：一是企业是由国企改制而来的民营企业，资产较大，持股人数较多；二是企业走向国际市场，参与“一带一路”项目建设，需要外汇金融平台；三是内地A股上市，排队企业多，窗口变化大，时间上难以把控；四是先行在香港H股上市，扩大企业影响，有利于申请A股上市，实现两地开花全面红。为避免盲目决策，他们聘请专业团队进行了3个多月的调研论证，制定了完善的上市方案，奠定了上市顺利成功的基础。企业2017年11月28日召开上市启动大会，2017年12月15日敲钟挂牌，仅用时一年零18天。

河北建设集团标志性工程之一

（三）精准选聘好中介机构保障

香港上市与A股不同，以披露为主。根据香港法律和联交所规定，必须有专业机构对企业进行全面审查，并按程序提交招股说明书，联交所方可受理上市申请。这些中介机构包括保荐人、承销商、律师、会计师、分析师、评估师、各类顾问、印刷商、收款银行及股票登记处等大小机构十几家，其工作内容涉及企业方方面面，并且还多有交叉。选聘好、搭配好中介团队，对上市工作顺利进行至关重要。要在上市顾问的帮助下，认真了解各机构的行业特长、工作模式、经验实力、市场信誉、服务报价等情况，甄别选择所需团队。中介团队选好后，还要建立严密的工作机制和强有力的协调督导机制，以确保各机构步调一致，工作高效。河北建设集团采取的是上市顾问牵头，双保荐双承销的工作体制，较好避免了工作扯皮和阻止现象，上市工作高效顺利。

（四）不畏险阻勇往直前是根本

上市是把双刃剑，对外是全面开放，对内是深化改革。上市过程中，必然会涉及深层次问题，触及利益调整，有些时候很难抉择。考验毅力的关口主要有以下几个方面：一是资产重组的范围；二是过桥资金的筹措；三是大小路条的取得；四是联交所的聆讯；五是股票定价的高低；六是股票销售的好坏等。对这些关系公司重大利益和发展的主要问题，公司决策层既要高瞻远瞩，提前预判，做好准备，又要审时度势，果断决策，勇往直前。河北建设香港H股上市，遇到的最棘手问题是，股东原始股不能在市场交易，不能通过上市实现更多个人利益。为此，公司痛下决心，制定了股权退出方案，决定由集团公司回购股份，满足原始股东提前变现需求。但是，所有股东没有一个人为了个人利益而退出，全部选择了与公司同甘共苦，

河北建设集团总部大楼

共担责任，共谋发展。股东的决心和信心也使公司收获了较高市值。

（五）审时度势科学组织定价发行是关键

受国际形势、经济政策、行业风口的影响，股票市场波动是常态。如何在市场的风浪中把握时机，成功挂牌，是企业必须面对的问题。河北建设的做法：一是合理确定股价区间。企业会同主承销商通过市盈率法、净资产倍率法、股利贴现法反复计算股票价格，并与同业进行认真对比，确定了比较合理的股票价格区间。二是提前联系购买客户。企业未雨绸缪，高度重视股票销售，提前在与公司多年合作的上下游企业和基金中联系客户，预定基石投资。他们精心选定路演方案，定向瞄准偏爱建筑行业投资的金融机构进行推销，揽住锚定投资。他们利用投资者见面会、新闻发布会、股评家会议和各种媒体大力宣传公司的亮点和发展前景，成功吸引公众投资者的关注。三是准确把握发行窗口。河北建设启动上市时，市场气氛较为冷淡。2017年年初，市场开始出现转机，此后恒生指数一路升温。公司抓住机遇，严控时间进度，准时实现年底挂牌目标。2018年上半年香港恒指到达33 000高位，企业市值突破百亿大关。目前，尽管受中美贸易摩擦等因素影响，香港股市波动剧烈，但河北建设股价仍保持在正常水平。

四、香港上市运行需要注意的三个突出问题

（一）合规运营不触碰监管底线

香港法律完善，市场成熟，监督多元。其金融市场法规制度完全与国际通行的惯例接轨，拥有健全的法律体制和完善的监管架构，运作规范有效。任何违规操作都面临巨大风险，有的还可能是灭顶之灾。守法者最自由，确保上市公司合规运作，要在以下几个方面下功夫。一要认真学习掌握有关规则。要组织有关人员，特别是董监高人员深入学习香港市场的运行规则，明确底线的种类和限度，做到知法、懂法、守法。二要依靠专业机构把好关。要发挥好董事会、监事会的职能作用和公司律师、会计师监督作用，及时发现并纠正公司运营中可能的不当行为。三要强化信息公开。所有信息需要对外公开，是上市公司区别于非上市公司的一个显著特征。要转变观念，主动作为，及时做好月报、季报、年报的发布和重大商业行为的公告，防止因信息披露不及时触及监管。河北建设集团上

市后，公司除了按公司章程建立健全有关机构外，还专门聘请专业人才，成立了证券部，具体负责证券管理和公开事宜，有效保证了公司合规运作。

河北建设集团暨河北建设集团有限公司成立揭牌仪式

（二）维护好市值防止股价意外大跌

市值对于公司形象、再融资至关重要。法律不允许上市公司直接操纵股价，但允许通过合法措施维护市值。由于受大盘影响，上市公司的股价波动是正常的。但在激烈的市场竞争中，恶意杀跌股价的情况也时有发生。因此，要采取有效方法，做好市值管理工作。一要不断搞好宣传。要与有关媒体建立良好的合作关系，大力宣传公司的经营业绩，引导市场对公司股票内在价值的深入发现和深刻认同。二要加强与大股东联系。要通过召开定期沟通会、反向路演、分析师会议等多种形式，向大股东及时通报有关情况，提振大股东的持有信心。三要做好危机处置准备。要遵守法律，遵循市场规律，制订突发情况处置方案。确保一旦有意外情况，能应对自如，损失最低。

（三）利用好融资平台不使其成为摆设

香港上市不是一锤子买卖，走上的是国际化的金融大船，得到的是驶向蓝海的劲帆。上市使公司具备了使用有关金融产品的资格和条件，要努力学习金融工具的使用，持续为公司发展提供金融支持。至少可在以下几个方面进行操作。一是可根据需要适时进行发债操作，为公司新项目融取资金；二是可根据需要适时进行股票增发操作，扩大公司融资规模；三是可根据公司发展战略进行收并购操作，快速扩大公司市场份额，壮大公司势力；四是可利用境外闲置资金进行投资操作，增加公司效益。总之，上市丰满了公司的金融之翼，要重视金融平台的使用，在使用中求发展，在发展中求效益。

五、对我省企业海外上市的五点建议

（一）把推动企业海外上市当作我省经济高质量发展的重要举措

我省经济发展机遇与危机并存，优势与劣势并存。就机遇而言，“一带一路”、京津冀协同、雄安新区、2022年北京冬奥会给我省带来重大历史机遇。以“一带一路”为例，它不仅给我省经济带来了巨大的海外市场空间，也使我省的过剩产能有了用武之地。正可谓“乘势而上千帆竞，策马扬鞭正当时”。

河北建设集团年度表彰大会

但是，我省经济自身存在许多劣势，这些劣势主要来自两个方面。一是市场开拓能力不足。企业影响力差、客户关系少、融资能力不强，这些直接限制了企业进入国内国际两个市场。二是自身实力不强。企业法人治理、内部风险管控、技术创新三个方面能力欠缺，直接拖了企业进入国内国际市场的后腿。

河北建设的实践证明，对于我省企业，登陆海外资本市场具有内部提升和对外拓展两个方面积极作用。

（二）精准施策，解决我省企业海外上市的痛点难点焦点

省委省政府高度重视我省企业上市工作，先后颁布《河北省人民政府关于

加快企业上市工作的实施意见》（冀政字〔2015〕36号）、《河北省企业上市挂牌工作考核办法》《河北省企业挂牌上市奖励金管理办法》《关于加快推进企业挂牌上市工作的通知》，设立了河北企业境外上市发展基金，鼓励企业到境外上市。但是，由于思想观念、认识角度等问题，我省企业在香港上市的数量与省委、省政府的重视不成比例。以香港联交所为例，目前香港联交所3 000多家上市企业中，河北仅有34家，占内地在香港上市企业的2.85%。建议在深化有关文件的落实、组织督导和奖励支持同时，还应在一些细节工作上为企业赴香港上市排忧解难。

一是成立企业香港上市专家咨询委员会，减少企业盲动损失。内地A股上市，设有辅导期，相当于是装修达标，批准通过。香港上市是公开披露，相当于是裸检合格，随时放行。2018年，省地方金融监管局牵头组织部分香港专业人员赴11个设区市介绍香港上市情况，激发了部分企业赴香港上市的意愿。但是，由于法系不同、要求不同，有意愿企业不一定能够通过检查和承受较高的上市费用。

建议：为了减少企业盲动损失，由省地方金融监管局牵头，有关部门配合，聘请香港和省内熟悉两地法律和会计制度，精通上市工作的专家，组成企业香港上市专家咨询委员会，逐一对拟到香港上市的企业进行调研诊断，帮助它们确定上市地点和方案，增强香港上市的针对性、有效性。

二是建立海外上市促进会，组织省内资金支持企业上市发行。内地A股上市，批准相对难，发行相对易；香港上市，完全不同，是通过相对易，销售相对难。已通过联交所聆讯企业，因股票卖不出或定价太低，而被迫中止发行的情况时有发生。

建议：为打消内地企业对到香港上市心的恐惧心理，由省地方金融监管局、省国资委、省工商联协调，建立省内企业香港上市促进会，定期向有关金融机构和企业，推介拟在香港上市的省内企业，号召有实力的机构和企业做拟发行上市企业的基石投资、锚定投资。这样，不仅能够鼓舞海外投资人的热情，确保成功发行，而且按照市场运作，投资企业也可获得较好效益。这种合力互助，抱团发展的方法，也是一些省的成功做法。

河北建设集团热心公益捐助

三是建立海外上市信息平台，提供详细可靠信息支持。企业海外上市需要大量信息支撑。但是，由于网站控制、习惯差异等原因，内地企业依靠普通网站搜集的信息，难于全面、准备和及时。

建议：政府向市场购买服务，选聘一家财经公关公司，建立信息平台，定向不间断地为我省企业海外上市提供详细可靠的信息支持。

四是关注已上市企业负责人的后期培训，充分发挥金融之翼作用。除石药集团、新奥燃气、长城汽车、河北建设等几家公司表现相对活跃外，我省在香港上市公司大都较为平淡。主要原因是企业对香港资本市场的金融工具了解不够，研究不多，不会和不敢使用。有关部门应采取多种形式，组织他们学习新知识，增长新见识，增强在资本市场搏击的能力，同时加大对上市企业在收并购、大型项目投资等方面的支持力度，更加充分地发挥上市企业的金融平台作用，努力促进我省企业不但能走出去，而且走得好、走得远。

（三）推动地方金融企业率先走出去

随着我国对外开放领域的不断扩大，金融企业面临的压力不断增加。早日走出去，对于金融企业的生存和发展非常重要。证券公司、城投公司、城商行等金融机构普遍经营较好，利润较高，大都能够达到在香港主板上市的条件；上市后能够融来较多资金支持我省其他企业发展，实现一举多得；同时也有利于按照国际惯例规范金融机构管理，提高建设水平。

（四）利用河北建设上市平台整合资源，打造我省建筑业的航空母舰

建筑业是我省经济的重要支柱。2018年我省建筑业增加值2 362.7亿元，占我省当年GDP的6.16%。我省曾经是建筑业大省强省，但是，我省建筑业与先进省份江苏、山东差距越来越大。

建议：利用河北建设上市平台整合资源，支持优质收并购活动，打造具有抗衡央企能力的建筑业航母。通过多项举措，如企业谋划、政府推动、市场运作、资本连接等，以收并购方式推动我省建筑业整合，纵向打通上下游产业链、横向加强建筑及相关企业联合。改变我省建筑业多、小、散、弱的局面，建设我省建筑业强大舰队，用森林的力量抵御风暴，用舰队替代扁舟，去参与国内国外两个建筑市场的竞争。

（五）积极推动我省民营企业海外上市，做强做大我省经济另一翼

民营经济是我省经济发展的重要引擎。2018年，全省民营经济实现增加值24 486.1亿元，同比增长6.8%，占全省GDP的比例为68%，比上年提高0.1个百分点；上缴税金3 784.8亿元，同比增长21.1%，占全部财政收入的比例为67.8%，比上年提高6.4个百分点；出口290.9亿美元（2018年12月31日，1美元约合6.875人民币），同比增长9.3%。目前，我省民营经济占全省技术创新和新产品的70%，占城镇就业的80%，数量占市场主体的90%。因此，重视民营经济，让民营企业家上位，打造良好营商环境，促进民营经济又快又好地发展，是我省宏观经济趋暖向好的根本保证。

建议：通过推动民营企业中的佼佼者海外上市，通过示范引路，促进民营经济发展。民营企业分布虽广、差异较大，都存在着一些共性问题。这些问题包括：①法人治理结构不完善难以持续健康发展；②美誉度不高，市场门槛高；③资信评级低融资难成本高；④管理不规范、内部防范风险能力弱；⑤有创新需求和动力但创新能力弱，等等。河北建设集团的实践证明，登陆海外资本市场是个好办法，它能促使企业看到差距，发现问题，寻找机遇，明确方向，整合资源，迎头赶上。

附：

调研及会商咨询专家名单

董经纬　中国新华网智库（思客）成员，河北省委省政府决策咨询委员会委员兼农业农村组副组长，河北省工商联（主管）民营经济研究会专家委员会主任

王慧军　河北省委省政府决策咨询委员会副主任，享受国务院特殊津贴专家

张凤珠　河北省专家咨询服务协会城乡建设专家组组长，河北省住建厅原巡视员

史玉强　河北省资本研究会首席专家，河北省金融办原主任

孙增泰　河北省政府参事，河北省工商联（主管）民营经济研究会常务副会长，河北省工商联原副主席

吕雪松　河北省委宣传部处长

张申力　河北省住建厅建筑市场监管处长

尤拴庆　河北省首家上市公司原董事长，河北省委省政府决策咨询委员会专题调研组成员

杨雪先　河北报业集团专家委员会委员，河北省委省政府决策咨询委员会专题调研组成员，河北省工商联（主管）民营经济研究会专家委员会委员

申丽凤　香港博达浩华国际财经传讯控股集团CEO，香港国际投资总会副秘书长，香港律师协会备案中国律师，河北省工商联（主管）民营经济研究会专家

秦东晓　河北工商联（主管）民营经济研究会秘书长

王兰波　河北省住建厅建筑市场监管副调研员

马　杰　河北省住建厅建筑市场监管工作人员

（注：该调研报告受到省政府主管领导好评，使国内外了解到河北建设成为“雄安第一股”。）

实施城乡校际结对精准帮扶
探索山区教育扶贫实践模式

——关于石家庄外国语教育集团精准扶贫调研报告

河北省委省政府决策咨询委员会专题调研组

（2018年10月21日）

石家庄外国语教育集团（以下简称石外教育集团）建校于1994年，是河北省内一所以外语为特色的优质教育品牌学校。由石家庄外国语学校、石家庄第二外国语学校、石家庄外国语小学、石家庄外国语幼儿园四所学校组成。

24年来，石外教育集团先后荣获“全国文明单位”“全国首届文明校园”“全国教育系统先进集体”“全国未成年人思想道德建设工作先进单位”等国家级重要荣誉称号达100多项。

2018年全国唯一一所中学荣获“教育扶贫”的奖牌

石外教育集团教育发展不忘社会责任，集团认真学习贯彻习近平总书记“扶贫先扶志，扶贫必扶智”的脱贫攻坚的战略思想，党委书记强新志提出了“大家好才是真好”的办学思想。

党的十八大以来，集团在总结20年办学经验、规划学校未来发展方向时，主动担当社会责任，与石家庄市国家级贫困县行唐县、灵寿县、赞皇县、平山县以及河北省省级贫困县元氏县、井陉县6个山区县的12所中小学校开展了校际结对精准帮扶，并逐渐探索出了一个教育精准扶贫的新模式——“三三四模式”，即发挥三种优势、抓住三个关键、协同四种力量，让“发展教育脱贫一批”的要求成为贫困山区拔穷根脱贫致富的实际行动。

石外教育集团领导裴红霞（前排左七）和结对帮扶学校师生在一起

一、石外教育集团教育精准扶贫的新模式——“三三四模式”

（一）发挥三种优势，主动担当教育扶贫的社会责任

1. 发挥优质学校优势，实施校际结对帮扶，主动将学校发展融入教育扶贫大业

石外教育集团将教育扶贫重笔写入《第三个十年发展规划（2014—2024）》。自2014年4月起，将石家庄市6个山区县的12所中小学纳入集团统一管理，规模覆盖6个县、31个乡镇、700个村的17 903名山区学生。

石外教育集团师生和结对帮扶学校师生交流

石外教育集团与山区12所中小学建立了“手拉手、面对面、订单式、紧密型、全方位、常态化、长期性、有目标”的城乡校际结对精准帮扶共同体，制订了《十年帮扶计划（2014—2024）》，列入石外教育集团《第三个十年发展规划（2014—2024）》的四项主要任务之一。打造“城市学校与山区学校为一体、国内国际有影响的一流教育集团”成为石外教育集团第三个十年规划的总目标。

2016年7月，时任河北省省长张庆伟曾对石外教育集团的精准帮扶工作做出批示：“石家庄外国语教育集团的做法很好，就是日常化、长期做，纳入自己的事情来办。”

石外教育集团学生（包括外籍学生）到山区帮扶学校体验

石外教育集团主动担当社会责任，将学校发展融入国家脱贫攻坚行动，自觉加入脱贫攻坚行列，成为新时代教育精准扶贫的一支志愿军；积极探索优质学校教育城乡均衡发展的新路径，将山区学校的发展目标与优质学校自身发展目标融为一体，带动山区学校快速发展，探索出了一条优质学校在新时代引领中国教育内涵质量发展，在推动城乡教育实现均衡发展的道路上进行了积极有效的实践。

2. 发挥文明校园优势，引领山区学校文化，激发师生教育脱贫的内生动力

石外教育集团20年办学形成的“以人为本”的学校文化和“创新人才培养模式整体改革”的素质教育成果是创建全国文明单位、全国首届文明校园、全国未成年思想道德建设先进单位的突出亮点。在教育扶贫中，石外教育集团坚持把“文明单位”和“文明校园”作为辐射源，使其能真正发挥出“传帮带”的作用。

在制订十年帮扶计划目标时，石外教育集团把带领山区12所中小学创建文明单位、文明校园作为帮扶目标和考核标准之一。坚信“改变一所学校首先要改变这所学校的精神；改变一个教师首先要改变他的价值追求；改变一个学生首先要改变他的人生目标”。

为了引领12所中小学的学校文化建设，集团采取了聘请专家集中培训、外出考察、实地诊断、展示交流等方式，使12所中小学的学校文化从无到有、从形式到内涵，发生了深刻变化。集团的目标是：在十年帮扶结束时，12所学校全部获得县级、市级文明单位（校园），3～5所学校获得省级文明单位（校园），力争1～2所学校获得全国文明单位（校园）。

学校文化的构建和完善，丰富了学校的校本课程和校园活动，平山二中成立了60个学生社团，12所山区学校中4所学校建立了“乡村学校少年宫”，5所学校被评为市、县文明校园。

石外教育集团第四期教育帮扶项目学校暑期教师集中培训

3. 石外教育集团发挥开放办学优势，打开国际视野，将山区教育扶贫融入全球基础教育发展潮流

石外教育集团始终坚持开放办学，先后与世界21个国家168所学校建立友好校际关系，每年友好学校师生互访交流近千人。

石外教育集团以视频远程方式与结对帮扶学校互动

在教育扶贫中，集团将丰富的国际资源毫无保留地面对12所山区学校全部开放。每年10月，石外教育集团都要组织山区校长、教师参加全球基础教育研究联盟大会。连续四年，山区校长和教师约有500多人次到集团聆听了145位国外校长的专题报告。每年暑假，山区教师都要到石外教育集团进行集中培训，参加全球基础教育研究联盟举办的学生夏令营，约有1 000多名山区教师进入128名国外一线优秀教师的课堂，观摩体验先进的教育理念和教学方式。集团每年都要安排山区学校接待石外教育集团的国外友好学校师生来访活动，让山区的师生有机会零距离接触世界各地的朋友，开拓国际视野。四年来，山区学校累计接待国外友好师生575人次，师生们从初次时的不知所措、不敢交流发展到了如今的接待活动丰富、交流氛围热烈。在2018年“石家庄市教育国际交流工作”评比中，4所帮扶学校成为其县唯一的获奖单位。

（二）抓住三个关键，全面实施教育精准扶贫

1. 校长素质提升是教育扶贫的重点

“有一个好校长就有一所好学校”，山区学校的教育质量关键在校长。在教育扶贫中，石外教育集团抓住“校长”这个扶贫的关键，努力提升其打造学校文化、凝练办学特色的能力；提升其依法治校的水平；提升其引领学校教育教学改革的能力；提高其对山区中心小学教学点管理的水平。

结对帮扶学校师生分享石外教育集团教育资源

四年来，石外教育集团先后组织山区学校校长和管理干部培训多达882人次；组织山区校长国内外学校考察学习累计91人次；先后有22名山区学校副校长和主任到石外教育集团挂职锻炼；石外教育集团派干部到山区学校调研指导428人次，指导山区学校修改完善学校办学章程，建立健全教育、教学、教师、学生、后勤等10类管理制度164项。

四年来，12所山区被帮扶学校中，已有2所学校被评为河北省教育系统先进集体、1所学校被评为河北省依法治校示范校、3所学校被评为石家庄市文明校园和石家庄市平安和谐校园、4所学校被评为石家庄市教育国际交流先进单位，另有石家庄市现代化学校、石家庄市5A级心理健康教育示范学校、石家庄市校园文化建设示范校等35项荣誉称号。

帮扶地区教师在石外教育集团集中培训

2. 教师素质提升是教育扶贫的根本

山区学校的持续发展需要一支政治素质高、业务能力强、有扎根山区教育情怀的教师队伍。石外集团对这一点有着清醒的认识。

石外教育集团制订了山区学校“百名种子教师”三年培养计划，山区12所学校从900多名教师中精心挑选出140名种子教师与石外教育集团的培养导师建立“一对一”“导师制”“做朋友”“常联系”“共研学”“严要求”的同伴互助模式；集团与山区学校实施同步教学，采取“走下去、请上来、送微课、影子培训”等形式提高山区教师教学能力；为山区教师购买课程标准900多本，并且通过教学进度同步、教学计划同步、集体教研同步，确保同步教学的质量。

劳动课是石外教育集团与结对学校共同开展的

四年来，石外教育集团每学期都要指导山区学校召开“爱教育、爱学校、爱学生”的三爱教师事迹报告会，12所帮扶学校先后涌现出141名“三爱精神”标兵；每年暑假，组织山区教师集中业务培训累计培训2 961人次，累计总课时14.33万节；集团骨干教师到山区学校送课累计1 537人次，山区教师到石外教育集团观摩学习2 678人次，总行程累计13.33万千米。

四年来，山区学校有120多名教师在县级以上优质课评比中获奖，110名教师获得县级以上骨干教师、名师。平山二中、元氏七中和井陉障城中学成为县域的教研基地。山区学校教学成绩普遍大幅度提升，大批山区贫困学生通过优异的成绩考上重点高中和职业高中，带着脱贫的梦想走出大山，播撒了山区贫困家庭脱贫致富的种子。

石外教育集团教师到结对帮扶学校任课

3. 学生立志脱贫、做时代新人是教育扶贫的目的

山区学校实现教育脱贫的出发点和落脚点是学生。石外教育集团坚持“立德树人”的根本任务，针对山区学生寄宿制、留守儿童多、贫困家庭多的特点，开展励志教育、生涯规划教育、心理健康教育、家庭教育和丰富多彩的校园活动。

石外教育集团坚持“立德树人”的根本任务，开展了城乡学生“手拉手·共成长”活动；在读书节、健康节、艺术节等校园活动中，邀请山区学生体验城市校园生活累计1 980人次；每年暑假，组织石外教育集团学生到山区贫困家庭体验生活累计2 665人次。

石外教育集团还组织优秀高中生到山区学校开展励志“阳光小讲台”志愿支教438人次，他们担任助教与山区学生同吃同住两周，对山区学生进行励志演讲、辅导学习、谈心交流、组织校园活动，用自己的成长经历和理想目标帮助山区学生树立人生理想，坚定努力学习走出大山、脱贫致富改变家庭的信念。

石外教育集团还指导6所中学编写励志教材，组织山区学生利用节假日开展“访谈励志人物、寻找身边榜样、探究成功奥秘”活动，通过走访乡邻、查阅报刊等方式，广泛搜集和深入挖掘家乡的近代名人、革命志士、成功人士等事迹材料共计500多位，激励莘莘学子立志，走上人生的成功之路。

石外教育集团教师辅导山区学生

（三）协同四种力量，积极创建教育扶贫新机制

石外教育集团的山区教育扶贫是民间自发的一种社会力量广泛参与的志愿扶贫，需要大量的人力、物力、财力、政策的支持。石外教育集团协同学校内外的四种力量，积极创建学校全员参与、社会广泛支持、科研课题引领、代表委员助力的教育扶贫新机制。

1. 学校全员参与

山区教育扶贫是一项长期性的系统工程，需要顶层设计，用组织力量整体推动。

从山区教育扶贫的长期性和连续性出发，石外教育集团制订了十年长期帮扶计划，通过前期的深入调研，科学诊断山区贫困和教育发展落后的根源，准确评估自身的资源优势。

石外教育集团提出“人的能力建设”是教育扶贫的根本，规划设计并实施了以山区学校校长、教师、学生能力建设为主的“九大帮扶工程”，即校长素质提升工程、教师素质提升工程、同步教学工程、教育教学改革工程、“阳光小讲台”工程、城乡学生“手拉手·共成长”工程、职业规划脱贫工程、山区学生“不出校门放眼世界”工程、爱心助学捐赠工程，建构起立体化、全方位的山区学校帮扶体系。

推动实施这样一个长期性、系统性、全面性的教育帮扶计划，正是石外教育集团为全校干部、党员、教师、学生以及学生家长搭建的全员参与志愿支教的平台，志愿者精神成为石外教育集团山区教育帮扶的不竭动力。

石外教育集团的近千名干部和教师几乎都有山区支教的经历，418名党员干部、党员教师与山区贫困学生建立了“1+1+1”帮扶模式，即一名党员带领一个家庭帮扶一名贫困学生，4 645个学生家庭都参与过城乡学生互体验活动，广大家长也从中发挥了积极作用，为石外教育集团的教育扶贫注入了新的活力。四年来，石外教育集团师生、家长为山区学校捐赠图书20.11万册，为山区学生捐赠校服2万多套。

2. 社会广泛支持

山区教育扶贫离不开社会的广泛支持。2016年，石外教育集团成立了河北省石家庄外国语教育集团教育扶贫基金会，协同社会各方力量支持山区教育扶贫，基金会累计接收200多家爱心企业的捐款1 900万元。

石外教育集团建立了一系列促进山区教师专业成长的激励机制，设立了山区学校教师培训奖、优秀论文奖、优秀种子教师奖、三爱教育标兵奖、教学成果奖，累计支出各类奖励和改善山区学校办学条件、购置教学设备、文体活动器材等共计594万元。

集团还联合河北省共同行动助学基金会，建立了学生健康成长的奖励机制，资助6所山区中学624名贫困学生，每人每月发放生活费补贴150～300元。

石外教育集团还协同国家、省、市等新闻媒体对山区教育扶贫深度关注和持续报道，媒体先后宣传报道149次。

3. 科研课题引领

石外教育集团在教育扶贫的创新之举就是坚持以问题为导向，用课题研究解决教育扶贫中遇到的问题。

2016年，强新志主持的《城乡教育均衡发展中山区教育扶贫实践模式研究》课题被列入全国教育科学“十三五”规划课题（项目批准号：BHA160153）。

2016年11月课题正式开题，与会评议专家在认真听取了课题主持人强新志所做的开题报告后，一致认为：课题选题有强烈的时代性和较高的政策价值。在我国已经进入2020年全面建成小康社会的关键时期，扶贫攻坚成为全社会重大任务的社会背景下，该课题聚焦教育扶贫的实践模式探索，意义重大，针对性强，彰显了课题负责人的社会责任感和使命感，有利于进一步探索和丰富教育扶贫的中国道路，对于推动市域、省域内义务教育均衡发展具有较强的示范性和引领性作用。课题设计思路清晰，方法适用性较高。课题对于教育扶贫工作有较系统的考虑，坚持行动过程和研究过程相统一，从机制建设、校长素质提升、教师素质提升、学生健康成长等4个维度来开展研究，重点突出，结构合理，操作性强。课题在注重文献研究的同时，将行动研究、个案研究作为主要的研究方法，有助于具体、深层次地把握和揭示山区教育扶贫过程中存在的需求、困难和问题，进行精准教育扶贫，促进帮扶对象的活力再生与可持续发展。

4. 代表委员助力

石外教育集团的教育扶贫始终得到省、市人大代表和政协委员的强大助力，多次通过代表建议和委员议案的方式来推动山区教育帮扶工作。

石外教育集团的强新志校长是四届石家庄市人大代表、教科文卫委员、现任教科文卫委员会副主任，裴红霞校长是两届河北省人大代表、现任省人大常委会委员，李红霞书记是两届石家庄市政协委员，刘贵校长助理是两届河北省人大代表和河北省政协常委。他们针对山区学校使用的教材版本与石外教育集团不一致，同步教学无法顺利实施，使帮扶效果大打折扣，提出的《关于统一石家庄市中小学与山区六县教科书版本的建议》，在石家庄市人大督办下，河北省教育厅、石家庄市教育局高度重视，多次牵头讨论研究解决方案，有望在2018年秋季实现教材统一。2016年提出的《关于对石家庄市山区教育扶贫项目学校实施精准帮扶的建议》，石家庄市教育局高度重视，研究印发了《石家庄市山区教育扶贫工程精准帮扶行动实施方案》，通过建立市区优质中小学与山区82所学校“一对一”结对帮扶关系，打通教育精准扶贫的快速通道，促进全市城乡义务教育均衡发展。

二、石外教育集团教育扶贫模式可复制可推广

（一）石外教育集团的山区教育扶贫以点带面，辐射带动了整个县域教育的发展

在石家庄6个山区县，石外教育集团帮扶的小学和初中已经逐渐成为当地教育的旗帜，对县域内的其他学校展开帮扶带动，实现了“大家好才是真好”帮扶思想传递，形成区域连片帮扶。

石外教育集团四年多的教育扶贫历程，不但使全体集团干部教师在职业道德、教育教学素养和扶贫扶智理念和精神追求有了高度的统一和提升，而且还赢得了集团学生家长和社会各界的广泛、热烈、积极的响应，集团10 000多个家庭都投入教育扶贫的行列……

四年多的教育扶贫，在山区学校的内在实力和外在影响力都发生了深刻而深远的变化。以石外教育集团教育扶贫项目学校之一——赞皇二中为例，经过集团四年多的“精准、持续”的教育帮扶，赞皇二中出现了一系列显著的变化：一是校长的办学理念积极转变，形成以“立德、立志、立业”为核心价值观的校园文化；教师的育人理念不断提升，制定了“崇德、健体、明智、尚美”的校训和“德智合一，全面发展”的育人目标，学校的发展路径日益明晰。二是学校教育教学的管理水平得到很大程度的提升，先后规范、精细和完善了10个方面100多条管理制度，学校走上快速发展之路，相继荣获“河北省教育系统先进集体”和“河北省园林式单位”和“石家庄市文明单位”等荣誉称号，连年被县委县政府评为先进集体。三是教师队伍整体素养提高，涌现出一批“三爱标兵”和“三爱团队”（爱教育，爱学校，爱学生）；2016年集团培养的24名“种子教师”已经成为学校教育教学和管理岗位的骨干，第二代“种子教师”（集团的“种子教师”的“徒弟”）茁壮成长。目前，学校有市级骨干教师8名，市级名师4名，县级骨干教师6名，县级名师4人，获得市级评优课一等奖12名。四是学生素质得到全面发展。石外教育集团结对帮扶以来，中考成绩连年上升（两年夺得县中考状元，重点上线率、普高上线率等指数均在全县第一）。除此以外，全面帮扶，使那里的学生视野开阔，海量阅读、校园足球、主持播音、机器人等乡村少年宫活动，丰富了校园活动和校本课程，唤醒了学生的广泛兴趣，激发求知欲和表现欲，促进学生的全面发展和专项特长。五是山区学校的办学规模、社会影响力连年提升。赞皇二中由最初的12个班发展到现在的54个班，教职工由最初的80人，发展到现在的近200人；在校生有700多人，发展到现在3 600人。赞皇二中积极发挥辐射带动作用，先后与本县的四所中学（张楞中学、龙门中学、邢郭中学、西高中学）和一所小学（张楞小学）成为结对帮扶对象，实现石外集团的“思想传递和资源共享”，最终促进县域内的教育资源均衡发展。

（二）石外教育集团的教育帮扶辐射到了河北省承德市、保定市、邢台市和云南芒市

其中承德市的六道河学校是国务院前总理温家宝一直关注的农村学校，也成为集团重点帮扶的对象，在帮扶工作取得初步成效后，承德市教育局与集团达成共识，将石外教育集团帮扶模式向承德市复制，以推动承德市的教育帮扶工作。目前，集团又将帮扶工作扩展到了河北省外，着手跨省帮扶云南芒市的落后学校。

2016年10月，教育部基础教育司司长吕玉刚在听取石外教育集团的教育扶贫汇报并到井陉县障城中学实地调研后给予高度评价："方向正确、目标明确、措施有力、成效显著、精神可贵。"2018年5月，河北省文明办和石家庄市文明委召开"履行社会责任，实施教育扶贫"座谈会，总结推广石外集团教育扶贫典型经验。省委常委、宣传部部长、省文明委常务副主任焦彦龙在会上做了重要讲话，他说："石外履行社会责任，实施教育扶贫的探索实践，是落实总书记'扶贫先扶智，治贫先治愚'重要思想的一个鲜活案例，也是全省精神文明战线助力脱贫攻坚的一个生动缩影，帮到了点子上，扶到了关键处。"

目前，石外教育集团的教育扶贫模式已经在河北省石家庄市、承德市和云南省芒市得到复制和推广，越来越多的山区贫困学校与石外教育集团携手同行，共创教育脱贫大业。

三、建　议

（一）在贯彻习总书记近日关于扶贫攻坚重要批示中，选树一批像石外教育集团一样的精准扶贫先进典型，以此作为示范，推动河北省扶贫攻坚取得新成效。

石外教育集团获"扶贫攻坚组织创新奖"，既是河北省教育系统首次获此奖项，也是全国基础教育系统唯一获此奖项的学校；石外教育集团精准扶贫"三三四"模式，首先在教育系统可示范可推广，同时，石外教育集团履行社会责任担当精神，在企业等社会各界参与扶贫攻坚中，也有示范作用。

（二）石外教育集团教育精准扶贫经验践行了习总书记关于"城乡教育均衡发展"的要求。推广石外教育集团经验，建议与贯彻全国教育工作大会精神相结合；以此为示范，推进我省"城乡教育均衡发展"。

（三）借助石外教育集团承办的“全球基础教育联盟年会”，展现我国为消除贫困做出的贡献；扩大我国扶贫攻坚的影响。

（注：该调研报告受到省委主管领导好评，在全国精准扶贫2019年表彰中，石外教育集团被授予教育扶贫先进单位；其“教育扶贫”经验，在全国教育系统推广；国际基础教育联盟对石外集团教育扶贫给予积极评价。）

这里干部担当作为抓落实踏石留印

——关于石家庄市鹿泉区委激励干部担当作为抓落实的调查报告

河北省委省政府决策咨询委员会专题调研组

（2018年5月23日）

习近平总书记指出，“空谈误国、实干兴邦，一分部署、九分落实。”“要以抓铁有痕，踏石留印的劲头抓作风”。5月20日，中央办公厅印发《关于进一步激励广大干部新时代新担当新作为的意见》；党的十九大后，省委省政府作出《关于建立健全推动工作落实长效机制确保中央重大决策部署落地见效的决定》，近日，王东峰书记就抓落实作出批示，“既要抓正面典型，又要抓反面典型。”为挖掘担当作为真抓落实的基层好典型，近期，省委省政府决策咨询委员会农村组组成专题调研组，深入石家庄市几个区县进行了明察暗访，发现鹿泉区委激励干部担当作为抓落实踏石留印。

鹿泉西部长青是河北省旅游产业发展大会展示的景区之一

一、围绕解决“为官不为”问题激励干部担当作为抓落实

近年来，一些地方出现了“为官怕担事，为官不作为”现象，有的干部认为只要不吃不拿、不干事就没事，因而畏首畏尾、徘徊不前。“为官不为”成为抓落实必须突破的思想关卡。鹿泉区解决“为官不为”的方法，为我们带来了一定启发。

（一）建立“五责四干”工作机制，靠责任戴好抓落实的紧箍咒

为压实各级干部的工作责任，确保事事有人干、有人管、能干好、管到位，鹿泉区建立了“五责四干”工作机制，对中央和省市委决策部署和全区重点工作，从明责、认责、督责、考责、问责五个方面构建了完整的责任链条，做到了干什么任务精准、谁来干责任到人、怎么干有思路有措施、什么时间干成有明确进度要求，倒逼广大干部做到马上就办、办就办好，事不过夜、只争朝夕。

（二）实行“看述评调”工作法，让担当作为的干部脱颖而出

看，就是集体观摩拉练，让各单位、各指挥部展示最亮点的工作；述，就是集中脱稿述职，讲自己在工作中干得最漂亮的事儿；评，就是民主测评，让干部群众当评委，干得怎么样，大家来评判；调，就是集中调整，根据综合评价结果进行岗位调整，把好钢用在刀刃上。用担当、尽责、作为导向，锻造敢于担当、大胆作为的干部队伍，持续营造了真抓实干、事争一流的浓厚氛围。

（三）创新指挥部工作模式，攻坚一线担当作为摆擂台

指挥部模式是推进重要工程的基本组织模式。鹿泉区运用指挥部这一有效载体，谋实事、招硬人，成立山前大道拓宽改造、煤改气、军民融合发展、创建全国文明城市、筹办第二届石家庄市旅游产业发展大会等11个重点工作指挥部，让区四大班子成员，包括人大政协的干部，全部担任指挥长和副指挥长，抽调各单位想干事、能干事、会干事的干部加入指挥部中，在攻坚一线重新编组，集中精力搞攻坚，在攻坚擂台上锻炼干部、识别干部、给干部搭建了干事创业、施展本领的广阔舞台。

通过“五责四干”工作机制、“看述评调”工作法和指挥部工作模式，锤炼了鹿泉区干部的“抓铁有痕，踏石留印”的作风，全区上下充满了“为官要有

为”的“浩然正气”，担当作为抓落实的热情空前高涨。为发展全域旅游，鹿泉区谋划了总投资105亿元、贯穿南北50千米的山前大道拓宽改造工程。为把这项鹿泉发展史上投资最大、影响深远的重大工程干成功，区委经过慎重研究，决定打破常规，由曾任主管城建工作的副区长、现任区政协主席的李书海同志担任工程指挥长，发挥其工作经验丰富、综合协调能力强的优势。“原以为到政协可以歇一歇了，但区委给了我这个平台，就是脱几层皮、掉几斤肉也要坚决干成！”组织的信任和重托，使这位政协主席的责任感和使命感倍增，他的话也代表了鹿泉“二线干部”的心声。鹿泉区激励干部担当作为抓落实带来了高质量发展的丰硕成果。山前大道拓宽改造工程，不到一年时间便绘就了百里画卷；煤改气工程，在全市内率先完成全域无煤化；文明城区创建，取得了全省第三、石家庄市第一的好成绩；鹿泉区铜冶镇成为石家庄市第一个全国特色小镇。

鹿泉十里花廊

二、围绕“转型升级不失速”担当作为抓落实

河北省目前正处于转型升级、爬坡过坎的关键时期，在转型升级过程中力保转型升级不失速，是调研组最为关注的问题之一。鹿泉区在推进转型升级过程中，狠抓项目落实，走出了转型升级新路径，成功由曾经的“水泥建材之乡”蜕变为以休闲旅游一业引领，电子信息、绿色食品、智能制造三足鼎立的“1+3”产业格局。

（一）吃透“两山理论”绿水青山变成金山银山

鹿泉区西依太行、北邻滹沱，依山傍水，有着独特的自然山水禀赋，是省会唯一有真山真水的建成区。历史上，由于受时代发展的局限性，水泥建材行业曾经是鹿泉的主导产业，高峰时水泥企业达166家，总产值占到全区的“半壁江山”，GDP总量也一度跨入全国百强县行列。但“钱袋子”鼓起来的同时，也为此付出了惨痛的生态环境代价。近年来，鹿泉区吃透“两山理论”，坚持人民群众对美好生活的向往就是党的奋斗目标这一理念，利用得天独厚的生态资源，大力发展休闲旅游业，以承办第二届石家庄市旅游产业发展大会为契机，突出“点线面”结合的全域旅游，提升17个现有景点，全力打造总投资330亿元的中以农科小镇、龙泉古镇等13个新景点，并以山前大道为中轴线，将30多个景点串珠成链，科学组合为覆盖全域的4个精品旅游片区。同时，坚持市场运作、名家荟萃、精致极致的原则，推出了一部美轮美奂、永不落幕的山水实景剧，实现“白天看景、晚上看戏”，让旅游既成为鹿泉的主导产业，又成为引领转型升级的全新动能。2017年，鹿泉区旅游接待人数首次突破千万，旅游收入突破10亿元，2018年仅五一小长假三天，旅游接待人数就高达40万人，同比增长240%。在鹿泉，绿水青山正在加速变成金山银山。

（二）依托“1+3”创新型项目集群夯实转型升级新基础

转型升级靠的是一个又一个的项目支撑，没有项目，转型升级就是一句空话。鹿泉区紧紧围绕“1+3”产业抓招商、抓推进，大力发扬“硬着头皮、厚着脸皮、磨破嘴皮、饿着肚皮、踏破脚皮”的“五皮”招商精神，区委书记、区长先后30余次外出上门招商，同时，组建了4支招商小分队，常驻北京、天津、上海、深圳定点招商、跟踪招商。组建企业家俱乐部，鼓励企业家以商招商。2017年共引进千万元以上项目147个，总投资1 324亿元，在石家庄市位居第一。2018年一季度，全区共有在建项目87个，总投资620亿元；新开工项目41个，总投资255亿元。其中，以山前大道为中轴线，新布局了36个“旅游+”项目，总投资446亿元；以鹿泉经济开发区为核心，新布局了23个电子信息项目、13个智能制造项目、4个绿色食品项目，总投资232亿元，进一步延长完善了产业链条，促进企业裂变式发展，为鹿泉转型升级打下了良好基础。

（三）坚持“以人为本”打造转型升级民生新业态

鹿泉区坚持以解决人民日益增长的美好生活需要和不平衡不充分的发展之

间的矛盾为出发点，大力推进医疗、教育、养老等方面资源配置。实施名校名院战略，成功引入北京外国语大学附属鹿泉学校、省四院分院，鹿泉一中与北京八一学校联合创办“荣臻班”，“西柏坡”号卫星研制工程全面启动。发挥市场在资源配置中的决定性作用，按照“一年有突破、两年争标杆”的思路，完善居家养老、社区养老、机构养老三条渠道，健全区、乡、村三级网络，探索公建民营、民建民营、民建公助三种模式，积极与中民国控养老产业集团、康泰人寿、河北仁爱养老服务集团进行了充分洽谈和实际对接，推进医、养、护三个结合，实现老有所养、老有所依、老有所乐、老有所安。

鹿泉新农村建设一角

（四）依靠“军民融合”抢占转型升级制高点

鹿泉区站在国家战略的高度，抢抓军民融合发展的重大机遇，依托石家庄信息产业基地特别是中国电科集团13所、54所的优势，坚持产业、园区、项目、企业一起抓，搭建了河北省唯一的军民融合知识产权交易中心等“五大中心”，举办了首届军民融合中国（鹿泉）高峰论坛，设立了50亿元的军民融合发展基金，建设了8个“园中园”，加快军民优势资源双向互动、高端人才双向流动、技术成果双向交易，打造了“军转民”“民参军”的绿色直通车，巩固完善了研发、交易、孵化、落地、加速的全链式培育体系。通过打好军民融合发展的组合拳，鹿泉经济开发区被授予河北省军民融合产业示范园区，军鼎科技园被授予河北省军民结合产业基地，32家企业被评为河北省军民融合型企业。

鹿泉的发展生动验证了转型升级完全可以不失速。2017年，鹿泉19项工作获得省市第一，18个现场会在鹿泉召开；生产总值、固定资产投资双双突破400亿元；全部财政收入由2015年的32.1亿元突破至41.4亿元，年均增长15%；建材业税收占比由52%下降到8%，“1+3”新型产业则上升为76.4%。2018年一季度，全部财政收入完成15.36亿元，增长27%；公共财政预算收入8.52亿元，增长27.3%。

三、围绕破解基层难题担当作为抓落实

鹿泉撤市设区后，为实现高质量发展，扎实做好两项“基本功”，一是大力度拆迁，化解低效产能，扩大城市“可供给”空间，二是营造稳定的基层环境，为高质量发展保驾护航。为此，鹿泉区坚持以人民为中心，开展大拆迁、大讨论，给高品位建设、高质量发展腾出了空间，提供了助力。

（一）打赢六场攻坚战，腾出发展新空间

鹿泉区坚持全区上下一盘棋，以敢教日月换新天的豪情壮志，用一年半的时间，先后打赢了六场造福鹿泉人民、建设大美鹿泉的拆迁拆违“人民战争”。“五路一园”征迁攻坚战。发动区乡村干部2 000余人，16天完成了五条道路、一个公园的征迁工作，涉及7个乡镇、35个村、2 493户，征地3 734亩，拆迁建筑1 014处。山前大道拆迁攻坚战。11天完成了涉及7个乡镇、21个村、2 619户的征迁，征地4 739亩，拆除建筑物70处。京赞线拆迁攻坚战。93天完成涉及3个乡镇、8个村、326户和25家企业的征迁，征地369亩，拆除建筑物161处。新庄村整村拆迁攻坚战。发动区乡村干部600余人，75天完成全村437户536处宅基地征迁，征地400亩。“拆违、打非、治乱”攻坚战。2个月清理违法占地1 200亩，拆除非法占地469宗、39.2万平方米；查封17个违规售楼处，对26个问题项目进行了集中整治。衡井线、京赞线改造攻坚战。两个多月完成了2个乡镇、5个村、425户的拆迁工作。六场攻坚战共征收土地1.1万余亩，拆迁建筑2 677户，涉及10个乡镇、70个村、6 201户，全部实现了“三个没有”：即没有一户强拆的，没有一户提高标准的，没有一户因拆迁引发上访的。拆迁这个“天下第一难”，在鹿泉已经被破解，通过拆迁拆出了城市的新面貌、拆出了发展的新空间，描绘出一幅幅抓落实的生动画卷。

（二）村“两委”换届实现“一优四高一低”，创造稳固的基层环境

农村是落实上级决策的最前沿，农村“两委”是抓落实最基层、最可靠的力量。鹿泉区针对当前一些农村存在的村“两委”班子软弱涣散，凝聚力、战斗力不强，引领农村经济社会文化发展能力不足，上级工作部署贯彻落实不力，抓住农村“两委”换届的时机，开展了“树正气、凝共识、选贤能、谋发展”大讨论活动，充分发扬民主，唤醒党员的“四个意识”，摒弃宗族派性观念，对村里发展什么、怎么发展形成了共识，对当干部为什么、干什么形成了共识，对村干部标准是什么、谁符合标准形成了共识。截至目前，190个村已经顺利完成支部换届，达到了“一优四高一低”的效果。一是结构优，802名支委年龄都在65周岁以下，55周岁以下的占比提高到74%；学历都达到了高中以上，大专及以上学历占比提高到19.8%。二是人选吻合度高，大讨论推荐出的候选人，与最终当选人一致率高达99%。三是得票集中度高，63个村平均得票率在80%以上，7个村全票当选。四是党员参会率高达96%以上。五是一轮投票成功率高达91.07%。六是信访量低，共收到相关信访案件15件，网络舆情2件，经过调查均不属实。通过开展大讨论活动，换出了全区农村干部干事创业的精神风貌，换出了全区高质量发展的和谐稳定局面，换出了乡村振兴的政治基础。

四、围绕开展双创双服担当作为抓落实

开展“双创双服”活动，是省委、省政府作出的重大决策部署，是贯彻新发展理念、推动河北高质量发展的迫切需要。鹿泉区坚持以改革为统领，突出发展环境、突出营商环境，结合实际大胆创新，努力将“双创双服”活动落到实处。

（一）大力推进最多跑一次改革

按照石家庄市要求，鹿泉区迅速设立了行政审批局并率先实现规范运行，10天时间完成了18个部门、123项职能划转，实现了一枚公章管审批，积极推行“互联网+政务服务”新模式，探索容缺受理、网上并联审批和不见面审批，审批事项总办理时限由3 093天压缩至474天，60%以上的事项实现了最多跑一次。

2017年，全区新增市场主体8 401家，较去年增长40.16%。

鹿泉现代农业园区之一

（二）大力推进创新创业体制改革

制定了鼓励创新创业的若干政策，率先推行“人才绿卡”制度，出台了10条人才新政，建成了128家市级以上研发平台、3家孵化器、9家众创空间。在政策制定、人才培养、人才服务、平台建设等方面明确了具体措施，打开了吸引高层次人才的突破口，打通了为人才服务的“最后一千米”，为吸引人才、留住人才提供最优质、最快捷、最贴心的服务，目前已向各行业68名专家授予了“人才绿卡”。今年将新增市级以上研发平台20个以上、孵化器和众创空间10个以上，高新技术企业突破100家、科技型中小企业突破800家。出台了6条扶持企业上市的政策，目前，全区上市公司达到6家，其中科林电气依靠科研创新驱动，抢抓行业发展机遇，成为自1994年至今，23年来石家庄市再次登陆上海主板的企业。

（三）大力推进开发区“1+8”改革

坚持把最优秀的干部放到开发区、最优质的资源配置到开发区、最优惠的政策落实到开发区，全力打好“1+8”改革组合拳，特别是打破铁饭碗、铁交椅、铁工资，建立了全员聘任的人事制度和奖罚严明的薪酬制度，带动整个开发区形成了激情四射、活力迸发的工作氛围。2017年，开发区先后引进了中国中医药、海康威视、北斗星通等一批大项目，“零增地”新增注册企业334家，主营业务收入突破千亿元，仅仅一年时间内综合实力全市排名就跃居同类开发区第一，全省由第40位跃至第14位，正在全力争创国家级开发区。

在鹿泉，“5+2”“白+黑”已经成为常态，“早餐会”“夜宵会”已经成为“家常便饭”，广大干部苦干实干拼命干的劲头，深深感染了广大企业家：上千台机械、上万名工人、上千亿投资，工人三班倒、人歇机不歇，奏响了新时代发展的最美乐章。君乐宝是鹿泉培育的最大龙头企业，为帮其打造“航母式企业”，区委书记杨国芳亲自分包，成立专门工作组，不到20天就完成了牧场新增2 500亩土地的流转工作，完成了新建高档液态奶生产线142亩土地组卷。2017年，君乐宝举办了首届国产婴幼儿配方奶粉创新发展论坛，以108%的增速在全球同行业中夺魁，以102亿元的销售额跻身中国百亿级乳企。西部长青旅游度假区总投资108亿元，占地16平方千米。为推动景区建设，鹿泉区将西部长青确定为第二届石家庄市旅发大会主会场，派出一批得力干部搞服务。去年开始，冰雪小镇、水上乐园、柳仙谷等景点全面升级，德明古镇、溪山小镇、“小三亚”、实景剧演出、璞祯酒店、山野长城、全马绿道等一批新景点全面开工。北国奥特莱斯是北人集团建设的全国首家第四代奥特莱斯主题购物公园，鹿泉区一周内就为项目办齐了开业相关证照，一年多时间已经发展成为北人集团第三大“商业旗舰”，目前投资5亿元、占地200亩的全省规模最大的水世界项目即将竣工。“土门关·驿道小镇”项目于2017年2月初开始洽谈，3月开工建设，“十一”一期北区营业，实现了当年洽谈、当年开工、当年营业，工作日日均接待游客5 000人次，节假日日均接待游客2万余人次。

幸福都是奋斗出来的。在鹿泉，调研组被广大干部干事创业的激情深深感染，也被广大企业家投资兴业的激情深深感动。鹿泉区抓落实的案例再次启示我们：“这能力，那能力，不落实等于没能力；这忙，那忙，不落实等于瞎忙。”只有在抓落实上持续用力、久久为功，才能让习近平新时代中国特色社会主义思想和党的十九大精神在河北落地见效；只有所有县（市、区）将抓落实作为一切工作的生命线，才能让“三件大事”“六场硬仗”“八项战略”“九项改革”的决策部署转化为人民群众的获得感和幸福感，奋力谱写好新时代全面建设经济强省、美丽河北的新篇章。

五、建　议

（一）5月20日，中央办公厅印发了《进一步激励广大干部新时代新担当新作为的意见》（下称《新时代新担当新作为的意见》），党内外和社会各界对此都很关注；我们认为，河北省委关于抓落实的决定和举措，完全符合中央上述意见的精神。建议我省尽快研究出台贯彻《新时代新担当新作为的意见》的实施意见，以推动抓落实举措进一步落地见效。

（二）按照《新时代新担当新作为的意见》要求，大力引导干部担当作为、干事创业。建议省、市、县、乡都要建立干部联系企业和联系项目制度，把各级干部推向担当作为第一线。

（三）鲜明树立重实干重实绩的用人导向；充分发挥干部考核评价的激励鞭策作用；切实为敢于担当的干部撑腰鼓劲；建立健全容错纠错机制。

（四）按照《新时代新担当新作为的意见》要求，大力选树改革创新、担当作为、干事创业的先进典型；建议省委对"鹿泉区委激励干部担当作为抓落实踏石留印"情况进行调查了解，如情况属实，应作为担当作为抓落实的先进典型。同时，各级都应选树一批担当作为抓落实的典型，以多种方式给予鼓励，形成担当作为抓落实的浓厚氛围。

（注：该调研报告得到省委负责同志肯定性批示；中央和地方主流媒体对"担当作为抓落实"情况集中报道。）

冀北（张承）贫困地区人口特征及精准扶贫对策建议

调研并主笔：河北省发展改革委宏观经济研究所

王哲平　王素平　冯志国

评估会审：河北省委省政府决策咨询委员会农业农村组

王慧军　董经纬　彭建强

河北省新农村建设促进会

（2017年8月24日）

冀北贫困地区主要是指河北的张家口承德地区，面积近9万平方千米，地域面积占到河北的将近一半，自然资源匮乏和生态地区敏感，是京津冀区域重要的环境支撑区，也是河北贫困程度最深的区域。由于特殊的区位和长期贫困，冀北地区人口迁移速度加快，劳动力人口减少，素质持续下降、区域未富先老、生活水平不高等问题日益突出，对张承区域脱贫产生了重要的影响。深入研究冀北贫困地区人口现状特点，分析人口变动及其对区域发展的影响，对科学制定扶贫攻坚战略，顺利实现全省全面小康任务，促进张承区域可持续发展具有十分重要的意义。

对口帮扶

一、冀北地区人口基本状况和特征

受经济、社会发展滞后的影响，冀北地区人口变动较快，劳动力人口占比低，人口素质低、保障水平低、老龄化水平高“三低一高”特征日趋明显。

（一）区域人口外迁内聚加速，总量人口增幅降低

受区域生存环境、就业机会、收入水平等因素的影响，冀北地区人口流动依然保持了十年前的转移趋势，即人口由域内向域外转移、由农村向城镇转移、由坝上向坝下转移，形成了农村人口减、坝上人口减、城镇人口增“两减一增”的人口转移分布格局。而且由于十年来交通和信息条件的不断改善，较之于十年以前这种转移的速度更快。2015年，冀北地区户籍人口合计846.08万人，高于常住人口50.9万人，外迁人口达到6.73%，由于人口外流，冀北地区人口总量增长缓慢，占河北省人口比例呈下降趋势。2005—2015年，冀北地区常住人口规模由755万人增长到795.18万人，增长5.32%，远低于河北省8.38%的平均增幅，占全省总人口的比例由11.02%下降到10.71%。在大量人口持续外迁同时，农村人口向城镇转移速度加快，2007—2015年，张承两市的市区人口分别由91.4万人和50.55万人增加到111.37万人和68.34万人（根据1%人口抽样数据推算），2010—2015年，县城常住人口由175.07万人，增加到221.24万人，增加了46.17万人，乡村常住人口由647.07万人减少到547.76万人，减少了99.31万人。坝上张北、康保、沽源、尚义、丰宁和围场六县人口由161.7万人减少到158.34万人，减少了3.36万人。

（二）劳动人口比重较低，老年抚养比偏高

由于迁出人口以劳动人口为主，家庭带子女整体迁移比例增加，使冀北地区人口结构逐步呈现少年儿童占比低、劳动人口占比低、老年人口占比高的“两低一高”特征，张家口尤其明显。2015年冀北地区0～14岁少年儿童人口所占比例为16.58%，低于全省的18.23%的1.56个百分点，15～59岁劳动力人口占比为64.41%，低于全省平均水平65.29% 0.88个百分点，60岁及以上人口比例均达到19.01%，高于全省16.48% 2.53个百分点，张家口老年人口占比已经达到21.27%，高于全省16.48% 4.79个百分点（表1）。由于冀北地区人口老龄化状况严重，老年抚养比日益增高，2015年冀北地区老年抚养比达到29.52%，高于全省

4.28个百分点，总抚养比达到55.27%，高于全省平均水平2.11个百分点。受张家口地区人口老龄化严重影响，老年抚养比高达33.54%，超出全省平均水平8.30个百分点，总抚养比达到了57.70%，超出全省4.54个百分点（表2）。

表1 2015年河北省及冀北地区人口年龄状况

（单位：百人，%）

地区	合计	0～14岁		15～59岁		≥60岁	
		人数	所占人口比重	人数	所占人口比重	人数	所占人口比重
河北总计	697 206	127 099	18.23	455 221	65.29	114 886	16.48
冀北地区	74 865	12 416	16.58	48 216	64.40	14 233	19.01
张家口市	40 370	6 186	15.32	25 598	63.41	8 586	21.27
承德市	34 495	6 230	18.06	22 618	65.57	5 647	16.37

表2 河北省及冀北地区抚养比情况

（单位：%）

地区	总抚养比	少儿抚养比	老年抚养比
河北总计	53.16	27.92	25.24
冀北地区	55.27	25.75	29.52
张家口市	57.70	24.16	33.54
承德市	52.51	27.54	24.97

（三）身体状况总体较差，生活保障水平依然较低

在健康状况上，冀北地区老年人口身体健康较差，张承地区健康人口占比分别为33.6%和32.29%，比全省平均水平40.53%低6.93个和8.24个百分点。“不健康但生活能自理”和“生活不能自理”的老年人口中，合计分别达到25.34%和24.84%，分别比全省平均水平19.29%高6.05个和5.55个百分点（表3）。

表3　河北及冀北地区老年人口健康状况

（单位：百人，%）

地区	常住人口								
	60岁及以上人口	健康		基本健康		不健康，但生活能自理		生活不能自理	
	合计	小计	比重	小计	比重	小计	比重	小计	比重
河北总计	114 821	46 540	40.53	46 129	40.17	18 624	16.22	3 528	3.07
张家口市	8 572	2 880	33.60	3 519	41.05	1 900	22.17	272	3.17
承德市	5 645	1 823	32.29	2 364	41.88	1 197	21.20	262	4.64

冀北地区由于自然条件恶劣，山区丘陵较多，农业机械化和电气化程度较低，老年人从事生产劳动的难度较大，在冀北60岁以上老年人中，张家口和承德靠劳动收入为主要来源的比例分别为24.24%和27.81%，低于全省28.35%的水平。由于贫困程度较深，冀北老年生活依靠家庭供养的比例较低，张承依靠家庭供养的比例分别为21.94%和37.63%，均低于全省的41.47%平均水平。在劳动和家庭供养不足的情况下，部分老人只得依靠最低生活保障金，张家口依靠最低生活保障金的比例达到22.45%，为全省平均水平4.87%的近5倍，承德为9.60%，为全省平均水平的近2倍。由于冀北区域财政较弱，老年人离退休金养老金、最低生活保障金处于全省较低水平，老年人的生活仍处于较为贫困状态（表4）。

表4　河北及冀北地区老年人口生活保障情况

（单位：百人，%）

地区	60岁及以上人口	劳动收入		离退休金养老金		最低生活保障金		财产性收入		家庭其他成员供养		其他	
	合计	小计	比重	小计	比重	小计	比重	小计	比重	小计	比重	小计	比重
河北总计	114 821	32 555	28.35	24 300	21.16	5 591	4.87	471	0.41	47 620	41.47	4 285	3.73
张家口市	8 572	2 078	24.24	2 288	26.69	1 924	22.45	32	0.37	1 881	21.94	369	4.30
承德市	5 645	1 570	27.81	1 167	20.67	542	9.60	30	0.53	2 124	37.63	212	3.76

（四）就业特征仍以农为主，二、三产业就业人口增长较慢

2015年张承地区一产从业人口的占比分别为49.48%和50.96%，分别比全省平均水平38.86%高11.28个和12.10个百分点，二产从业人口的占比分别为19.65%和17.27%，低于全省平均水平28.62%近10个百分点，农业仍是张承地区人口就业的主要渠道。从增长率上看，2010—2015年张家口二产从业人口由16.84%增长到19.65%，增长2.81个百分点，承德二产从业人口由16.96%增长到17.27%，增长0.31个百分点，远小于全省增长9.66个百分点水平。张家口地区三产从业人数增长了1.15个百分点，承德三产从业人口提高了5.74个百分点，分别只有全省增长水平11.18%的13.51%和51.34%，说明二、三产业发展仍然不足，二、三产业对人口的吸纳能力仍然较低（表5）。

表5　河北省张承地区从业人口比较

（单位：%）

地区	2015年			2010年			增长率		
	第一产业	第二产业	第三产业	第一产业	第二产业	第三产业	第一产业	第二产业	第三产业
河北总计	38.86	28.62	32.52	59.70	18.96	21.34	−20.83	9.66	11.18
张家口市	49.48	19.65	30.87	53.80	16.84	29.36	−4.32	2.81	1.51
承德市	50.96	17.27	31.78	57.01	16.96	26.03	−6.05	0.31	5.74

（五）人口素质依然偏低，人才支撑严重不足

近年来，在扶贫开发工程影响和带动下，冀北地区人口的受教育水平有了一定幅度的提高，但是人口受教育的总水平仍然偏低。2015年张承地区6岁及以上人口中，初中及以下文化程度人口比例分别高达78.18%和77.60%，高于全省73.88%的水平4.30个和3.72个百分点，15岁及以上人口中，文盲分别占6.46%和4.19%，分别高出全省平均水平2.60个百分点和0.33个百分点。从人才总量上看，冀北地区规模以上工业企业R&D人员占人口比例为0.6‰，低于全省1‰的水平，国家“千人计划”专家和河北省“百人计划”专家各只有1名，高水平的技术人才、掌握自主知识产权和核心技术的高层次创新创业顶尖人才、领军人才紧缺，

产业转型升级急需人才和团队严重缺乏。

（六）深度贫困区域大，贫困人口增收难

目前，冀北地区仍然有8个县①属于深度贫困地区，占区域县区数量的38%，贫困人口49万人，占冀北地区贫困人口的50%。这些地区位于坝上地区和深山区，生态环境脆弱，自然灾害频发，交通条件落后，区域发展边缘化，贫困人口占比和贫困发生率高，脱贫任务艰巨。根据国家统计局河北调查总队住户资料，2005—2015年张承低收入组农户人均可支配收入分别增长了2.3倍和2倍，低于两市平均水平3.2倍和2.4倍的增幅，张承贫困人口收入与平均水平的差距分别由1：3.1和1：2.5扩大到1：4.0和1：2.9。

二、人口变动特征对区域脱贫的制约影响

冀北地区"三低一高"的特征对区域的经济、社会方面产生了十分重要的影响。

（一）劳动力人口减少降低了区域经济增长潜力

当前，冀北经济增长整体上仍处于要素拉动阶段，劳动力投入是拉动经济增长的重要因素，冀北地区的劳动力净流出，使冀北地区人口红利提前结束，对经济增长支撑能力降低，在土地、资金、科技等要素难以大幅增长下，区域经济增长能力将受到严重影响，区域经济增长可能持续走低。

（二）"一头沉"的就业结构制约了农民收入的增长

受冀北地区城市化水平低、城市经济不发达、二、三产业就业容量有限等因素的影响，大量的农村劳动力被束缚在传统低效的农业领域，一产从业人员比重偏高，农民收入以农业收入为主，张承农民人均可支配收入以农业为主的农民经营性收入占到37.6%和22.37%，远高于全省占比，二、三产业就业不足，严重制约了农民收入的增长。

---

① 冀北地区深度贫困县：康保、沽源、尚义、张北、丰宁、围场、阳原和隆化。

（三）偏低的区域人口素质降低了对区域转型发展支撑能力

由于冀北地区整体教育质量偏低，区域人口接受更高教育的条件不如周边，学习条件差导致起点低，教育水平低，导致人口素质整体偏低。加之外迁人口以拥有一技之长或者文化素质较高的人为主，加重贫困地区的人才“空心化”，大量的低素质人口只能就业于低层次产业，难以适应高端产业发展对高素质劳动力的需求，严重制约了区域转型升级步伐。

冀北贫困地区的老龄化农民

（四）人口老龄化程度持续加深加重了区域和家庭负担

国际上通常把60岁及以上人口占总人口比例达到10%，65岁及以上人口占总人口比例达到7%，作为国家或地区进入老龄化社会的标准。根据2015年1%人口抽样调查资料，冀北地区60岁及以上老年人口、65岁及以上老年人口分别占总人口的13.13%和8.26%，冀北地区已经全面超过国际标准，进入老龄化社会。老龄化增大将使社会用于医疗和养老的支出大幅增长，导致老年退休金、养老金、老年医疗保健费用、社会福利基金和社会保险基金等财政支出的急剧上升，同时压缩了生产部门的投资空间，在冀北地区仍处于贫困状态情况下，未富先老进一步加剧社会保障体系财政支撑风险，给本来就拮据的地区财政带来更大的压力。在加重财政负担的同时，老年抚养比增大，使家庭人均抚养人口增多，加重了家庭的生活负担，制约了农民生产发展能力，增加了农民脱贫难度。

（五）保障水平依然较低加剧了脱贫攻坚难度

国家确定“十三五”期间脱贫攻坚的目标由原来的解决温饱提升到“两不

愁、三保障”：到2020年稳定实现农村贫困人口不愁吃、不愁穿，农村贫困人口义务教育、基本医疗、住房安全有保障。但作为全国生态和贫困交织最为明显的地区，冀北地区因病致贫和因缺技术致贫人口占到总贫困人口的一半，医疗养老、发展教育和社会兜底需要大量资金投入，冀北已经成为京津冀区域扶贫攻坚难度最大区域。

三、准确把握人口特征，提升扶贫攻坚精准度的建议

为有针对性地破解冀北人口变动对区域脱贫造成的不利影响，建议冀北的扶贫攻坚在坚持精准扶贫的大战略下，保底线、提素质、壮产业、促就业，聚焦聚力，精准发力，全面提升扶贫实效。

上海数据港股份有限公司张北2A数据中心

（一）大力发展生态富民产业，提升就业空间

发展壮大第二、第三产业，不仅是产业结构调整、经济增长的必要，更是有效拓展就业空间的必需。冀北地区毗邻京津，是京津地区居民首选的游玩、健身和康养之地。冀北在加大传统产业转型升级的基础上，要立足于生态基础和优势，大力发展面向京津，为都市居民游玩、娱乐、康养、健康、饮食等服务的大

生态产业，打造国内外知名休闲康养品牌，打造惠及百姓的富民产业。一是生态旅游产业，按照全域旅游概念，深入挖掘特色资源，强力塑造滑雪温泉、塞外风情、民俗品鉴、历史文化四大品牌，打造立足京津、面向华北、辐射全球的国际旅游目的地。二是休闲康养产业，依托天然氧吧、温泉、道地药材等优势资源，建设一批大健康产业园和养生养老基地，推动医养结合，形成具有国内影响力的健康产业聚集地。三是林业产业，积极探索市场化绿化造林和生态林开发经营模式，发展壮大包括防护林管理、森林防火防疫、林草苗种培育系列、生态工人培养等在内的生态管护服务业。四是农业和农副产品加工业，借力奥运承办，瞄准高端消费市场，围绕肉奶、蔬菜、马铃薯、林果（葡萄）、食用菌、禽蛋等农畜产品及其深加工，以“精品、有机、特色”为方向，着力建设一批设施一流、标准一流、检测手段一流的现代农业产业园区和农产品加工企业，打造“奥运食品供应基地”。

（二）创新发展模式，拓展农民增收渠道

为加快农民增收，要大力拓展农民增收渠道。一是做大做强龙头企业，增强对农民增收带动能力。借鉴“兴春和”发展模式，通过“公司+农户”“公司+基地+农户”等方式，把农村土地、劳动力、资金等生产要素吸附在产业链上来，充分发挥“一地生四金”作用，利用龙头企业的主导作用带动人口就业，促进周边地区和相关行业经济发展。二是加速发展城镇经济，增强县域经济对农民增收的支撑能力。适应人口加速城镇化趋势，以区域特色为方向，加快阳原毛皮、怀安葡萄酒、滦平农产品加工产业园区发展，促进农民进城就业，增强城镇经济对农民增收的支撑能力。三是创新产业发展模式，依靠提升价值链增加农民收入。根据冀北产业发展特色，以草莓、葡萄、蔬菜、杂粮为重点，以“支部（企业）+专合组织+基地+农户”等为基本形式，组建专业合作经济组织，大力发展专业合作社模式，以产业链凝聚价值链，通过“抱团取暖”增强农户收入。四是创新利益联结机制，针对企业与农户利益联接松散、双方制约难的问题，完善土地入股、土地租赁、股金分红等契约机制，完善企业与农民的利益共享、风险共担及价格协调机制，提高农民组织化程度和市场竞争能力。

冀北地区落后的基础设施

（三）下沉公共服务资源，形成与人口布局和需求相适应的公共资源分布体系

目前，冀北地区公共服务资源特别是优质公共服务资源主要集中于中心城市和县城。根据前述关于人口转移和城镇化发展趋势的分析，未来小城镇将成为农村转移人口的主要承接地，并与中心城市、县城形成“三分天下”的城镇分布格局，因此要加快建立与之相适应的公共服务体系。中心城市和县城的医疗、卫生、教育、文化等优质公共资源要进一步下沉，特别是离中心城市和县城较远的小城镇要增设医疗卫生、文化教育机构，加快公共服务设施建设，满足当地居民

基本公共服务需求。建立中心城市和县城与乡镇事业单位人员定期轮流下基层制度，对于下基层的事业单位人员在工资待遇、福利标准、职称晋升、干部提拔等方面给予政策支持。同时，加强与京津医疗、教育等公共服务机构的对接，探索将定期轮流下基层制度扩展至京津与冀北地区之间，提升冀北地区公共服务水平。优化公共服务资源配置形式。积极发展“互联网+公共服务”，加强基层特别是乡镇一级的公共服务设施建设，全面提升信息化水平，同步推进与县城、中心城市乃至京津相关机构县城的联网和数据共享，积极推进远程医疗、网上诊断、互联网教育等，为满足基层公共服务需求创造条件。

（四）提升医疗服务水平，建立与健康养老功能相适应的公共服务供给结构

冀北地区常住人口中老龄化严重，考虑到这一地区未来拟建成京北著名的休闲养老基地，来自域外特别是北京的老年人会增加，因此这一比例可能会进一步提高，迫切需要建立与健康养老相适应的公共服务供给体系。一是提升养老医疗服务水平。创新养老服务多元化供给机制，加快引进国内外健康养老服务机构，积极探索与京津市政府、企业和民间团体合作途径，在怀来、涿鹿、赤城、滦平等环京津县，谋划建设规模化、连锁化、品牌化养老服务机构，扩大养老服务供给，满足不同层次的养老服务需求。二是加快推进医养结合，建立健全医疗机构与养老机构的业务协作机制和转诊绿色通道，构建养老、照护、康复、临终关怀服务相互衔接的服务模式。加强与京津养老医疗机构的联合协作，争取建设区域性医疗中心、开办分院、合作办医、专科协作及合作养老机构，充分借鉴廊坊燕达医院经验，建设与京津医疗保险转移接续无障碍通道。

（五）健全职业技能培训体系，提升区域人口素质

围绕冀北地区发展实际和市场需求，对需要转移就业的劳动力开展就业技能培训和外出劳务培训，对在岗农民工开展岗位技能提升培训，对农村创业和技能致富带头人开展示范培训，对从事农业生产和服务的农民开展新型职业农民培训，对具备创业条件、有创业需求的农民开展创业培训。推进协同共建，加快冀北地区与京津两市人力资源信息共享平台，健全区域相互衔接的劳动用工政策，共建共享公共就业实训基地。加强科技指导，充分发挥农技推广服务云平台和

12316农业信息综合服务平台作用，设立县、镇、村三级农业科技服务站，推进科技特派员下乡活动，及时解决农民劳动生产中的难题。

（六）完善社保政策，强化社会救助政策对特困人口的兜底功能

针对冀北地区贫困人口中因丧失劳动能力而导致贫困的人口较多，因病因残致贫率高特点，进一步完善扶贫政策。一是加大医疗救助力度。加强对医疗保障救助对象的认定与管理，进一步降低住院医疗费或取消报销起付线，提高大病保险住院报销、住院医疗救助、重特大疾病住院医疗救助等报销救助比例，逐步将康复项目、非因公意外伤害等纳入医保范围，全面提升特困群体医疗保障救助待遇。二是提高生活保障水平。完善社会救助标准与物价上涨动态调整机制，提高最低生活保障、特困供养等方面标准，确保保障标准始终与经济社会发展水平相协调。健全临时救助制度，对救助后家庭生活仍十分困难的，可进一步申请临时救助。三是引导社会化慈善救助。深入特困群体家庭，进行形式多样的结对帮扶，倡导企事业单位捐资济困，建立村志愿者服务站，开展“一对一”“众帮一”“一助一”结对救助活动，为特困家庭提供经常性服务。

（七）聚焦深度贫困，加快区域脱贫步伐

冀北地区作为河北深度贫困区域最广、程度最深的区域，是河北脱贫攻坚最难啃的“硬骨头”，是打赢脱贫攻坚硬仗中的硬仗。要在坚持精准扶贫精准脱贫基本方略的前提下，进一步综合施策，强化精准扶贫，对深度贫困地区给予更加集中的支持，采取更加有效的举措，开展更加有力的工作。一是加大对深度贫困地区集中支持力度。在扶贫投入、产业开发、光伏扶贫、生态保护、公共服务、用地保障、金融支持等方面重点向深度贫困地区倾斜，确保新增脱贫攻坚资金主要用于深度贫困地区，新增脱贫攻坚项目主要布局于深度贫困地区，新增脱贫攻坚举措主要集中于深度贫困地区。具体安排上，要在保证整合各类涉农资金基础上用于深度贫困地区的资金增幅高于区域平均水平。二是强化对边缘化深贫地区的政策延伸。综合考虑县域整体贫困度、生态系统完整性、缔结历史渊源性等因素，重新调整县区安排对口帮扶，将冀北地区所有县纳入京津对口帮扶范围，确保深度贫困地区获得最大的帮扶力度。三是完善对深度贫困地区定点帮扶机制。对于深度贫困县实行“五包一”帮扶，每县明确一名省领导联系指导，安

排一个省直厅局、一个经济强县（市、区）、一家省属大型企业、一家金融机构共同帮扶；对深度贫困村实行“三包一”帮扶，每村一名省直厅级干部联系，一支省直驻村工作组、一家市域内实力较强的民营企业进行帮扶；对深度贫困户实行“一包一”帮扶，即每户安排一名省或市机关干部结对帮扶。

（注：该调研报告得到省政府主管领导肯定性批示；省扶贫办工作予以参考。）

以新理念闯出新路径　鹿泉区打造转型升级2.0版

河北省委省政府决策咨询委员会专题调研组

（2017年7月25日）

一、鹿泉区转型升级2.0版实现了“五新”

近年来，鹿泉区始终以转型升级为主线，经过“十二五”的不懈努力，初步实现了资源型城市的深度转型。伴随行政区划调整，鹿泉区抢抓京津冀协同发展战略机遇，以五大新发展理念引领区域发展，持续深入推进供给侧结构性改革，推动区域转型升级进入了一个全新的阶段。

河北省省长许勤（右二）在鹿泉神玥软件调研

——**新的速度**。2016年财政收入、公共财政预算收入分别完成35.7亿元和

19.7亿元，比2010年均实现翻番；财政收入“亿元镇”达到7个，其中2个超5亿元，1个超6亿元。今年上半年财政收入完成23.6亿元，公共财政预算收入完成12.7亿元，分别增长22.2%和21.1%，全年财政收入将突破40亿元。

——**新的质量**。综合能耗连年下降，今年同比下降18.5%，工业用电量同比下降11%，而单位电量财政收入由2007年的0.41元提高到2016年的2.49元，累计增长507%；休闲服务、电子信息、绿色食品、智能制造四大新兴产业税收占比达到77%，挑起了经济发展大梁，真正实现了“转型不失速、发展上台阶”。

——**新的业态**。水泥等落后和过剩产能有序退出，培育壮大了君乐宝、科林电气等一批“航母型”的龙头企业，科技型中小企业蓬勃发展，众创众筹、互联网经济、总部经济、六次产业纷纷涌现，构建起了创新型、融合式、多元化的产业新模式。

——**新的形象**。城市建设与转型升级互促互进，区位优势日益凸显，山水特色更加鲜明，环境优势正加速转化为竞争力，先后建成了北国商城、奥特莱斯等一批城市综合体，大美城区、特色小镇、美丽乡村和谐共生，山清水秀的省会后花园渐行渐近。

——**新的机制**。坚持以改革统领发展全局，围绕招商引资、项目建设、城市管理、政务服务等领域，探索建立了环评备案、一站审批、综合执法等一整套体制机制，推行“指挥部攻坚”的工作模式，真正用完善的制度体系推进转型升级，为加速创新发展、协同发展、融合发展提供了有力保障。

二、鹿泉区转型升级2.0版的五大新举措

（一）以创新增功能，变“要素驱动”为“创新驱动”

创新是区域发展的主引擎，也是转型升级的源动力。鹿泉区依托石家庄信息产业基地优势，抢抓推进军民融合国家战略机遇，按照政府主导、企业主体、市场化运作、产业化发展、园区化布局的发展路径，以科技创新为引领，以军民融合为核心，构建了“研发—交易—孵化—落地”的全链式创新体系，全力打造京津冀乃至全国具有影响力的军民融合产业发展示范区。

1. 提升研发水平

坚持把提升研发能力作为培育项目、经营企业的核心内容，加快培育重点实验室和研发机构，不断提升自主创新能力，全区市级以上工程技术研究中心、实验室和企业技术中心达到96个，其中包括科林电气、君乐宝等4家院士工作站。科技型中小企业发展到564家，高新技术企业增加到69家，军民融合型企业32家。2017年1—6月，规模以上高新技术产业增加值完成18亿元，同比增长15.6%。

2. 搭建交易平台

军民融合、科技创新，关键在技术和成果的交易。鹿泉抢抓先机，在全省率先成立了河北省军民两用技术交易中心、河北省军民融合知识产权交易中心等“五个中心”，为推进军民融合发展战略搭建了重要平台，力争利用2年左右的时间，建成国家级军民融合发展示范基地，以成果交易促技术转化落地，为转型升级提供支撑。

3. 打造孵化中心

引进浙江颐高集团，倾力打造国家级孵化器，重点建设占地7 000平米的孵化器运营中心，谋划入驻5家以上风投团队，集聚全国500多家服务机构，100多个城市线下网点，为全国中小企业、创业者提供一站式创业服务。力争通过3年时间，培育小微企业达到100家以上。

4. 培育转化载体

技术转化是根本，项目落地是关键。鹿泉着眼技术转化落地，建设了光谷科技园、科瀛创新产业园、军鼎国际研创港等8个科技型“园中园”，并规划了4个特色产业聚集区，引导军转民、民参军项目抱团落地，既实现了集约发展，又延伸了产业链条，增强整体竞争力。光谷科技园16家企业全部建成后，将延伸出光纤通信、射频电路等7条产业链。同时，通过设立产业引导基金，为企业解决资金难题。目前，与邮储银行共同设立了1亿元的高新技术产业发展基金，与红土基金、中建集团等，合作谋划设立10亿元的产业引导基金。预计到2019年，鹿泉境内“两所”的19个项目将全部竣工投产，总产值将达到220亿元。

鹿泉区委书记杨国芳（右三）向客人介绍365大数据中心

（二）以协调补短板，变“县域经济”为“城市经济”

城市是现代经济发展的主要载体。2014年撤市设区，为鹿泉打破县域经济桎梏、分享城市经济红利带来了绝佳的发展良机。为此，鹿泉区按照“打造省会新浦东”的新要求，坚持全域融入省会，主动转变发展模式，主动补齐功能短板，推动区域发展转入更加协调、更加高端的城市经济新阶段。

1. 补齐基础设施短板

着眼补齐功能短板、加速融入省会，以路网建设为重点，大力推进“五路一园”等基础设施工程，16天时间完成3 700多亩土地征迁，拆迁建筑1 014处。目前，共有12条主干道直通省会核心区，7条铁路、5条高速和9条国省干道纵横交错，共设有11个高速上下口，公路密度达到1.5千米/平方千米，城市的综合承载力持续提升。

2. 补齐城市经济短板

坚持统筹全域发展、加速产业融合，大力培育以现代服务业为主导的城市经济新业态，2016年服务业增加值达到154.5亿元，占比达到42%。目前，正在谋划建设大剧院、体育馆等综合场馆，以地铁1号线建设为契机，规划建设上庄总部经济区，打造山水版的CBD。2016年，接待游客765万人次，旅游总收入达到7.7亿元。

3. 补齐城市管理短板

加速城市管理向精细化、全域化、智慧化转变，以改革精神推进全域治理，聚焦城市管理“九龙治水”，整合规划、住建、城管、园林、国土、交警等部门的执法职能，成立了综合执法局和执法大队，大力推进全域垃圾处理市场化，集中解决了私搭乱建、占道经营、车辆乱停乱放和垃圾围路、垃圾围村等问题。2010年石家庄市实施环境容貌考评以来，鹿泉已荣获同组考评“七连冠”，今年上半年在组团县（区）位居第一、在八区一县位居第三。城市功能的完善、管理水平的提升，吸引了恒大、保利、荣盛、华润等一批投资商纷至沓来。

（三）以绿色增优势，变“保护山水”为“经营山水”

推进转型升级，提高效益是根本目的，保护生态是原则底线。鹿泉作为省会后花园，主动践行总书记的“两山理论”，按照生态优先、绿色发展的思路，以山前大道改造提升为引爆点，全面实施省会西山生态发展战略，系统优化生产、生态、生活三大空间，让绿水青山真正成为金山银山。

省调研组在鹿泉调研企业转型升级情况

1. 保护绿水青山，打造山清水秀的生态之城

鹿泉坚持打好生态治理的“组合拳”，推进山水林田湖综合治理，环境承载力持续提升。特别是近年来，以沿西山、沿滹沱河、环省会及主干道路两侧为重点，大幅增绿添彩，年均植树200万株以上，森林覆盖率达到48.2%。目前，

正在实施“绿化太行”工程，三年时间全面绿化美化太行山，实现三季有花、四季常绿、全年是景。着眼于推动能源结构调整，全面启动了全域气化工程，9月底前全部完成8.6万户煤改气，同步推进“去散煤、清锅炉、拔烟囱、治散乱”专项行动。近年来，鹿泉空气质量指数始终位居全市前列，今年上半年在17个县（市）区中位列第一。

2. 经营绿水青山，打造绿色发展的活力之城

按照“低碳、循环、绿色、生态”的内在要求，鹿泉坚定不移去产能，全面启动了11家矿粉企业关停工作，鼎鑫、曲寨2家大水泥企业将有序搬迁。在水泥建材退出的同时，按照高端带动、多产支撑的发展思路，培育壮大了四大新兴产业，初步构建了休闲服务一业引领，电子信息、绿色食品、智能制造三足鼎立的“1+3”产业新格局，形成了休闲引领、多轮驱动、融合发展的新局面。

鹿泉科林电气公司一角

3. 共享绿水青山，打造全域旅游的幸福之城

鹿泉依托生态资源、点亮山水优势，以休闲服务业为引领推动转型升级，全力打造全域旅游示范区。以山前大道为纽带，沿途合理布局了奶业小镇、土门驿道小镇等多个特色节点，大力发展“旅游+”融合发展的新业态，形成玉带串珠、一步一景的旅游之路，全力绘就一幅山清水秀、休闲畅游、绿色发展的“百里画卷”，打通了一条绿水青山通往金山银山的发展之路。

（四）以开放聚项目，变“分散布局”为“集群效应”

合作共赢是时代主题，聚集发展是发展大势。鹿泉积极抢抓京津冀协同发展战略机遇，以更加开放的姿态谋划和推进区域发展，以园区为载体，以项目为支撑，大力推进产业聚集，延伸产业链条，放大产业优势，产业层次和竞争力持续攀升。

1. 精准招商引智

坚持以商招商、产业链招商，与全国知名的专业招商机构进行合作，开展委托招商、代理招商，组建3支专业招商小分队，围绕产业定位，聚焦京津、长三角、珠三角等发达地区，瞄准国内外500强、跨国公司和行业领军企业，大力开展招商选资和招商推介。十八大以来，共引进省级、市级重点项目52个，总投资883亿元。在2017年5月招商活动月中，共签约项目36个，总投资254亿元，签约数量、投资金额在省会均位居第一。

2. 打造平台载体

将开发区作为转型升级的“桥头堡”、产业集聚的“主战场”，聘请了德国罗兰·贝格、新加坡CPG高标准编制了园区规划，实施了“152”基础设施工程，园区承载能力持续增强。在完成2个省级园区合并的基础上，启动了开发区“1+8”改革，在体制机制、人事薪酬等方面大胆探索，进一步激发了开发区的发展活力。2017年上半年，共洽谈引进中国中药、银河微波等48个项目，主营业务收入达到550亿元，增长28%；财政收入达到8.6亿元，增长37.2%。目前，正在积极争创国家级开发区，预计明年主营业务收入将突破千亿元。

3. 加速企业裂变

以品牌创建为引领，以技改升级为抓手，引导“企业+互联网+资本市场”。特别是谋划设立了产业引导基金，全力扶持君乐宝、科林电气等龙头企业做大做强，壮大特色产业集群。依托君乐宝乳业，成功引进了全球最大的软包装企业——安姆科，以“世界级牧场+世界级合作伙伴+世界级工厂+世界级管理体系”为标准，召开振兴民族奶业誓师大会，每年出资3亿元，打造特色支柱型产业。以科林电气为龙头，正在整合天业电气、中友机电、五龙制动等智能制造企业，引进江苏经纬公司打造地铁产业园，科林电气在2017年4月在上海A股主板成功上市，成为鹿泉首个自主培育的主板上市企业。

鹿泉君乐宝乳业公司曾受到习近平总书记关注

（五）以共享促共建，变“管理型政府”为“服务型政府”

发展的目的是人民。鹿泉区始终坚持以人民为中心的发展思想，以政府职能转变引领发展环境提升，加快推进转型升级渗透到各个领域，构建了全民参与、共建共享的发展新局面。

1. 服务企业

坚持“政府就是服务、部门就是保姆”，墙内事企业管、墙外事政府办，制定了政企定期交流、区级领导分包等机制，主动为企业发展保驾护航。特别着眼于解决审批难、审批慢等问题，在省会率先组建了行政审批局，整合18个行政部门125项行政审批权，实现了“一枚公章管审批”。自成立以来，共办理各类审批3 959项，公司业务审批效率提高40%，固定资产投资审批核准效率提高30%，项目备案审批效率提高80%。

2. 服务发展

围绕进一步激发市场活力，制定出台了《关于大力推进创新创业的若干意见》，每年拿出2 000万元引导资金，鼓励创新创业。借鉴杭州梦想小镇、中关村创业大街等先进经验做法，全面启动建设了鹿泉创业大街和梦巢小镇。2016年全区新增市场主体5 709户，总量达到24 691户，全面掀起了“大众创业、万众创新”的新热潮。

3. 服务民生

统筹推进经济转型与民生事业，建立民生财政增长机制，累计投入55.6亿元，每年办理“十件民生实事”，将发展成效体现在群众获得感上。特别是坚持产城教卫融合发展，实施“名校名院”战略，将教育、医疗、养老都作为产业来打造，回应民生关切、满足多元需求，先后引进建设了市一中西山分校、省二院、省四院、北京外国语大学附属学校等名院名校，全面建设品质化、特色化的教育聚集区和医养综合体。

鹿泉引进商业新业态——北国奥莱公司

三、三点建议

鹿泉区的转型升级取得了明显成效，但在调研过程中也发现了一些问题，引发了深入思考，提出如下建议。

（一）优化产业布局

将54所、13所等军工研究所技术优势，依托鹿泉合作平台，转化为我省电子信息优势主导产业；构建集聚发展、集约发展、错位发展的产业格局。当前，我省的电子信息产业布局还不够集中，一定程度上存在无序竞争问题。鹿泉区依托54所、13所等军工骨干研究所，在光电和导航等领域已经形成了产业基础，建议加强产业规划指导，在鹿泉区打造电子信息产业的聚集区，在产业布局、项目摆布上有所倾斜，形成上下游配套产业链条，既避免内耗、又形成集聚效应，真正将电子信息打造成为河北的优势主导产业。

（二）叫响军民融合（鹿泉）特色品牌，打造服务河北、辐射京津、联通全国的军民融合发展平台

河北省军民两用技术交易中心已经在鹿泉挂牌运营，目前正在筹办首届军民融合中国（鹿泉）高峰论坛。为更好地推进河北军民融合产业发展，建议将鹿泉列为河北军民融合发展论坛永久性会址，纳入省委、省政府的决策部署，每年围绕一个主题举办一次高峰论坛，真正打造全国知名的军民融合平台，助力河北军民融合发展不断取得新的成效。

（三）破除瓶颈制约，促进新理念、新思想、新战略加速落地生根

各地在推动转型升级的实践中，很多会遇到资本不足、空间有限等一些不容忽视的突出问题。建议将鹿泉列为全省贯彻新发展理念试验区，赋予先行先试的政策，围绕品牌创建、金融支持、人才引进、土地利用、失地农民保障等瓶颈制约进行大胆改革，为其他县（区）落实新理念、坚定走新路打造样板。

（注：该调研报告得到省政府主管领导、石家庄市委市政府领导肯定性批示；全省转型升级现场会在鹿泉召开。）

推进“旗帜电商”全覆盖
创新农村党建新模式

——石家庄市鹿泉区农村电商“双覆盖”工程调研报告

河北省委省政府决策咨询委员会农业农村组

（2017年7月25日）

2017年7月7日上午，中共中央政治局委员、中央党的建设工作领导小组副组长张春贤在省委书记赵克志等省市领导陪同下，到石家庄市鹿泉区东辛庄村调研农村基层党建工作，鹿泉农村推进“旗帜电商”创新农村党建新模式的做法，受到中央和省领导关注和重视。

河北365集团董事长、党委书记于树中与东辛庄村党支部书记薛增祥一同向中央和省市领导汇报了在“两学一做”学习教育中，鹿泉区委区政府协同河北365集团，采取“党支部+互联网+实体店+讲习所”的模式，推进“好乡亲365”农村电商全覆盖和“旗帜电商365”全覆盖（“双覆盖”工程）工作。依托365集团覆盖全区208个村的“好乡亲365”服务平台，实施农村“旗帜电商365”工程，找准了农村党建与全面小康建设的结合点，增强了农村基层党组织的向心力和核心作用，提升了农村基层党组织领导力、服务能力和凝聚力。

近日，河北省委省政府决策咨询委员会农业农村组，对鹿泉区委区政府会同365集团推进的“好乡亲365”农村电商全覆盖和“旗帜电商365”全覆盖工程实施情况和农村基层党建进行了系统的调查研究，形成石家庄市鹿泉区农村电商“双覆盖”工程调研报告，供省委省政府和石家庄市委市政府决策参考。

一、鹿泉区农村电商“双覆盖”工程推进模式与初步成效

近年来，河北365集团积极融入京津冀协同发展战略，探索推进农业供给侧改革创新，利用“互联网+实体店+大物流+新金融”模式，改造升级分布在河北省“万村千乡”的农家店，实施农村电商全覆盖行动计划，建设了14 000家“好乡亲365”实体网店。其中，在2015年年底，鹿泉区委区政府在解放思想大讨论中，抢抓“互联网+”重大机遇，与河北365集团合作，按照“党委领导、政府主导、企业主体、市场运作、群众参与”的思路，仅用45天在全省率先实现农村电商全覆盖。

鹿泉区委书记杨国芳陪同石家庄市委书记邢国辉同志考察指导“旗帜电商365”工程

2016年10月底，河北365集团党委协同鹿泉区委组织部，在鹿泉区农村电商全覆盖的基础上，推进“旗帜电商365”全覆盖试点示范工程。即按照“党支部+互联网+实体店+讲习所”的运营模式，构建“1站1所1广场”“三位一体”基础设施（农村电商服务站+新农民讲习所+文化宣传广场），推进党旗引领下的生产生活服务下乡、科技文化下乡、普惠金融下乡等活动。加强了农村基层党建和党的工作全覆盖，夯实了党在农村的执政基础，是农村基层党建工作模式的实践探索和创新之举。目前，“旗帜电商”工程已全面推开，33个重点村取得了实效。

（一）坚持需求导向，农村基层党组织服务功能得到了优化

面对群众日益多样化的需求，鹿泉区委充分调动基层党组织、电商企业和村民三方积极性，基层党组织服务功能得到优化。一是拓宽了服务范围。充分利用电商服务驿站、新农民讲习所、宣传文化广场三个阵地，将以往农村党支部“就党建抓党建”的单一工作模式，拓展为党组织引领下的生产、生活、信用、保障、生态、文化等6个方面的服务体系，使基层党组织服务功能更加完备。目前该区208个村全部实现水、电、天然气费用代缴。二是完善了服务载体。在电商快销品销售功能、（O2O）电子商务服务功能、农资销售与农产品进城功能、社会服务功能、金融理财服务功能、电讯服务功能、新媒体服务功能、就业创业服务功能等八大服务功能基础上，建设完善的“一网三平台”，即农村生活服务网络，智慧物流平台、产业电商平台和普惠金融平台，依托互联网方便快捷的优势，实现轻松购物、高效物流，疏通销售渠道、提供资金支持。三是增强了带富能力。在农村党组织的引领下，运用“互联网+”思维，拓展了农产品销路、特色旅游开发、特色餐饮经营等服务项目，特别是将一家一户的分散种植，发展成为合作社规模经营，将区域特色的农产品发展成为深受市民喜爱的谷家峪香椿、田仙红石榴等10余个土特产品牌，提高了农产品的附加值，种植户年收益增加近10%。

鹿泉区委书记杨国芳等领导陪同中组部组织二局江旭东（中）副巡视员考察“旗帜电商365”党群活动中心

（二）疏通三类渠道，农村潜在资源得到了有效整合

鹿泉区开展党旗引领下的电子商务进农村，疏通产品销售、品牌增值、订单配套三类致富渠道，使农村现有土地、资金、技术、劳动力等方面资源得到整合，深入推进了农业供给侧结构性改革，农业资源要素配置更加合理。一是疏通销售流通渠道，实现了农产品上行。了解掌握现有种养殖专业合作社和农产品种植基地产销情况，开辟电商平台，链接农产品基地、对接智慧物流、拓宽销售渠道，整合形成优特农牧产品专业村、农宅旅游专业村、农家乐专业村等，加快了产品标准化、规模化、市场化进程。已有50余家种养殖大户和农民经济合作组织通过“旗帜电商”工程进入365产业电商生态圈。二是疏通增值服务渠道，放大了品牌效应。深入挖掘特色农产品品牌内涵，开展专业技术培训，整合形成农产品深加工产业链，以品牌价值最大化带动农业产业效益最大化。目前已培育形成抱犊寨杂粮、华洋饮品等高附加值品牌，其中谷家峪香椿发展形成集农宿旅游、采摘、纪念品销售和食品深加工为一体的产业链条。三是疏通规划对接渠道，组织了订单生产。积极盘活闲置土地资源，对接市场需求，探索实施“大市场、小计划”生产模式，以电商订单规划土地资源，建立订单农业试验区，实现农产品定制化生产。先后形成北鲍庄葡萄、邓村中华鳖、北薛庄石榴等10余个种养殖专业村，实现线上线下无缝对接。

（三）转变宣教模式，农村基层党组织的引领作用得到了强化

针对当前农村党的宣传教育组织不够、形式单一、内容没有吸引力等问题，从两个方面入手，强化农村党组织的引领作用。一方面，创新宣教平台。依托农村党员活动室设立新农民讲习所，把教育党员和教育群众有机结合，开展技术、理念、政策、经营等多方面培训，培养懂技术、善经营、会销售的新型职业农民。每月利用新农民讲习所在不同的乡镇（区）定期举办1次培训，已累计开展培训10余次，培训农民1 000余人次。另一方面，建立集视频播放、广播宣传、图片展示等功能为一体的文化活动广场，充分利用丝弦、京剧、秧歌、广场舞等具有地方特色的娱乐形式，吸引村民积极参与文化活动，寓教于乐宣传党的政策。同时，深度挖掘和广泛宣传身边的优秀党员、致富能手、道德模范的先

进事迹，将村民身边的典型最大范围的宣传出去，用身边的事教育身边的人，在潜移默化中不断传播正能量，推动形成和谐文明的社会主义农村新风尚。截至目前，共宣传党员“每周一星”40余期、好妯娌好婆媳32户、道德模范16人、优秀共产党员28人。

农村“旗帜电商”工程推行以来，基层党组织政治功能与电商党组织经济功能有机统一，基层党组织服务更加深层地融入农村群众生活，更合理科学配置农村生产生活资源，更能灵活调动群众力量，掌控农村全局，引领群众听党话、跟党走，创新性地探索出了一条全面夯实党在农村执政基础的新路径。

二、鹿泉区推进“旗帜电商”的基本做法

鹿泉区在推进“旗帜电商”工程中采取多种做法，概括起来主要是：区委领导、农村党组织主导、电商党组织运作、农民群众参与。

（一）区委领导

鹿泉区委高度重视“旗帜电商”工程，加强顶层设计，确保工程稳步推进。一是成立领导机构。成立由区委常委、组织部长为组长，农工委、组织部等8个区直部门主要负责人为成员的“旗帜电商”工程领导小组，乡镇明确1名班子成员牵头负责，农村党支部书记直接负责工程建设具体事务。在区委统一领导下实行三级联动、层层落实，保障工程稳步推进。二是明确方法步骤。印发“旗帜电商”工程实施意见、推进方案和对接工作通知，从组织领导、运作程序、扶持政策、试点示范、强化对接等五方面提出具体指导意见，加快工程进度。三是建立运保机制。区委组织部牵头，组织宣传部、农工委、农牧局、商务局、团委、妇联等部门建立协调机制，定期调度，争取上级政策资金支持，增加区级资金投入和政策倾斜力度，完善运行保障措施。

（二）农村党组织主导

农村党组织发挥组织、宣传、协调、引领作用，与电商党组织开展深度合作，引导农民积极参与工程建设。一是广泛收集信息。农村党组织负责摸清农户、专业合作社、企业等在种植、培训、销售、生产方面的需求，为对接打好基础。二是开展精准对接。由农村党组织将收集的各类信息进行分类汇总，综合研

判，开展与电商的有效沟通，实现精准对接。三是培育电商人才。从农村好青年、大学生村官中挑选熟悉网络、责任心强的优秀人才，将其培养成应用电商平台的明白人、党建政策的宣传员，推广电商知识的传播人，收集农户需求的信息员，更好地服务“旗帜电商”工程。

（三）电商党组织运作

电商党组织利用资金、技术、渠道优势，与农村党组织深入协作，实现企业发展、农民增收双赢目标。一是开展精准对接。组织电商协会成员成立市场营销、项目企划、产品推广等专业小组，对已签约农村经济实体逐一进行走访，根据产业类别制定“一对一”合作方案，从质量控制、产品包装、市场销售等方面提供指导，帮助推进农产品上行，增加农民收入。二是提供技术培训。按照懂技术、善经营、会销售的新型职业农民要求，依托新农民讲习所，制定培训计划，充分利用365集团、农村党员干部远程教育和送教下乡等资源，针对现代农业发展、农村新业态、互联网思维、产业化经营等内容开展专题培训。三是完善服务保障。围绕农民群众的需求，开展科技下乡、业务培训、政策咨询、经济合作等服务，以精致服务推动工程不断深入发展。

（四）农民群众参与

借助农村三个阵地，通过党委领导、支部主导和电商运作，引导农民群众参与网上购物、优特农产品线上销售、农产品标准化生产、农村金融理财、网上授课等。一是组织引领让农民群众参与。借助新农民讲习所和宣传文化广场，宣传电商知识，推介电商应用，畅通农民群众学习电商相关知识的渠道，通过党组织的宣传引导，使农民群众认识电商、使用电商、参与电商。二是需求引导促农民群众参与。开展农民需求与电商优势资源的有效对接，通过搭建农民群众与电商之间的沟通绿色通道，实现双方需求信息互通，及时有效地解决农民群众的合理诉求，引导农民群众接受电商提供的各项服务。三是深度服务使农民群众主动参与。充分利用电商的各项服务功能，引导农民群众全面参与，实现由简单享受便利化服务，向接受立体化培训提升自身效益的转变，以深度服务促农民群众收入增加，带动农民群众主动投身旗帜电商工程。

三、“旗帜电商”试点工程现实意义与推广价值

截至目前，河北365集团在全省1/3的农村，承建或合建了14 000家“好乡亲365”实体网店；基于农村电商全覆盖，在鹿泉区实施“旗帜电商365”试点工程，推进“互联网+党建”“互联网+旅游”“互联网+扶贫”“互联网+农业”等“互联网+”行动计划，创新农村党建新模式，探索全面小康新路径，具有重要的现实意义和推广价值。

（一）站在支部角度看电商：农村电商是基层支部发挥作用的重要“抓手”

一是发挥“好乡亲365”农村电商综合服务平台功能作用。可以有针对性地解决农民足不出村“能买也能卖”的问题；解决工业品下乡、农产品进城“双向”物流和农村食品安全问题；解决农业产业化、标准化、市场化所需要的渠道、资金、品牌和技术等问题。二是提供农村就业创业平台。能够吸引和集聚懂电商、会管理、有理想的外出务工的年轻人、复退军人和大学生返乡创业，解决农村空心化、老龄化、边缘化问题。同时，为农村党组织建设储备后备力量，输入新鲜血液，解决党的基层建设后继无人的问题。三是构建产业电商平台，孵化农村产业。可以解决农村实体经济和小微企业融资难、融资贵、融资慢等问题。四是建立科技文化下乡渠道。帮助农村解决农业产业化缺标准、缺技术、缺品牌等问题，探索科技扶贫、产业致富的新路径。

（二）站在电商角度看支部：基层党支部为农村电商全覆盖落地生根“注魂”

农村电商既是技术，也是工具，能否用好、用活、用出成效，关键在“组织”。基层党组织是用好、用活农村电商服务平台的“灵魂”。一是有人组织。基层党支部是农村经济发展的领导者、组织者和责任人。农村电商全覆盖插上“+党组织”的旗帜，能凝聚一批懂电商、会使用、能管理的年轻人回乡创业，壮大农村电商发展力量；能吸引一批有资源、有平台、有技术的电商企业参与农村电商综合服务平台的构建，强化平台功能和服务能力；能培养一批“爱农业、懂技术、善经营”的新型职业农民，推进农村电商全覆盖落地生根、开花结果。

二是最接地气。基层党组织和村干部，最了解农村经济发展现状、最懂农民致富心声、最能体会农村生产生活“痛点”。能够发挥党委政府和电商企业难以发挥的作用。构建“支部+电商+农户”的组织运营模式，最接地气，是精准扶贫、精准脱贫的有效路径。三是有公信力。当前，参与我省农村电商市场的企业参差不齐，发展农村电商的动机也不尽相同。农民在不懂、不用、不信的前提下，缺乏参与的积极性和主动性。“好乡亲365”本着“不仅要做生意，更要做事业”的为民服务思想，推进“旗帜电商365”工程，以支部主导、企业运作、群众参与的方式，发展农村电子商务，无疑增强了企业运作的底气和公信力，为农村电商全覆盖工程落地生根“注魂”。

调研组一行考察鹿泉区“旗帜电商365”工程

（三）站在党委角度看“旗帜电商”：创新农村党建新模式，探索全面小康新路径

在“两学一做”学习教育中，鹿泉区委坚持问题导向，针对农村党支部凝聚力弱、农民致富增收难等突出问题，探索实施农村“旗帜电商365”工程，闯

出了一条加快全面小康建设步伐、壮大农村集体经济、促进农民致富增收的新路径。老百姓用一首诗称赞“旗帜电商365，联结千家和万户；党建富民搭桥梁，全面小康拓新路。”站在各级党委的角度看“旗帜电商”：一是推进“两学一做”常态化、制度化的载体；二是探索农村农业供给侧改革创新的新路径；三是建立城乡统筹（城市+乡村）的通道，为农村党员、大学生、好青年和返乡农民提供就业创业平台。

2017年第一个工作日（1月3日），河北省委常委、石家庄市委书记邢国辉考察调研了鹿泉区“好乡亲365”农村电商全覆盖工作和“旗帜电商365”试点示范工程。对鹿泉区农村电商“双覆盖”工程给予了积极评价。为此，在总结鹿泉区农村“旗帜电商365”试点工程的经验、做法和推进模式的基础上，河北365集团计划用三年时间向全省推广，协同地方党委政府，全面推进“旗帜电商365”工程落地生根、开花结果。

四、全面推进农村“旗帜电商”工程落地的建议

当前，农村基层党建面临着一些实际问题：一是支部缺凝聚力。我国正处于经济转轨、社会转型期，但受各方面因素的制约，基层党组织在这种转变中远远滞后于社会发展的要求，工作方法老一套，缺乏活力，成效不显著，很难吸引党员群众参与到党的组织建设中来。二是党员缺先进性。受经济观念转变的影响，相当一部分党员专注于自己发家致富，先锋模范作用发挥的不够，党的理想和信念淡薄。有能力有素质的农村党员大多外出务工经商，留在农村的党员大多年龄老化、知识退化、能力弱化，无力发挥带头作用。三是在组织活动开展上，存在“三无”困境，即无人组织、无处开展、无钱办事。目前，在村级组织活动中，要不缺少标准的、现代化的能够适应当前形势需要的活动场所；要不有场所却不能有效地利用，思想文化阵地建设步伐缓慢。

同时，在推进“旗帜电商”全覆盖过程中，同样会面临基层党支部认识不到位、企业组织运营力量不足、群众参与积极性不高等问题。“旗帜电商”工程落地，应在调动“三个积极性”上下功夫：一是基层支部的积极性；二是电商企业的积极性；三是群众参与的积极性。为此建议如下。

农村电商全覆盖“旗帜电商365”工程介绍

（一）统一认识，加强领导

县（市、区）、乡镇和农村党组织把推进“旗帜电商”工程，作为推进农村“两学一做”常态化、制度化的有效载体；作为全面建成小康社会的骨干力量；作为精准扶贫、精准脱贫的组织保障和有效方式；作为农业农村供给侧改革的有效机制，县、乡、村党组织上心上手、精心运作、全面推动。鹿泉区委主要领导先后五次亲自调研“旗帜电商”全覆盖工程实施进度、推进效果和存在的问题，并召开专题研讨会，分析问题、研究对策、制定措施，调动“三个积极性”，推进“旗帜电商”全覆盖。

（二）明确目标、科学规划

鹿泉区在实施“旗帜电商365”试点工程过程中，协同承办企业制定了《关于推进农村“旗帜电商365”工程实施方案》，对试点工程的发展目标、建设内容、时间进度、责任主体和验收标准进行了明确的规范。同时，区委区政府联合印发了《关于在全区推进农村“旗帜电商365”工程的实施意见》，区委组织部专门引发了《关于农村“旗帜电商365”工程试点工作推进方案》和《关于做好“旗帜电商365”工程对接工作的通知》等文件材料，对“旗帜电商”全覆盖工程进行顶层设计、科学规划、分类指导，其他县、市、区应参考借鉴。

（三）制定政策、精准扶持

国家部委和省、市对发展农村电子商务，推进农村电商全覆盖先后出台了很多支持政策。在用好、用足、用活农村电商全覆盖政策的同时，应出台相应的政策，精准扶持农村“旗帜电商”工程建设。发挥农村党支部和电商企业及农民群众的积极性，增强“站所广场”使用效率，提高科技扶贫、产业扶贫、精准扶贫的实效性。

（四）建立有效运行机制

按照“党委重视、支部主导、企业运作、群众参与、注重实效”基本思路推进“旗帜电商”全覆盖工程。建立目标管理、考核评比、责任追究制度。设立“旗帜电商”先锋队、模范“三强党支部”“星火燎原”讲习所、星级产业电商服务中心和思想文化阵地共建示范单位等奖项，推进“旗帜电商”全覆盖工程落地生根、开花结果。

（五）组织协调、成立工作领导小组

各地各级党委政府协调相关职能管理部门，以组织部门牵头，成立“旗帜电商”工程领导小组，协同企业党委和承办企业共同推进“旗帜电商”全覆盖，为“旗帜电商”扎下根、出成果、惠民生提供组织保障。

（注：该调研报告引起省委负责同志重视，农村“旗帜电商”推广了党建对电商的促进作用，“旗帜电商”对农村升级发挥了积极作用。）

在农业供给侧改革、精准扶贫和美丽乡村建设中发挥农村电商生力军作用

——来自河北农村电商“好乡亲365”的追踪调研报告

河北省委省政府决策咨询委员会农业农村组

河北省农林科学院　河北省社会科学院　联合调研组

（2017年2月21日）

从2017年中央一号文件中可以看出：农村电商在农业供给侧改革的大背景下，作用更为突出。

“好乡亲365”农村电商适应“大智移云”聚集融汇新动能、引领供给侧改革新业态、促进城乡统筹新发展的大趋势，抓住京津冀协同发展、全面小康、精准脱贫、美丽乡村建设等复合机遇，依据国家和省“电商发展三年规划”要求，发挥自身优势，率先探索，2015年年底，在石家庄市鹿泉区率先实现了农村电商全覆盖、2016年迅速在河北省8市49个县（市、区）累计合作发展14 000家“好乡亲365”实体网店基础上，进一步提出2017年的新目标。

2017年我省农村电商如何在农村供给侧改革、精准脱贫、美丽乡村建设中发挥更大作用？如何强基固本？重点抓什么？怎么抓？带着这些问题，联合调研组再次深入“好乡亲365”，追踪调研其4点有效探索、梳理发展中的3个突出难题，提出5条针对性对策建议，供省市领导决策参考。

调研组考察鹿泉区“好乡亲365”农村电商全覆盖工程

一、河北“好乡亲365”的四项率先探索

（一）着力创建“五合一”综合网络服务平台，不断聚集协同发展的新动能

以发展“一体（双创载体）三产（农业、工业、服务业）新业态”为重点，按照“互联网+实体店+大物流+新金融”模式，改造升级分布在河北省“万村千乡”的农家店，快速推进农村电商全覆盖行动计划，着力打造店铺网络、智慧物流、产业电商、普惠金融和创新创业等“五位一体”的综合网络服务平台。在优势资源整合，产业化、信息化、绿色生态化等深度融合，相关政策、工作组合等方面的作用日愈显现，突出表现在3个方面：一是合作经营服务的网络体系迅速拓展，包括石家庄、唐山两个综合电商产业研发孵化基地、15个县级农村电商公共物流中心、33个县域物流分拨中心、电商全覆盖合作伙伴达30多个，主要包括职能部门（商务、农业、扶贫办、美丽办、基层党建等）、电商巨头（BAT）、快递公司（四通一顺）、电讯集团（移动、电信、联通）、金融机构（银行、保险、基金）和县域商贸物流企业等；二是2016年年底，实体网店由1 200多家猛增到14 000多家，“好乡亲365”农村电商综合服务平台覆盖了石家庄、唐山、保定、邯郸、邢台、廊坊、秦皇岛、沧州等8个市。预计2017年将达到3万多家实体网店，注册用户300多万户，活性“粉丝”150多万户，全年实现

交易流量将超过300亿元。三是在“五大发展理念”“五位一体总体战略”“四个全面发展战略”指引下的系统开发、错位竞合、优势互补、各展所长、融合共享的发展新格局正在形成。

“好乡亲365”农村电商实体网店店面形象及布局图

（二）着力活跃双向高速“直通车”，不断激发城乡统筹发展的生机活力

适应供给侧结构改革新要求，创新发展新业态（包括“36524生活通”智慧社区服务平台与“好乡亲365”美丽乡村服务平台建设）、产业链（含供应链）金融、农旅特色小镇开发与建设、智慧农业等四大主营业务板块，

内含快销品、农资销售，电子商务、金融理财、电讯、新媒体、就业创业等“八统一、五确保”服务即：统一品牌不断赢得信赖；统一采购不断降低成本；统一管理提升品质控制；统一培训提高工作效率；统一信息强化经营分析；统一营销强化市场竞争；统一方针强化资源共享；统一策略促进组织创新；确保货真、价优、新鲜、安全、及时。已经和正在加速分散经营的店铺（企业）变网店（企业），经营额、盈利成倍增长；大量闲置资源变财源；广大顾客变创客“三个转变”。

（三）着力深化合作经营的领域和机制，不断带动乡村经济社会新发展

例如：会同平山县西柏坡合力打造的“红地根”特色产业品牌；石家庄、保定、邯郸等市县电商带动迅速崛起的特色农旅小镇……特别是目前正在石家庄市鹿泉区按照“党委领导，支部主导，群众主体，企业运作，注重实效”工作思

路，先行试点逐步推进的以“支部+电商+农户”的农村“旗帜电商365”工程，建好电商服务驿站（“好乡亲365”实体网店），提升基层党组织服务功能；建好新农民技能培训讲习所，强化农村党组织引领功能；建好学网用网新政策、新科技、新文化宣传广场，增强农村党组织宣教功能。推进党旗引领下的生产生活服务下乡、科技文化下乡、普惠金融下乡等活动。找准了“大智移云（互联网+）”新业态引领发展新形势下强化农村党建与全面小康建设的最佳结合点，有效提升了农村党组织的政治引领、服务提升和宣传引导功能，取得了党支部尽责、企业尽力，农民受益的好效果，是政企合作模式的有益探索和示范。2017年第一个工作日（1月3日），河北省委常委、石家庄市委书记邢国辉，到鹿泉区实地考察调研“好乡亲365”农村电商全覆盖工作和“旗帜电商365”试点示范工程，给予了积极评价。

（四）创建高层次智囊团队，不断探索总结深化拓展的新经验

一是选择石家庄鹿泉区、邢台威县等建立智慧农业、物流、金融“三合一”产业示范园区，引进德国农产品检验检测标准，推进农业专业化、标准化、智能化、市场化进程，与365产业电商平台和跨境电商平台对接，线上线下密切结合，把优质农产品推向世界。

二是巩固发展与加拿大农业协会——加中农业合作发展分会战略合作，构建中加农业实验室、智慧农业示范基地、双向物流基地、实体店铺网络分销平台、农业产业金融创新平台（含发起农业发展基金、村镇银行，入股金融担保机构、融资租赁公司）等合作项目，加快河北省农业现代化进程。

三是吸收国家、省高层次社科专家创建“河北省智慧农业研究院”（科研智库），设立相关实验室、实验站和农业转化平台，一方面解决农业科学性、示范性、标准化、产业化等问题；同时及时总结呈报《关于深受农民欢迎的好乡亲365综合服务平台调研报告》《关于河北“好乡亲365”助推美丽乡村建设和精准扶贫的调查报告》《从石家庄市鹿泉区“好乡亲365”实践，看农村电商全覆盖的对策建议》，都得到省主要领导重要批示，逐步在全省普及推广。

二、农村电商发展中的三个突出难题

农村电商不断得到最高层重视，各类资源不断涌入，这将在农村电商领域

创造出前所未有的大机遇。随着农村市场的成熟和健全，农村电商将释放出一批新的红利。同时也存在不少突出问题，集中表现为“三难”。

（一）协同推进难

各级各方面对电商作用的认识起点低，协同推进的积极性、主动性需进一步提高，发展环境需进一步优化，政企合作、资源整合、政策组合、协同推进的力度亟需强化。主要表现：（1）推进目标散：政府与承办企业推进电子商务进农村全覆盖的目的不够一致。政府的目的是通过电商引导资金将现代信息技术根植于农村，实现农业增效、农民增收、农村增绿；而承办企业有的看重补贴资金，有的看重农村市场机遇，有的在于战略业务拓展等；（2）利益机制散：由于全省农村电商全覆盖以县域行政区划为单元规划设计，承办企业分别“出身”“万村千乡”承办企业、供销社隶属单位、邮政系统公司、县域、城市或外地商贸企业等五花八门；（3）基建力量散：县域不同承办企业各自为战无序竞争导致仓储、物流、配送等基础设施重复建设，难以形成系统配套的综合服务网络平台，直接影响效能发挥。

鹿泉区委书记杨国芳同志（左一）指导“旗帜电商365”工程

（二）整合资源难

农村电商全覆盖涉及的领域非常广泛（既有“工业品下乡”中的采购、仓储、物流、配送、售后等，也有“农产品进城”中的研发、包装、设计、渠道、营销、交易、运营等），必须整体打造“全能运动员”才能实现全覆盖后续任务。主体承办企业的资源投入、整合和可持续能力是电商全覆盖成败的关键。由于系统平台建设滞后，各承办企业势单力薄，网络平台及网点经营层次低、稳定性和带动能力差等问题亟待解决。突出表现为“三慢”：即创客团队发育慢；大智移云产业发展慢；电商平台网络应用知识普及慢，不会用、不敢用、不能用严重制约发展的积极性。

（三）拓展市场难

（1）纵观电子商务发展趋势，随着大数据、“互联网+发展战略”的深入推进，倒逼商业逻辑发生了根本性的变化。而推动农村电商全覆盖的顶层设计方案，仍建立在原有商业逻辑下电商化、互联网化及基础设施配套化，难以适应系统创新融合共享发展的趋势和要求。（2）协同落实的重点不够突出，难点估计不足，关键举措少，直接影响全覆盖的质量效果。（3）全覆盖推进缺少统一标准，政策扶持、协调指导、定制服务及市场监管等亟待强化，各承办单位在利益驱使下各自为政，难以优势互补协同推进，发展环境“散、乱、差”，“国内电商巨头嫌贫爱富、挑肥拣瘦，县域小微企业能力不足、拔苗助长”。

根本原因在于对新时期以人民为中心、整体谋划、系统推进、融合共享的核心实质把握不够；对电商平台作用的整体性、系统性、创新引领性认识不够；对集约化、人文化、智能化的发展大趋势综合研究不够，改革、创新、发展结合不够紧密，这就决定了“三难”是绕不开的“三座大山”，“天花板”很快会出现。

省委原副书记赵勇（中）考察“好乡亲365”农村电商服务中心

三、几点建议

2017年中央一号文件第十四条明确提出：推进农村电商发展，促进新型农业经营主体、加工流通企业与电商企业全面对接融合，推动线上线下互动发展。加快建立健全适应农产品电商发展的标准体系。支持农产品电商平台和乡村电商服务站点建设。推动商贸、供销、邮政、电商互联互通，加强从村到乡镇的物流体系建设，实施快递下乡工程。深入实施电子商务进农村综合示范。鼓励地方规范发展电商产业园，聚集品牌推广、物流集散、人才培养、技术支持、质量安全等功能服务。推进“互联网+”现代农业行动。2017年，是省农村电商发展的关键年，也是我国下一代电子商务崭露头角的元年，当务之急是在全覆盖的基础上，适时“强基固本”，集力攻克“三难”。为此提出以下五点建议。

（一）重视农村电商战略地位，不断强化聚集创新的合力

各级党委、政府应把认识尽快统一到总书记相关要求、中央和省委省政府有关决策部署上来，把农村电商全覆盖作为融入京津冀协同发展的重要“抓手”；作为推进农村供给侧改革创新的重要“路径”；作为发展共享经济、引领农民致富奔小康的重要“举措”，各级各有关方面都要按照“党委领导、政府主导、企业主体、市场运作、群众参与”基本思路，协同推进电子商务在农村落地生根。

（二）党委领导、政府主导，不断强化协同发展的合力

加强各级党委对农村电商的领导，把发展农村电商提高到党委“一把手”工程的重要地位，推进政府与电商企业合作，提升农村电商全覆盖运行质量。一是强化地方党委对农村电商全覆盖工作领导，构建“支部+电商+农户”新模式，在党旗引领下，推进生活服务、科技文化、普惠金融“三下乡”常态化，提高农村电商服务平台运行质量；二是加强各级政府部门、行业协会与各类电子商务企业、研究院所等社会团体的合作，协同深化、细化、实化电子商务顶层设计、技术攻关、模式创新；三是加强政府引导、充分发挥行业协会的作用，加快培育新业态、产业电子商务信用体系、产品质量追溯体系及统计监测体系建设。

“好乡亲365”农村电商获中国连锁协会零售创新奖

（三）深化电商精准扶贫，推动电商企业与贫困县深度合作

加大综合示范工作对贫困地区的支持力度，在扩大支持范围时向国家级贫困县倾斜。开展“电商专家下乡活动”，组织相关领域专家赴贫困地区进行现场指导。针对农村电商发展环境弱但潜在产品丰富的特点，推动大型电商企业与贫困县的深度合作，探索建立市场化对口帮扶机制。

（四）培育本土电商龙头企业，不断强化市场开拓的合力

着力扶持和培育京津冀协同发展的领军型电商龙头企业。河北省推动电子商务进农村工作走在了全国的前列，鉴于电商平台“无时空、无边界、无障碍”跨界融合的特性，建议我省在电商全覆盖的基础上，进一步聚集资源，培育诸如“好乡亲365”集团那样的业态创新、模式创新、服务创新的跨省域（乃至国际化）电商大平台，带动京津冀区域电商生态形成，更大范围、更广领域开拓市场、聚集优化发展要素，促进大众创业、万众创新，成为推进农村供给侧改革创新的领军型企业。

（五）加强农村电商扶持力度，不断强化协调推进的合力

一是加大对农村电商发展政策的扶持，在2016年投入2.88亿元实现农村电商全覆盖的基础上，对2017年加快建立健全适应农产品电商发展的标准体系，支持农产品电商平台和乡村电商服务站点建设和加强从村到乡镇的物流体系建设加大

扶持资金投入；二是建议组建高规格的电商统一协调机构，加强追踪调研综合分析，针对新情况新问题适时修订主要目标，完善关键举措，总结推广新经验；三是尽快建立定制服务、个性扶持、长效激励的配套扶持政策，尽快建立定期督导考核制度，督促各市县、各责任部门尽心尽力抓好落实。

（注：省委省政府负责同志对该调研报告作出肯定性批示；“好乡亲365”在京津冀城乡流通中发挥了主力军作用。）

借鉴浙江经验 积极稳妥推进我省特色小镇建设的调研报告

河北省委省政府决策咨询委员会农业农村组

河北省农林科学院 河北省社会科学院 联合调研组

（2017年1月10日）

受省委省政府决策咨询委员会委托，农业农村组会同省直有关部门专家学者、有关市县领导及企业家组成联合调研组，以“深化、细化、实化关键问题”为指导，采取省内外系统调研与典型案例剖析、试点追踪探索相结合方法，在深入学习习近平总书记、李克强总理、张高丽副总理等中央领导关于特色小镇的批示，总结相关典型经验基础上，对浙江的特点与启示、河北的现状与问题等，进行了比较系统深入的调研分析，提出了相应的政策建议，综合报告如下。

一、浙江特色小镇的特点与启示

考察组实地考察了嘉兴市“乌镇雅园颐养小镇”，德清县“莫干山观云小镇”，临安市“桃李春风”项目，嵊州市“越剧小镇”、嵊州市人民医院及嵊州市蓝城集团现代农业基地，安吉县天荒坪镇余村，余杭区“梦想小镇”，杭州市颐高集团“众创楼友会”。并与知名企业家杭州蓝城集团董事长宋卫平先生、颐高集团董事长翁南道先生和浙江省农业科学院院长陈剑平院士进行了座谈咨询。对浙江特色小镇的特色和经验形成如下认识。

河北省调研组在浙江考察特色小镇

（一）浙江特色小镇的五个特点

本次考察的浙江特色小镇主要包括新兴产业小镇、经典产业小镇、历史文化小镇和生态旅游小镇4种类型。突出特点表现为五个方面。

一是“小而特”，一个小镇只发展一种产业，结合大视野、新业态，聚焦于战略性新型产业和历史经典产业，“人无我有”的特色产品是特色小镇的核心。

二是“小而精”，指形态如“小镇”般精致，一般在3平方千米左右，核心区域1平方千米，是一种生产生活生态相融合的新型社区。

三是“小而美”，以人为本，生产生活生态融合发展，主要体现出人与自然的和谐，人与人的和谐及人与自我的和谐。

四是“小而活”，指小镇具有灵活的体制机制。改革突出“试验”，政策突出“个性”，服务突出“定制”，没有完全的行政功能，却有灵活的体制机制。

五是“小而富”，指小镇目标是生产富足、生活富有，集中富裕人群，提升生活品质。

河北省考察组与浙江有关方面交流情况

（二）浙江特色小镇建设先进经验的六点启示

一是浙江省特色小镇经验符合新的发展理念和发展趋势。浙江在经济转型和培养新动能方面，紧紧抓住“互联网+”这个千载难逢的好机遇，“互联网+”和“创新创业”成为了浙江崛起的两大标签。G20峰会和互联网大会的召开，让浙江有了烫金的名片。特色小镇的建设作为破解空间资源瓶颈及有效供给不足的重要抓手和实现经济一致增效升级的重要平台，得到了习近平总书记及中央、各省市的高度认可。超前的思维和开放的意识让浙江走在了中国改革开放的最前端。

河北省调研组在浙江现场考察

二是浙江正在打造“五生一体”的农业综合体。在中国城镇化进程中，“三农”问题可概括为六大方面：一是政府要粮、二是农民要钱、三是市民“要命”（生态与农产品质量）、四是环境要绿、五是竞争要强、六是农村要美。解决问题的“组合拳”就是打造以科技生产、和谐生态、舒适生活、可持续生计和蓬勃生机“五生一体”为核心的特色小镇，对于实现农业产业化、农民职业化、农村社区化意义重大。不是在经营现在，而是在经营未来，引领未来。

三是浙江经验顺应了中国的逆城镇化进程。较之传统做法，逆城镇化需要实现路径翻转和方式翻转。入住的城市新住民和当地的原住民融合发展，用城市的新居民改造原住民，在保留传承的基础上，让原住民融入现代和城市的要素，并提供相应的产品和服务。因此，“特色小镇”是发展的、智慧的、传承的、生长的、微笑的、安心的。

四是浙江经验坚持把企业作为内生动力，突破机制束缚。特色小镇的成功，关键在于坚持“政府搭台、企业唱戏”，正确树立了市场经济理念，处理好政府与市场的关系，既尊重市场规律又发挥政府作用。由政府做好编制规划、提供要素保障和政策保障，聚集产业要素，做优服务体系，充分发挥市场机制作用，吸引社会各方力量参与规划建设和运营，放弃“审批制”，采用“创建制”“宽进严定”的原则，动态管理，形成“能进能出”的竞争机制。转变政策扶持方式，从“事先给予”改为“事后结算”。由基层申报，省里认定，既接天线，又通地气；有出有进，奖惩结合，既不会一哄而上，又充分调动了积极性。

河北省考察组在浙江特色小镇

五是浙江特色小镇着力培养“精品意识”。在考察蓝城集团后调研组认为，蓝城集团董事长宋卫平先生是在用“人品”做“作品”，将“作品”做成“精品”，用“精品”汇集人才，用人才催生了新的产业。这种精品意识的核心是一种精神、一种信念或者说一种情怀，是把一件工作、一项事情、一门手艺当作一种信仰，一丝不苟把它做到极致，做到别人无可替代。而这种精品意识，也正是一个企业生存的基础，一个行业发展的动力，一个城市崛起的象征，一个国家腾飞的标志。

石家庄市鹿泉区土门关特色小镇

六是浙江特色小镇为青年人才的创新创业提供条件。浙江无论政府还是企业，为青年人的成长创造平台和条件的力度非常大。以创业平台的典型——“梦想小镇”为例，专门针对大学生实习和创业的“四无四有”青年提供资源，通过对创业者发放“创新券”、给予办公用房补助、财政贡献奖励、规模发展奖励和提供金融人才住房补助等优惠政策，促使各创新创业团队普遍呈现出年轻化态势，青年一代已经走到了舞台中央。

二、河北特色小镇的现状及问题

（一）河北特色小镇的发展现状

一是潜力大。首先具有区位优势。京津冀协同发展建设国际都市群，成为投资热土，截至2016年10月底引入京津项目3 000多项，资金2 000多亿元；其次具有科技人才和金融优势。拥有中关村、好乡亲等智能团队，京津的大企业实力团队，河北农业大学等科技团队，还乡企业家等“奉献团队”，大学生创客团队等，创新创业热情高；最后具有发展优势。京津冀拥有2亿多消费群体，但城镇化率和第三产业比率低，特色小镇发展空间大。

二是部署快。中央领导批示后，赵克志书记、张庆伟省长等省领导率市县委主要领导第一时间到浙江学习考察；第一时间出台专门意见，就重要意义、总体要求、创建程序、政策措施、组织领导等方面作出具体部署；第一时间抓馆陶等试点，现场会部署推动。

邯郸粮画小镇

三是探索早。早在2010年就在平山探索温塘小镇、12个统筹城乡试点市县、衡水等设立综合改革试点，探索“两区、三区同步建设”；抓美丽乡村建设重点片、中心村；馆陶等特色小镇引领美丽乡村建设等，积累了一些实践经验。

四是势头好。各市都抓了一批特色小镇典型，初步探索出各具特色的建设模式。例如：衡水市“三区同建”模式、廊坊市的生态文化旅游模式、大数据、“互联网+”模式、邯郸馆陶的粮画及黄瓜小镇建设模式、石家庄佛光山大区小镇模式等。

河北鹿泉特色小镇一景

（二）河北特色小镇发展存在的问题

一是聚焦不够。从浙江典型经验和中财办、发展改革委等推荐重点导向分析：特色小镇建设的实质目的和意义在于“启发三力”。对照河北省在建小镇，多集中在“双养”“生态文化旅游”“红木家具”等新兴产业、传统经典产业，缺少如浙江“梦想”“云栖”“基金”那样的战略小镇，开发建设的层次低；投资密度、科技含量低，成长性差；引领农业供给侧结构改革、动能转换、“三力”

齐发的功能作用不足；开发建设的高度、宽度、力度、深度、精度等差距明显。

二是主体发育发挥不够。突出表现在大数据、“互联网+”战略开发运用滞后，创客团队智能平台建设、作用发挥层次低（电商进村停留在流通买卖）；人才激励机制，教育培训，团队意识、广泛合作意识等差距明显。

三是长效引领的合力不够。主要表现在“三多三少”：思路部署多，协调落实少；目标口号多，追踪问效少；门口牌子多，调研、指导少，多数创客团队对政策落实“中梗阻”反映强烈。

河北特色小镇街景

三、加速河北省特色小镇建设的六点建议

（一）贯彻习近平总书记重要批示，进一步提高认识，形成共识

要深入贯彻落实习近平总书记和李克强总理关于特色小镇发展的重要批示，清楚认识特色小镇建设在经济转型升级和供给侧结构性改革中的重要作用。尤其要按照总书记批示要求，在特色发展中将浙江先进经验与河北实际相结合，突出特色，充分发挥市场主体作用，切忌一哄而上、东施效颦、千镇一面。

（二）将特色小镇作为城镇化和美丽乡村建设的抓手

特色小镇是联接城乡的重要节点和“产、城、人、文”的符号平台，是供给侧结构性改革中有效供给和有效需求对接的重要载体，是城乡要素双向流动相互交融的必然产物，更是发挥基层实践和建立倒逼机制的有效方式。加快特色小镇建设，能够推动产业、产城、城乡之间的融合发展，有利于落实新型城镇化和城乡统筹示范区的功能定位，破解城乡二元结构，加速农民就地城镇化，助力美丽乡村建设，形成独具魅力的城乡统筹发展新样板。

土门关驿道小镇

（三）发展以“互联网+”为主题的创新创业平台

在特色小镇建设中要融入“互联网+创新”元素，一是要大力发展新技术、新产品、新业态、新模式。推进众创、众包、众扶、众筹等业务在小镇聚集，在技术研发、生产制造、市场营销、融资等环节中广泛应用，积极鼓励运用互联网技术在产品检测与服务、教育、医疗、养老等领域创新运营模式。二是要提升企业自主创新能力。鼓励大型互联网企业和基础电信企业利用技术优势和产业整合能力，向小微企业和创业团队开放平台入口、数据信息、计算能力等资源，积极培育和孵化创新型企业。三是要完善科技创新成果转化体系。探索建立省科学大数据应用服务中心，加快建设一批公共科技创新和工业设计供需对接服务平台，打通生产、生活一体化的空间障碍。

河北巨鹿县特色小镇

（四）围绕“五生一体”打造特色小镇

结合浙江经验与河北省实际，在特色小镇打造过程中，要始终秉持“精品”意识，扎实推进，不可急功近利，一哄而上。按照“五生一体”经营的概念，培养新型农业综合体，打造京津冀地区的特色小镇样板。一是明确优势产业，坚持“一镇一业”，培养“单打冠军”，深挖燕赵文化内涵，全产业链配套，做到极致、一流；二是大力改善生态环境，建设特色民居，嵌入旅游产业；三是要改革探索灵活高效的管理体制。通过建立投融资机制，健全投融资平台，建立专业化建设机制和市场化运作机制，吸引工商资本参与，提高建设整体水平。

河北京西百渡特色小镇

（五）将特色小镇作为试点特区，重构生产关系

中国农业改革前30年的核心是发展生产力，而后30年的核心是要重构生产关系，特别是重构制度建设。特色小镇建设不单单是一个区域建设的问题，更是制度突破问题。特色小镇的构建模式应是法人治理模式，这也是解决很多农村问题的路径，在重构生产关系和制度创新上是一种很好的探索，是符合需求导向和供给侧结构性改革要求的。建议将特色小镇作为试点特区，给予灵活的政策支持，重构农业生产关系，重组目前“一个老人、一个妇女、两个孩子”的基本农业单元，推进现代智慧农业，实现河北省“三农”的跨越式发展。

河北太行水镇

（六）大力鼓励青年人创新创业

青年是创业创新的生力军，是“大众创业、万众创新”战略实施的关键。河北省要借助国家和省两次科技创新大会的东风，推动一系列利好政策落地，使创新要素在小镇聚集。一是要加强创业教育，促进青年创业观念的转变。既要改革人才培养模式，加强创业教育；又要强化社会创业培训工作。二是要加大科技、资金支持，提升青年创业创新能力。首先要加大资金扶持力度，为更多的青年创业创造条件，提供便利。三是要加强科技信息宣传和技术培训，让更多的青年掌握实用技能和创新思维。四是要对青年创业优先提供扶持，对青年创新创业带头人，特别是对科技含量高、市场前景好、发展后劲足、产业带动强的青年创业项目给予重点扶持。

（注：该调研报告得到河北省政府负责同志肯定性批示；省政府吸收该报告建议，做出发展特色小镇工作规划。）

关于衡水市“三区同建”“五位一体”统筹发展模式的调研报告

河北省委省政府决策咨询委员会农业农村组
河北省农林科学院　河北省社会科学院
河北省新农村建设促进会　联合调研组

（2016年9月26日）

衡水市抓住全省综合配套改革试验市的机遇，从村多、村小、空心化的实际出发，坚持以产业为支撑，大力推进农村新型社区与产业园区、生态园区“三区同建”。目前，已建和在建农村新型社区161个，建成建筑面积5万平米以上的联建社区46个，产业园区320多个、生态园区140个。创出了“三区同建”“四化同步”、美丽乡村建设、脱贫攻坚、现代农业、乡村旅游、生态建设“五位一体”统筹发展的新模式，引起省委省政府和社会各界关注。赵勇副书记责成省政协原副主席赵文鹤、省农村工作领导小组原副组长董经纬，率有关专家到衡水市深入调研总结，报告如下。

一、“三区同建”的缘由

（一）村多、村小、空心化的市情特点，为“三区同建”提供了客观需求

衡水市村平均人口仅687人，村庄数量约占全省的10%，人口数量仅占全省的6.3%。导致四大难题，一是村级组织运转成本高，农民负担重；二是基础建设成本高、效果差；三是农村宅基地浪费严重；四是很难选出有能力的带头人，村

级班子弱。解决这些问题，“三区同建”大势所趋顺民意。

河北省调研组赵文鹤主席（右二）、董经纬部长（右一）在衡水调研

（二）农民收入明显提高，提出更高生活质量新期盼

2015年衡水市农民人均可支配收入9 030元，比2010年翻了一番。全市各项存款余额超2 000亿元，增速全省居首。目前，城乡居民人均储蓄余额、百户拥有家庭汽车均列全省第5位。农民希望过上城里人的生活，同时享受乡村自然生态，留住民风“乡愁”。“三区同建”有群众基础。

（三）破解土地、资金等瓶颈，促使积极探索“三区同建”

衡水市村庄占地146万亩，村均292亩，户均1.5亩，“空心村”“一户多宅”普遍存在。通过“三区同建”，可以提高土地集约利用，有效缓解用地难等突出问题。

二、“三区同建”的模式、意义、特征和目标

衡水市“三区同建”模式：是坚持新型社区、产业园区和生态园区统一规划、同步建设、有机融合。建设乡村新型社区，是在尊重农民意愿的前提下，将具备条件的小散空心村统一拆迁改造，配套完善基础设施和公共服务，实现多村共建共享并与城镇联通，让进入社区的农民享受到与城镇居民等值的生活品质。

建设产业园区，通过流转原村址复垦的耕地和农户承包地建设现代农业园区，通过增减挂钩形成的土地指标发展工业园区，以产业发展促进农民生产方式转变，使其成为真正意义上的职业农民和产业工人。建设生态园区，将生态治理理念融入美丽乡村建设全过程，做好地下水超采综合治理、地面水系打造、环村庄造林绿化和湖泊湿地保护等项重点工作，依托特有生态资源集中连片发展休闲农业与乡村旅游，让农民居住于亮丽风景中，让游客流连于风情画卷里。

“三区同建”的核心意义，是促进“四个转变”：即农民生产方式转变促进生活方式转变，生活方式转变促进居住条件转变，居住条件转变促进生态环境转变。

“三区同建”的形态特征，是“三产融合、四化同步”：即在区域范围内，通过优化整合农村资源，实现生产、生活、生态良性互动、一二三产业融合发展、与新型城镇化有机结合的乡村单元。

调研组同志在现场了解情况

“三区同建”的根本目标在于建立“城乡一体化”体制机制：即通过适度集中、整体提升、形态转变，使建设区域真正成为城镇基础设施和公共服务向农村延伸的载体，实现农民就近就地城镇化，确保精准脱贫、全面小康、美丽乡村建设如期实现。

三、“三区同建”需要把握的原则

（一）坚持从实际出发

主要体现在三方面：（1）全市“十三五”期间规划建设的183个农村新型社区（中心村），大都处在县城周边、乡镇驻地、园区附近基础条件较好的“三个周边”；（2）量力而行，要求每县（市区）每年至少启动建设3～5个“三区同建”示范点；（3）每个示范点3～5年建成，确保推得开，留得住，可持续。

（二）坚持突出产业支撑核心

特别注重产村融合，协调推进。农民流转土地，每亩可获得相当于400～600千克小麦价格的土地租金，入园务农日均收入40～80元，务工日均收入100～200元。全市已有137家工商企业参与“三区同建”，建设各类产业园区320个，撬动社会资金50多亿元。冀州市三村联建嘉兴社区盐化工循环经济园，20多家规模企业安排本区2 000多人，“上班入工厂园区、下班进社区楼房”成为新常态。

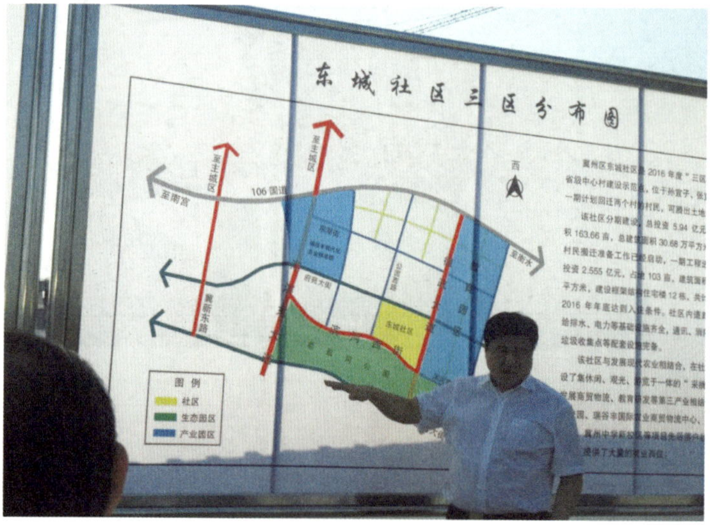

东城社区“三区同建”情况介绍

（三）坚持农民主体

以群众满意不满意为标准，账怎么算、房怎么建都让农民说了算。全市各示范点普遍成立村民自拆自建委员会，由党员代表、群众代表和威信较高、办事公道的明白人和志愿者组成。负责宣传教育群众，算好“村庄改造成本账、节约土地增收账、宜居宜业舒适账”；组织发动群众，采取“走出去学、集中起来议、入户走访谈”三种形式；房屋设计推荐，提供多种模式让群众自主选择；质量监管，组成由政府部门、乡村干部、群众代表三方参加的监督小组，全过程让农民做主人。

省调研组在衡水考察古文化一条街

四、“三区同建”的主要做法

（一）政府主导

衡水市把“三区同建”作为推进新型城镇化、实施综合配套改革的重大战略来抓。高规格组建“三区同建”领导小组，市委、市政府主要领导挂帅，抓顶层设计、综合协调，缜密部署，强力推进。市委、市政府印发《关于加快推进“三区同建”工作的意见》《衡水市农村新型社区（中心村）建设示范点项目申报监管及验收办法》《关于统筹整合资金支持“三区同建”工作的意见》等文件，明晰路线图、时间表。各县市区委书记、县市区长每人每年至少抓好一个“三区同建”示范点。将其作为农业农村15项重点工作之一，列入年度考核，每年组织观摩拉练，现场实名打分，结果排队公示。

（二）规划引领

坚持“不规划不设计、不施工”。修订完善了县域镇村体系规划，实现了产业发展、城乡建设、基础设施、土地利用等“多规融合”。按《衡水市三区同建“十三五”规划》，全市布局183个“三区同建”示范社区（包含812个行政村），实行增减挂钩，联村并建，成熟一处启动一处；产业园区，宜农则农、宜工则工、宜商则商、宜游则游，方便群众就业。坚持高标准、全覆盖、有内涵、促融合的建设理念，聘请高资质设计单位。规划注重地域特色，展现民族文化和“乡愁”符号。枣强县八里庄社区5村共建，绿色廊道相连，传承“邻里和睦相处、世代友好”的人文乡愁。将现代农业园、玻璃钢加工园、光伏农业综合园，统一整合为现代产业园区（一区多园）。统一流转全村3 060亩土地，发展苗圃和油用玫瑰；引导5个村的19家玻璃钢加工摊点入园集中经营；综合推进光伏农业循环利用。生态观光休闲区，突出红色《印象平原枪声》主基调。

（三）创新驱动

以改革的思路破解资金、土地、拆迁等难题。一是用好城乡建设用地增减挂钩政策。旧村拆迁腾出的建设用地置换到城市规划区，复耕一亩净地由县市区给予15万～25万元的补贴。二是充分发挥财政投融资平台的作用，重点用于支持“三区同建”。完成村庄拆迁，每亩奖补不低于2万元；搬迁入住农村新社区，连续5年补贴每平方米每年2元的物业管理费。市财政整合了3.37亿元农村基础设施及公共服务建设资金，集中建设农村新型社区。每年拿出2 000万元专项财政资金，以奖代补“三区同建”旧村拆迁。三是注重运用市场化手段。引进社会资本和社会力量进社区，建设超市、卫生所、幼儿园、燃气、供暖等社会服务，实现村企双赢。四是在破解用地难题上，探索出先拆后建，原拆原建，不占耕地、不受土地指标限制等有效办法。五是在协调管理上，与农户、承建商分别签订《房屋拆迁协议》和《新村建设协议》，双向缴纳保证金确保如期落实。

五、“三区同建”的初步成效

（一）有利于推动农民向社区集中，促进新型城镇化

“三区同建”以来，全市已有近6万农户入住新社区。全市“十三五”规划

建设的183个农村新型社区（中心村），全部建成后可使16万多农户50多万人入住，提高全市城镇化率近10个百分点。

（二）有利于推动耕地向规模经营集中，促进农业现代化

2015年年底，衡水市土地流转面积达到323.2万亩，占家庭承包总面积的41.2%，3 000亩以上的规模经营主体达到78个，农业产业化龙头企业370多家，农民专业合作社12 527家，注册家庭农场4 978家，总量均居全省首位。农民人均可支配收入中，来自各类产业园区的收入达到45%以上。

（三）有利于破解土地瓶颈制约，促进新型工业化

衡水市工业、城镇建设等每年新增建设用地需求量超过3万亩，而省下达新增建设用地指标仅1万亩左右，缺口2万亩；同时146万亩沉睡中的村庄占地造成极大浪费。经测算，近两年衡水市19个新社区示范点，原村庄占地17 818亩，新社区规划占地4 112亩，可节约土地13 706亩，平均每个村庄可腾出建设用地200多亩。

（四）有利于推动生产要素双向流动，促进城乡一体化

据统计，两年来衡水城市工商企业到乡村办加工企业238个，投入资本8.7亿元。全市乡镇内转移农村劳动力60万人，占农村劳动力总数的30%。美丽乡村、新社区建设还带动了水泥、钢材、建材、家电、家具、装修、运输等相关产业发展。近两年来全市直接用于社区农房建设投资100多亿元。

（五）有利于改善农民生产生活条件，促进精准脱贫和美丽乡村建设

通过“三区同建”，多方整合人、财、物等资源，加快基础设施、公共服务、医疗、低保等社会保障职能向农村社区延伸，基本实现城乡均等化，为面上美丽乡村建设上水平提供了示范。特别是“三区同建”，开辟了精准脱贫新思路，如阜城县贫困村——许铺，整村搬进了带电梯的楼房，复耕的524亩西瓜种植园区，为全村人均增收6 000元，变成了名副其实的富美小康村。

六、几点建议

衡水市“三区同建”模式是落实创新、协调、绿色、开放、共享发展理

念，在发展思路、发展方式和协调指导上的系统创新突破；符合习近平总书记对河北“四个加快”“六个扎实”讲话要求，符合省委省政府贯彻习近平总书记讲话精神的总体部署，符合“四化同步”发展的大趋势；反映了新时期生产力和生产关系融合发展的新要求，“三农”协同创新的新期盼，收到参建企业、广大农民和县乡村干部“三满意”的初步效果，社会各界反响较好。衡水市“三区同建”模式可复制可推广，在沿海、沿路、沿城（镇）产业基础较好地区和移民搬迁地区、生态文化旅游开发地区等有普遍推广意义。

主要问题：一是破解土地和资金制约的办法需大力拓展。长期处于谋划状态的示范点要加快启动。二是群众主体作用需进一步充分调动；三是推进的举措应进一步实化细化；深层原因在“三个顾虑”：即怕变、怕乱、怕政策不兑现。为此建议如下。

一是学习推广衡水“三区同建”模式要抓住“四个转变”核心即：农民生产方式转变促进生活方式转变，生活方式转变促进居住条件转变，居住条件转变促进生态环境转变，拉动农业供给侧结构性改革、新旧动能转换，加速“五位一体”统筹发展。建议省委省政府农办牵头筹备，适时在衡水召开全省高规格现场会。

二是学习推广衡水“三区同建”模式，要坚持政府主导、企业主体、农民主力、社会参与，充分发挥区位优势、经济优势、改革优势、历史文化优势、自然生态等优势，聚集合力创新特色，切不可照抄照搬“千篇一律”。

三是学习推广衡水“三区同建”模式，要用系统改革的方法破解体制机制障碍和建设用地增减挂钩政策落实难、涉农资金整合难等“瓶颈”制约。建议委托专家学者从理论、政策、保障机制等方面系统深入研究。

四是“三区同建”事关改革、发展、政策的重大集成创新，具有全局性、战略性、长期性，其中许多问题尚待不断探索。建议作为美丽乡村建设的重要抓手，与中心村建设、美丽乡村重点片、特色小镇等有机结合，列入重大工作部署和主要目标考核，县乡“一把手”年年抓典范，相关部门坚持不懈，不断合力抓出新成效。

执笔：张波　高林森　朱哲江

（注：该调研报告经省委负责同志批示后，通过全省现场会得以推广。）

关于平山县佛光山生态文化旅游产业园区“五位一体”创新“大区小镇”精准脱贫模式的调研报告

河北省委省政府决策咨询委员会农业农村组

河北省社会科学院　河北省新农村建设促进会

（2016年4月6日）

平山县佛光山生态文化旅游产业园区，深入贯彻“创新、协调、绿色、开放、共享”发展理念，抓住“十三五”规划建设太行山生态涵养区、省级美丽乡村精品片区、发展京津冀大旅游等历史机遇，坚持把脱贫攻坚与美丽乡村建设、山区综合开发、现代农业发展、乡村旅游发展“五位一体”统筹推进，创造了“生态、风景、文化、服务、旅游‘五优’产业大园区+环境、产业、精神、生态‘四美’智慧小村镇”精准脱贫模式（简称“大区小镇”模式），一举活了资源、绿了河山、兴了企业，使凋敝空心山村变“四美”智慧小镇、传统农民变股实文化业主、单一观光旅游变集文化创意、休闲养生、农耕体验等为一体的高效富民产业。

一、“五效”厚植优势

佛光山生态文化旅游产业园区，位于石家庄市平山县北冶乡，距西柏坡20千米，是国家4A级风景区、省级农业旅游示范点、森林公园、林业龙头企业和文化产业示范基地。2006年以来，佛光山生态文化旅游公司累计投资2.7亿元，以佛光山主景区为依托，遵循“太行山老区发展要突出乡愁文化特色，坚持以净为底、以美为形、以文为魂、以人为本的建设原则”和“着力建设一批特色小镇”目标，生态、文化、旅游、园区、社区多元综合开发，辐射带动周边87平方千米11个村镇、常住人口和常居型游客3万人，集中连片打造美丽乡村建设精品区、精准脱贫、全面建成小康示范区。日益展现五大发展效应。

东源水乡规划效果图

一是资源整合效应。充分利用革命圣地西柏坡“新中国从这里走来、三大战役总指挥所”，太行山峻、水秀、林茂，邻近省会等区域特色；红色、古典（中山国）、佛光山等文化特色及地方经济特色，“三特”融合开发新优势。

二是名人聚集效应。中国佛教协会主席赵朴初亲自题写山名，台湾著名佛教名人星云大师等高僧亲自点化、主持，于文华等文艺名人、八一电影制片厂等著名传媒积极参与宣传片摄制，更多的经济社会专家、社会名流关注和投资“大区小镇”开发建设。

三是文化传承效应。佛光山园区已开发建设的特色小镇之一“文化小镇”——柏树庄，1947年朱德总司令为中央驻地选址，曾在该村观看过村剧演出并就餐。县志记载有名的秀才村，不足千人小镇恢复高考后有160多大中专生，9名教授。“文化小镇”，建有村史陈列馆，运用“文字+图片+现代声光电”展示动漫《三字经》，打造国学一条街。

佛光山生态文化旅游集团创建河北中盛和悦文化传媒有限公司，借助佛光山园区特色小镇之一“影视小镇”——唐家会古色古香的村容村貌，建设影视拍摄基地。已创作完成大型廉政剧目新编晋剧《直隶巡抚于成龙》，省内外巡演50余场；拍摄佛光山形象宣传片《心灵朝圣地　胜景佛光山》、音乐MV《感悟佛

光山　觉悟佛光缘》和《杏花春雨醉春天》，打造《美丽河北——温暖中国的力量　百位人物系列微电影》之《爷爷和我》《星星之火》等10多部文化精品，引起社会强烈反响。

平山佛光山景区

四是精准脱贫效应。佛光山园区特色小镇之一“香果小镇”——赵家沟，重点发展苹果、山楂、樱桃、杏梅、石榴、葡萄等“观光采摘+果汁、果脯、果酒等深加工+创意体验设计”的瓜果王国产业园。已完成果树种植1 000亩，建成纪念品研发制作小院，实现年增收50多万元，由上访乱村变安静美丽小镇。

五是示范带动效应。平山县是贫困县，北冶乡贫困人口3 264人，人均收入不足2 900元。依托佛光山景区，园区规划建设11个特色小镇，目前已开发建设3个，产生多方面效应和显著成效。佛光山生态文化旅游产业园区整个项目完成后，每年可为平山县增加300万人次以上的客流量，将成为省会周边首家2～3日游的风景区，直接、间接为当地带来1万人以上的就业机会，年人均收入1万元。

二、“五融”创新动能

抓住供给侧结构性改革“五位一体”融合创新的大趋势、新常态，从五个方面着力启发新动能。

一是生态、生产、生活，“三生”融合创新思路。加强乡村生态环境和文化遗存保护，发展具有历史记忆、地域特点、民族风情、一村一品、一景一韵的智慧小镇和“宜游、宜乐、宜养”的森林景区。支持有条件的小镇通过盘活农村闲置房屋、集体建设用地、“四荒地”、可用林场和水面等资源，按规划开发休闲农庄、乡村酒楼、特色民宿、自驾露营、体育竞技、户外运动等绿色健康旅游产品。

二是园区、社区、景区，“三区”融合创新模式。项目采用全新“大区小镇”精准脱贫模式，以“保护一方山水，传承一方文化，带动一方发展，致富一方百姓”为目标，将“回归自然，回归心灵本源”的文化理念扎根乡村热土，活用创新、协调、绿色、开发、共享发展理念，系列开发集优越的生态环境、优美的景观环境、优雅的文化环境、优质的服务环境、优秀的旅游环境为一体的新型旅游景区、特色智慧小镇。真正做到使农民不离乡、不失地、不失业、不失居，就地安居乐业奔小康。

三是政府主导、企业主体、村民主力，“三主”融合创新动力。地方政府、驻村工作组、旅游公司密切合作，按照“五位一体”精准脱贫的思路，组织相关专家对佛光山景区周边11个村庄进行深入细致的考察研究，充分挖掘每个村庄的区位特点、历史文化、经济特色，结合现有资源，逐一高起点精准规划建设特色智慧村镇。

协调指导每个小镇利用闲置房屋建设综合服务站，提供导览、咨询、登记等服务；开发建设具有太行山文脉的旅游纪念品研发、生产、销售一条街。

积极扶持农民生态文化休闲旅游业合作社，引导和支持社会资本、广大农民深度参与生态文化旅游开发。推动一二三产深度融合，乡村居民、外来游客与自然生态之间的良好互动，带动乡村产业结构、村镇结构、就业结构整体优化、美化、升级、提质、增效、上品位。

四是产业链、经营链、利益链，“三链”融合创新机制。通过地（流转）、人（农民变业主）、资金（借力财政、用好自有资金、借助投资平台）全资源要素整合拓展产业链，多功能开发衔接经营链，经济、社会、生态“三效”融合提升效益链，健全完善“集团公司+特色产业园区+智慧小镇+专业合作社+文化业主+电商服务平台”高效运营模式。同时引入专业技术人才、管理人员对当地干部和村民进行培训持证上岗，参与研发制作、服务管理、生产销售、稳定就业，既完成了美丽乡村建设，又增加了活力十足的文化旅游内涵。

五是新动能、新功能、新效能，“三能”融合创新业态。利用独特的自然环境优势，建设有机绿色的农业和果品基地，形成高品质的农产品生产供应基地。深入挖掘特色早茶、特色预订、宴会接待、乡村别墅、露营基地、乡村茶馆、花园足浴、草坪瑜伽、农民趣味运动会、幸福公寓、老字号商业街、双语国际幼儿园、武术培训基地、艺术家创作基地、珍稀观赏鱼繁殖推广等100多盈利点。

佛光山景区秋景

三、启示与建议

（一）平山佛光山生态文化旅游产业园区建设，协同运用“五大发展新理念”，“五位一体”统筹推进，融汇创新“大区小镇”精准脱贫模式，“五个效应”实实在在，坚定了乡村干部群众精准脱贫全面建成小康社会的决心和信心。联系去年以来我们先后对平山县古中山国生态旅游综合开发园、大吾生态观光谷、温塘明珠万亩生态果林观光园等考察调研，决战决胜的积极性突出反映在三方面：一是越来越多的农业企业巨资投入生态文化旅游产业势头强劲；二是职业农民安居乐业、稳定就业、殷实基业期盼热切；三是县乡干部、社会各界也有很高的积极性。可见这一模式有基础、有潜力、易复制、可推广，建议列为省级“五位一体”精准产业脱贫示范项目、旅游扶贫综合改革实验区和省级生态文化旅游重点项目加强扶持指导，及时总结推广。

佛光山景点之别有洞天

（二）佛光山生态文化旅游产业园区的实践证明，贯彻“五大发展新理念”、打好“五位一体”精准脱贫决胜战，必须具体落实到诸如佛光山生态文化旅游产业园区“大区小镇”等有效模式创新上，必须按照习近平总书记最近反复强调的全党全社会抓住关键问题“精准聚焦、精准发力”才能大见成效。为此建议各级各有关部门齐心合力，按照政府主导、企业主体、群众参与、市场促销和精准脱贫、山区开发、文化旅游、政策支持系列部署，把“太行山老区发展要突出乡愁文化特色，坚持以净为底、以美为形、以文为魂、以人为本的建设原则，在规划设计、文化内涵、民居建设、景观打造上体现美丽乡村特色，着力建设一批特色小镇”的要求落到实处，培育旅游扶贫的先进典型，抓出经验，显出效果，形成示范效应。

东源水乡效果图

（三）综合调研中87平方千米太行山独特的地貌，已完成云中天路13千米和红叶天路20千米的基础路面建设，建议三期连线打造“太行天路”；调研中方方面面反映平山旅游势头强劲，但交通拥堵制约着区域深度开发，急需建旅游专线；旅游景区需要加强规划整合宣传创名牌提质增效；美丽乡村建设急需创新高端强势产业支撑等问题，建议市县成立专门协调小组，在规划衔接、举措配套、基础设施建设、政策合力等方面进一步整合、协调、指导、促进。

东源水乡景点之北冶岛

（注：该调研报告得到省委领导肯定性批示，平山县佛光山“大区小镇”模式，成为太行山高速公路建设“一路三带”示范区之一。）

关于赤城县创新精准扶贫方式股份合作释放产业扶贫红利的调查报告

河北省委省政府决策咨询委员会农业农村组
河北省社会科学院　河北省农林科学院　联合调研组

（2015年10月8日）

张家口市赤城县紧紧围绕省委、省政府工作思路和要求，“解放思想，抢抓机遇，奋发作为，协同发展”，举全县之力打好精准扶贫攻坚战，多方探索股份合作模式，完善“政府+龙头企业+合作社+农户+金融机构”“五位一体”扶贫机制，激发农村活力，为环首都扶贫攻坚示范区9县乃至全省欠发达地区，趟出了一条精准扶贫开发新路子。凸显三份政策红利。

红利一：农业更强了。以龙头企业为引领，农业产业结构得到迅速调整，一方面，实现了块状向带状转变。两大优质产业带，带动全县蔬菜种植16.5万亩；林果种植19.14万亩、中药材面积达5万亩。另一方面，实现了基地向园区拓展。依托龙头企业，集中配置资源，把30多个产业基地整合为“六大产业园区”（高效节水现代农业、设施农业、优质果品、中药材种植、生态养殖和食用菌示范园区），全县70%务工人员向园区集中，产业集聚效应不断扩大。

红利二：农民更富了。全县9.75万核定建档的贫困人口，2014年2万人精准脱贫，人均纯收入由2 465元增加到4 830元，增长96%；2015年，预计有2.5万人精准脱贫，人均纯收入可达到5 600元，增长16%。更可喜的是贫困农民的身份，正在由单纯的劳务悄然变为产业工人，自我“造血”能力明显增强。

红利三：农村更美了。随着股份合作的深入推进，农民富裕程度逐年迅速提高，三年来，累计吸引3万多外出人员回乡参与美丽乡村建设，集聚了人气、增加了底气、带来了活力，实现了扶贫开发与美丽乡村建设的有机结合。按照中心村、保留村、撤并村、历史文化名村和贫困村分类指导的原则，目前，全县440个行政村中，65%的村形成了支撑产业，141个村完成了美丽乡村建设任务，硬化农村道路275千米，改造危房5 212户，秸秆能源化利用示范户达到5 100户，双瓮式厕所得到推广使用，幸福院达到275所，三年新增绿化面积25.6万亩，农村卫生环境和生态环境持续改善。

一、创新四种股份合作模式

（一）资产入股

村集体（农户）以房屋、水电设施等资产作为股本，与企业共建经营主体，实现资本联合。村集体（农户）作为股东，享受利润分红。一是“公司+村委会+农户”模式。实例1：坤淼养殖有限公司与雕鹗镇黎家堡村联合建设股份制生猪养殖基地，村集体以土地、水电设施折价30%入股，年底分红30多万元，分红部分的30%用于村内公益事业和基础设施建设，70%由村民代表评定，进行二次分配。户年均增收657元。二是“公司+合作社+农户”模式。实例2：弘基绿色循环产业园区与上虎村合作社合作，将政府支持园区水、电、路等基础设施建设资金120万元，作为合作社股金，合作社占股20%，公司占股80%。蔬菜基地年均纯入80万元，农民以合作社为主体进行股份分红，年分红16万元。全村230户贫困户每户年均增收560元以上。

（二）资金入股

村集体（农户）以政府扶贫资金或自筹资金为股本，实行户企联建。企业（合作社）提供产前、产中、产后服务，农户负责生产，获得入股分红、土地租金和务工收入。一是“公司+村委会+政府扶贫资金”模式。实例3：湖南佳和农牧有限公司在云州乡投资建设生猪种苗繁育基地，政府引导农民，把100万元扶贫资金作为大西沟和槐家村两村的入股资金，投入企业，助推企业联合农户建设生态小农庄，既搞产业经营，又负责培训农民，企业每年为村集体带来不低于10万元的入股收益，村集体将20%资金用于村内公益事业，80%分配给249个贫困户。二是“合作社+村委会+农户”模式。实例4：龙门所申沟村村委会牵头成立种植专业合作社，开发建设“申沟农业产业示范园区”，合作社发起人出资

181万元，占股72%，合作社整合产业发展专项扶贫资金45万元，村委会募集资金26万元，折合28%股份参与经营，农户通过流转土地、入园打工、按股分红实现“三金”收入。合作社和村委会年获利51万元，村民年分红14万元，人均分红326元。三是“合作社+农户”模式。实例5：镇宁堡中所村自发成立蔬菜种植专业合作社，吸纳80户农户自愿参股，每户入股1个蔬菜大棚，每棚入股1万元（其中含支持每户5 000元的扶贫专项资金），共计入股80万元，农户占股40%。合作社与农户签订入股分红协议，同时，农户可到棚内务工，参股农户年增收1.4万元，带动全村人均年增收1 028元。

（三）土地入股

村集体（农户）以土地作为股本，与企业（合作社、科研院校）共同组建经营主体。村集体（农户）作为股东，享受利润分红，务工农户还可获得薪金收入。一是“专业合作社+农户”模式。实例6：雕鹗镇下虎村农户自发组织中药材种植合作社3家，吸纳520户农民以土地入股，形成3 000亩种植规模，入社农户在基地务工，实现“股金+薪金”双重收入，年人均收入1.15万元。同时，带动42户自发种植中药材110亩。二是“科研院校+基地+合作社+农户”模式。实例7：河北省林业科学院在雕鹗镇屯军堡村建设果品立体种植科研基地，并成立专业合作社。村内220户农户集中流转土地入股，发展林果和中药材种植。合作社负责统一采购籽种、技术指导、经营管理、产品销售，入社农户根据所占股份和劳务获得双重收益。盛果期户均收入可达2万元。

（四）劳务入股

企业与合作社（农户）、合作社与农户签订劳务合作协议，商定分红比例，建立合作关系。企业（合作社）主导经营，合作社（农户）参与企业生产，享受股份分红。一是“公司+劳务合作社”模式。实例8：样田乡双山寨村农民将土地流转给公司，每亩收入700元租金，失地农民加入村级劳务合作社，公司负责技术培训，根据订单到公司长期打工，年人均务工收入1.5万元。同时，按照订单协议，公司核定亩产草莓苗2万株，超出部分与合作社五五分成。1名社员管理2个棚，每棚能提取1 000元绩效奖励。二是“公司+劳务合作社+农户”模式。实例9：雕鹗镇黎家堡村组织65户农户组建劳务合作社，与昱彬蔬菜种植有限公司合作，发展设施蔬菜大棚。公司负责籽种、技术、管理和销售，合作社负责经营，入社农户年均收入3.5万元。社员每棚可获得1 000 ~ 2 000元绩效奖励。

二、配套实施四大扶贫工程，强化“五位一体”扶贫机制

（一）配套实施四大扶贫工程

紧抓京津冀协同发展、京张联合举办冬奥会、可再生能源示范区建设三大历史机遇，树立“扶贫开发既是一项经济工作，又是一项政治任务，更是一项民生工程”理念，以建设美丽乡村为抓手，深入实施基础建设、产业培育、生态攻坚、基层组织建设“四大扶贫工程”，确保2017年全面完成扶贫攻坚任务。

一是基础建设工程。坚持以路破颈，加大京北一级路、沽怀高速等“富民路”争跑建设力度，全力打通提速县域经济发展的“最后一公里”，夯实精准扶贫保障基础。同时，结合美丽乡村建设，整合农村农田水利建设、道路硬化、危房改造、移民搬迁、安全饮水等项目资金，加大农业农村基础设施建设力度，加快农村环境综合整治步伐，让农村的发展基础更强、环境更美。

二是产业培育工程。以股份合作为基础，深入推进产业扶贫。重点发展“一带一区一路一沟”，打造一条百里10万亩蔬菜产业带；一处现代农业综合开发示范园区；一条环北京、迎奥运“农家乐+御泉疗养+滑天然雪”等农家休闲旅游精品黄金线路；一条山区综合农业开发经济沟；丰富扶贫产业内涵，拓宽农民增收渠道；同时，以光伏扶贫试点县为契机，着力培育“互联网+扶贫”产业，通过线上线下互动联通，盘活各类扶贫资源。

三是生态攻坚工程。立足“水源涵养功能区”定位，按照“到2020年张家口市森林覆盖率达到50%”目标，把植树造林任务作为刚性目标分解细化到乡镇村和各单位，确保三年内全县森林覆盖率增加6个百分点。同时，积极构建与北京上下游生态补偿机制，探索推进林业碳汇交易，实现“绿色崛起”。

四是基层组织建设工程。结合“三严三实”专题教育，按照省委“八破八立”要求，统筹抓好乡镇书记、村党支部书记、农村致富带头人三支队伍建设，精准选派232个驻村工作队，帮助贫困村发展致富产业，一定三年，确保到2017年全面如期精准脱贫。

（二）强化“五位一体”扶贫机制

一是以政府为主导，强化组织引领。（1）政策向贫困村倾斜。按照中央和省委精准扶贫要求，连续3年出台《环首都扶贫攻坚农业重点产业扶持意见》，率先在全省制定了《扶贫开发长效机制》，印发了《关于进一步推进全县精准扶贫工作的意见》。在产业扶贫上，给予优惠贷款和财政贴息，对土地流转予以大力支持，引导龙头企业、种养大户和致富能手，定向投入农业产业发展。（2）资金向贫困村集中。发挥财政资金导向作用，最大限度地撬动银行资金和社会各类资金，围绕扶贫产业发展，整合投入京津风沙源治理、小型农田水利示范县、以工代赈等涉农资金15.7亿元。（3）人员向贫困村集聚。成立了以县委书记任组长的扶贫工作领导小组，并建立了县乡村三级扶贫开发工作包联机制，各乡镇作为精准扶贫的主体，实行党政同责；34名县处级领导每人包联一个乡镇，县直科局包联贫困村，局长任扶贫工作队队长，一包三年，不脱贫不撤兵，县委、县政府进行严格的责任考核。包联机制实现了结对帮扶全覆盖，构筑起“纵向到底、横向到边”的网格化包联体系。

二是以企业为带动，强化产业引领。坚持提高企业准入门槛，享受优惠政策入驻的企业，无论是公司雇用本地农民务工，还是农民入股参与企业分红，必须与农民形成稳固的利益联结体。“双向合作”模式不仅盘活了农村土地资源，解决了企业与农户发展脱钩问题，更让广大农民实现了“租地挣租金、打工挣薪金、分红挣股金”的“三金”收入。目前，全县103家农业企业，已吸引1万多农民入股，带动3万多人就业，年人均纯收入达到1.5万元。

三是以合作社为纽带，强化平台引领。政府鼓励农户组建256个专业合作社，集聚10万多农户，推进土地集中“大流转”，参与企业生产经营并分红，解决农民无资金、无技术、无场地的“三难”问题。合作社之间“抱团取暖”，规避了市场风险，加速农业规模化发展，成为农村现代产业“孵化器”，辐射带动农民人均年增收1 000元以上。

（三）以农民为主体，强化人才引领

围绕主导产业、特色经济，与企业联手，整合全县所有培训资源，因需、因企、因人、因技而训，深入开展“雨露计划”“阳光工程”和“科技下乡”，大力培养科学型、技术型新农民，实现“培训1人、就业1人、致富1家”。三年累计培训农民5万多人次，实现劳务输出2万多人。

（四）以金融机构为平台，强化服务引领

成立霞城、霞丰两家信贷公司，以1∶5比例为企业和农户向县内银行担保贷款。企业和农户以大棚、猪舍等固定资产反担保，形成风险共担利益联结体。三年来，县财政累计投入1.1亿元，拉动社会各类扶贫资金23.7亿元，撬动全县金融机构为农业企业、合作社及种养大户累计发放贷款12亿元。三年投入是1987—2011年24年扶贫投入总和的26倍。

三、建议实行四项保障措施

第一，京津冀三地基础设施不对等是协同发展的最大障碍。建议立足京津冀区域合作，推动跨省区的各种大型基础设施项目建设，特别是在交通方面，加强贫困县区与北京、天津的对接沟通，实现以路破颈，带动扶贫开发。

第二，应强化协调京津外溢的绿色、高科技产业优先向贫困县区转移，特别是涉农产业、光伏产业、物流产业的承接，要重点向贫困地区倾斜和输出。

第三，以京津冀协同发展为契机，争取京津县区对河北省贫困县区，特别是环首都县区进行对口扶贫，在政策、产业、资金、人才等方面给予支持。

第四，建议组织专家、学者，主动对生态补偿进行系统研究，在环京津的水源供应县建立生态补偿机制。重点把“水资源补偿”作为生态补偿的突破口，争取国家纵向补偿，北京、天津横向补偿。

（注：该调研报告得到省委主要领导肯定性批示，经验在全省推广。）

关于河北省农业供给侧结构性改革的调研报告

河北省委省政府决策咨询委员会课题组

（2016年12月）

一、河北省发展现状

2016年中央和省委一号文件下发以后，河北省农业厅、河北省委省政府农村工作办公室专门制定了《关于推进农业供给侧结构性改革的意见》，全省各地按照文件要求，加快推进农业供给侧结构性改革，着力提高农业供给体系质量和效率，取得初步成效。

一是农业生产和经营结构正在优化。全省调减玉米种植面积322万亩，落实粮改饲面积150.4万亩，改种中药材、杂粮等特色作物171.7万亩，推行“一季休耕、一季雨养”，引导农业生产由资源消耗型向生态涵养型转变。新型经营主体在供给侧结构性改革中的活力进一步激发。全省注册登记家庭农场近2万家，农民合作社超过10万个，股份合作制经济组织发展到7 700个，建成县级农村产权流转交易中心80个，土地流转面积达2 426万亩，流转率达28.8%，比上年年底提高1.1个百分点。

二是农业产业价值链有了提升。全省主要蔬菜产区瞄准京津冀市场需求，建设高端蔬菜示范园302万亩，形成了一批区域性标志和品牌。各地创新一二三产业的融合之路，变单一观光为游憩，看、采、尝、住、带一体，提升农民增收空间。辛集欢乐谷在吸引游人赏梨花美景后，还可让游人尝到香喷喷的梨花馅饺子、睡传统农家炕、采摘野菜。赵县把梨花加工成花粉在国内市场售价

3 000～3 500元/千克，出口到国外售价可达6 000元/千克。衡水景鸿苑生态园，流转土地1万多亩，把观赏、采摘、传统农耕文化融为一体，开发牡丹精油，用石磨加工黑小麦，带动周围7个村庄走上致富路等。

三是现代农业园区和龙头企业接连涌现。按照“生产要素集聚、科技装备先进、管理体制科学、经营机制完善、带动效应明显”的要求，全省创建省级现代农业园区39个、市县级现代农业园区1 174个，总面积500多万亩，吸引各类社会资本近千亿元；省级以上龙头企业发展到608家；入选农业部休闲农业精品线达28条，为农业融合发展注入了新动力。邢台威县用抓工业园区的思路抓农业园区，通过“六位一体”实现了现代农业园区的快速崛起；衡水饶阳县应用现代化信息技术为传统农业转型注入“智慧”血液，在现代农业发展中“抢先一步”。

二、主要问题

河北省农业供给侧结构性改革虽然取得了一定成效，但总的来看，“去库存、降成本、补短板”任务依然艰巨。

（一）生产结构性失衡仍然严重

据省农业厅统计，目前我省大农业中，种植业占比高，畜牧业占比偏低。全省农业总产值中，种植业占59.6%，畜牧业占31.2%；种植业中，粮食占比偏高，经济作物、饲料作物占比偏低。基本上还是粮经二元结构，粮经饲比为64：35：1；畜牧业中，猪鸡等食粮型畜禽占比偏高，牛羊等草食型养殖占比偏低。肉类产量中，猪肉占59.1%，禽肉占19.2%，牛羊肉只占18.1%，养殖结构偏沉；在农产品中，原料性、一般性农产品占比偏高，加工、优质、品牌农产品占比偏低。农产品加工业产值与农业总产值之比为1.57：1，低于全国2.16：1的平均水平。结构性产能过剩，使农产品价格总在“坐过山车”，农民增产不增收。尽管今年调减了部分种植面积，但总体状况尚未有较大改变（表1）。

表 1　京津冀2014年人均农产品占有量与2020年目标消费量对比

（单位：千克/人）

品种	人均占有量	人均消费量	与消费量的差值
粮食	349.32	135.00	214.32

（续表）

品种	人均占有量	人均消费量	与消费量的差值
油料	18.82	12.00	6.82
豆类	0.73	13.00	−12.27
肉类	69.15	29.00	40.15
禽蛋类	57.50	16.00	41.50
奶类	78.89	36.00	42.89
水产品	19.49	18.00	1.49
蔬菜	1 011.95	140.00	871.95
水果	170.48	60.00	110.48

（二）生产要素投入浪费仍然突出

目前，河北省农村用电、化肥、农药、农机总动力投入量居全国前三四位，亩均投入量超过很多发达国家，但化肥、农药的有效利用率不足1/3，机耕面积仅占2/3、机收占比不足1/2，农膜残留率超过40%。农田灌溉水利用率、水分生产效率低下。河北省农田灌溉水利用率渠灌区平均为0.4左右，井灌区平均为0.6左右，而发达国家可达到0.8～0.9；生产上水分生产效率为生产粮食1.2千克/立方米，仅为科研水平2.32千克/立方米的52%。过量的石化品投入，使农产品安全问题频出；过量的水资源耗费，形成危机性深层地下水漏斗；高负荷的土地产出，使耕地资源不堪重负。

（三）农业循环不畅

种养分离，大农业内部的资源统筹、产业衔接、产品转化还很不够。河北省是畜牧大省，但没有形成独立的饲料饲草业，玉米籽粒近70%转为饲料，而没有青贮玉米专用品种，造成粮食浪费，秸秆处理难。畜禽粪便年产生量1.12亿吨，多数没有返回农田。全省畜禽养殖COD（化学耗氧量）、总磷和氨氮排放量在全国分别占第三、第三和第六位。尽管各级政府高度重视废弃物的治理，加之一些社会资源介入，但养殖粪污治理和资源化利用率仍然不足50%，经过规范化设施处理的不到20%，探索建立多样化适于不同生态和种养结构区的循环模式刻不容缓。

（四）一二三产融合不够紧密

现代农业园区和特色小镇是融生产、生活、生态为一体，能有效带动城乡资源双向流动，实现城乡和谐相处的综合现代农业。目前，我省建设了一批现代农业园区、特色小镇，但同质化程度高，产业链条短，社会资本进入有政策障碍，金融资本进入门槛高，高技术项目少，优秀人才聚集不够，急于求成，采摘观光居多，休闲体验留住条件不具备，缺乏现代特色和理念，一二三产业没有融合，制约了农业功能拓展、整体效益提升和农民增收。

三、对策建议

针对上述问题，我们要深入贯彻落实2017年中央农村工作会议精神、中央一号文件要求，结合河北省实际，坚持新发展理念，把推进农业供给侧结构性改革作为农业农村工作的主线，培育农业农村发展新动能，提高农业综合效益和竞争力。

（一）继续深化农业产业结构改革

从供给侧结构性改革入手，着眼优化产业结构，提高农业全产业链收益，努力做强一产、做优二产、做活三产，转变农业发展方式，降成本、补短板，充分发挥市场作用，使种养结构与市场需求匹配。在燕山、太行山丘陵区继续调减玉米种植面积，加大大豆、马铃薯、杂粮等作物的种植面积，在黑龙港低平原区调减籽粒玉米，加大青贮玉米、优质牧草、杂粮播种面积，促进粮经饲三元种植结构协调发展；增加绿色、有机安全农产品的供给，减少一般农产品的供应；增加特色农产品供给量。通过结构调整，促进农业生产由以数量为主转向数量质量并重，更加注重效益，注重市场导向，更好满足消费者需求。

（二）打造“五生一体”现代农业综合体

在我国城镇化进程中，“三农”问题概括起来有六大方面：一是政府要粮。从国家安全角度来讲，50年来没有发生大饥荒，主要是依靠联产承包责任制政策效应，20世纪70、80年代的“矮秆品种”和“杂交优势利用”两次技术革命。但任何一项政策、技术所释放的能量都是有限的。今后解决粮食问题唯有靠大食品观、整产业链和全绿色化。二是农民要钱。农业收入较二、三产业相比处于明显劣势，尤其我们仅在种植业上做文章农民无法富裕，这与他们对更好生活品质的需求差距极大。三是市民要命。以前只要吃得饱，现在需要吃得好，还需要吃得营养，吃得健康。食品安全已成为国民最关心的问题之一。四是环境要绿。严重的雾霾污染、土壤污染、水污染在不断地加重，“碧水蓝天”几乎已成京津冀人们的共同奢望。五是竞争要强。国内农产品受成本“地板”和价格“天花板”的双重挤压，在国际范围内失去竞争力，品质和价格都处于劣势。农民一种就多，一多就卖不掉。农产品“多了多、少了少”的怪圈我们始终没有绕出去。六是农村要美。农村的美紧靠原住民的经济积累和行为改变不行，需要新的生产、生活方式革命，需要现代城市元素的进入。农村变美，农民素质提高是关键要素。

解决以上问题的“组合拳”就是构建现代农业综合体。农业综合体的核心是“五生一体”，即科技生产、和谐生态、舒适生活、可持续生计和蓬勃生机的一体化经营。在“生产”上用科技支撑满足特色农业产业发展，在“生态”上维护人与自然和谐共处的“绿水青山”，在“生活”上用完善的配套设施营造舒适生活环境，在“生计”上突出以实现自我价值为核心的可持续发展，在“生机”上打造老有所养、少有所为、和谐共荣的蓬勃景象。实现农业产业化、农民职业化、农村社区化。构建“政府主导、科技主撑、企业主体、农民主力、市场主行”的现代农业综合体建设模式。

根据农业综合体的内涵特征，目前，应主要推进建设四种类型。

“一村一体”：依靠新农村建设和美丽乡村计划同步建设农业综合体。

“一园一体”：通过农业园区的转型升级来建设农业综合体。

“一企一体”：以单个或多个企业或者合作社作为主体建设农业综合体。

“一业一体”：基于地区主导产业来建设现代农业综合体。

（三）全产业链精准发力

按照市场需求，突出区域特色，优化农业产业布局，宜农则农、宜牧则牧，种养结合，生产以满足消费者需求为核心，围绕绿色生产、有机生产，提质增效、节本增效，创造短缺，“生产卖出去的产品，而不是卖生产出来的产品”。全产业链精准发力，刺激从业者进行品牌重塑和提高产品附加值，打造供给侧特色精品。在产前，加强对农民专业知识和技术培训，搞好土壤、水源、气候检测，进行优良品种筛选及农资服务，建立或利用电子商务平台开展产品预售。在产中，统一标准，统一服务，实行专业化、集约化种养、标准化生产，全生产过程监控。在产后，对初级农产品进行精深化加工、品牌化连锁营销。加快农村电商建设，补齐线上销售短板。构建企业家主体责任制度、食品跟踪溯源制度，第三方检测制度，以安全、优质、健康、营养的食品抢占不同消费人群市场。对废弃物进行资源化、循环化利用等，将当地特色农产品优势，进一步扩大为经济优势和市场优势。

在全产业链条生产中，政府不干预，主要是政策引导，补贴扶持、做示范、搞培训。企业是生产经营主体，主要以农业产业链各部门之间建立的需求信息和生产标准为纽带，自上而下有机整合生产经营资源、科技资源、物流资源、金融资源、营销资源、政策资源，以闭合运营的方式实现对农业全产业链所有参与者的整体开发和全面服务，建立产品安全生产监管机制和利润共享的共赢机制，从而促进产业融合（表2）。

表 2　全产业链精准发力一览表

生产要素	供给侧调研	产前（生产资料准备）	产中（农业生产）	产后（加工流通）
农民	政策解读 市场调研 物流准备 销售对接	专业化技术培训	专业化种植	职业化
土地		土壤、水源、气候检测	适度集约化生产	休耕轮作
农资农机		专业技术指导，一体化服务	安全高效，现代化农机	回收，无害化处理
种子种苗		优良品种选育、引进	中试、推广、精细管理	精深加工、品牌化销售
信息化		电子商务平台预售	全生产过程监控	构建追溯系统

（四）农业生产组织方式改造

围绕农业供给侧结构性改革，坚持政府引导、农民主体、分类推进，发展合作农业、推进土地适度规模经营，大力培育种养大户、家庭农场、农民专业合作社、产业化龙头企业、农业社会化服务组织等新型法人农业经营主体。从自然人农业向现代法人农业的过渡（表3）。

表 3　农业生产组织方式改造前后对照

内容	改造前	改造后
经营主体	农户分散经营	发展家庭农场、农民专业合作社、种养大户、产业集群、龙头企业等多元化经营主体
劳动主体	传统农民	新型职业化农民
土地利用方式	粗放型	集约型、节本降耗、提质增效、生态环保型
生产经营保障	靠天吃饭	应用先进科学技术
生产经营	单纯种养“狭隘农业”	一二三产融合，生产、生活、生态、生机、生计一体

（五）统筹种养结构，大力发展循环农业

打破种养业界限，发展种养结合循环农业，将粮、饲、菜、牧、肥、沼等产业进行统筹规划，明确河北省不同生态区域农业生产资源的分布、存量和适宜发展方向，制定产业政策，理顺生产关系，为规划的落实奠定基础。

积极推广威县“种养契约型循环农业”成功实践模式，在规模种养区，养殖业、种植业和有机肥料生产企业三类经济独立实体采用契约结盟方式，偶联形成利益共同体，实现一定区域内农畜废弃物的资源化循环利用。在该模式中，肥料产业是核心，主要任务是将养殖业产生的废弃物转化为具有土壤生态改良和土壤健康保育功能的有机肥、生物肥料，循环用于周边种植区。种养业则以生产安全、优质、健康农产品为目标，通过产业化和品牌化经营，服务于社会，实现持续发展。如此三方融合，构建形成了区域性循环农业产业链。既解决了养殖场粪污处理难题，又为高端农产品的生产和土壤健康保育提供了优质肥源，是改变农业生产方式，实现种、养、肥三业持续健康发展的良好途径。

（六）以水定河北农业发展

河北省农业水量供需平衡的合理种植制度是两年三熟制，但长期以来为解

决粮食增产问题，改为一年两熟制，为了提高农民收入，又大量发展了耗水型的蔬菜和果树，蔬菜发展到近2 000万亩，耗水型果树发展到1 500多万亩。我们研究证明近十年来蔬菜、果树耗水占地下水超采增量的68%。河北省气候特点是春旱夏涝秋吊。年降水量500毫米左右，冬春季不足20%，夏季雨热同期，降雨又没有很好地利用起来。我们一直继承传统的“旱了灌，涝了排”的灌溉理念与做法，有悖于自然规律，受到大自然的惩罚，这是农业引起地下水超采的主要因素。

我们要以提高农产品竞争力为核心，压缩规模，粮棉油、瓜果菜、肉蛋奶都要压缩规模，控制产能，节水优先，提质增效。“藏粮于地、藏粮于技、藏粮于水”。我们只有尊重自然、顺应自然、利用自然，而不是一味地改造自然，才是科学解决问题的路径。应该探讨合理的种植制度，最大限度地蓄好天上水、处理好非常规水、用好南水北调水。需要我们把“区域—作物—技术—管理”作为一个整体系统看待，需要创新，更需要转化。成果转化需要具备科学可行性、技术可行性、经济可行性、机制可行性。所以，河北省的节水农业体系要纵向到底、横向到边、层次清晰、分工合理，尤其要解决“九龙治水”问题，在管理节水方面重点突破。

（七）拓展农业功能，发展现代休闲旅游农业

围绕改善农民生活质量、建设美丽乡村、精准扶贫，实现双重方向上的城乡统筹，既有农民的城镇化，又有现代城市元素，特别是知识、科技、信息、资本及生活方式的下乡，农民使实现人的现代化，尤其要将生态资本化，经营起来。大力发展现代休闲观光旅游农业，把城市人短缺的新鲜空气、宁静环境、乡愁记忆、农耕文化、特殊地貌、大地景观经营起来。以现代农业为产业基础，以城市游客为消费对象，以“生产、生活、生态”为经营方式，以休闲旅游为消费产品，以优质服务为保障手段。挖掘农业的生态价值、休闲价值和文化价值，大力发展现代休闲旅游农业。

按照京津冀一体化规划设计，尤其将贫困地区作为重点，与生态建设、美丽乡村建设、脱贫攻坚、现代农业园区建设紧密结合，进一步壮大休闲农业规模，挖掘农村文化资源和农业景观资源，突出区域特色和创意创新。在发展方式上推进由单一的农家乐为主向多元融合的园区转变，由初级观光休闲向创意体

验、“五生”共融农业综合体转变，由分散经营向规模化、组团式、线路化发展转变，促进休闲旅游农业转型升级，满足都市群体旅游消费需求。加快太行山高速公路建设和环首都地区环线高速公路建设，早日让太行山、燕山地区和环首都地区休闲旅游农业和丰富多样的自然、人文景观更多揭开面纱、引人尽览、造福广众。打造成京津冀旅游休闲和生态致富高地，具有国际化影响的“国家公园”，使绿水青山真正变成金山银山。

（八）构建京津冀农业科技创新共同体

京津聚集着全国最优秀的农业科技创新资源，但在城市的高楼大厦中是不可能解决中国人吃饭问题的。农业成果必须要经过大地的检验，并有着鲜明的区域特色，这恰恰是京津农业科研单位和大专院校的短板。疏解北京的非首都功能，农业科技一定要抢先运作。目前，河北省各类农业科研机构及国家、省重点农业科技创新、成果示范、转化平台多而乱，承接能力低，转化能力弱，缺乏战略性成果转化平台。应以京津冀一体化的理念，以“环首都农业科技成果示范带”“渤海粮仓科技示范工程”等已布局的国家项目为依托，布局京津冀农业科技成果转化基地。环首都示范带14个县（市、区）区域交通便利，生态类型多样，基础设施完善，同城效应明显，面积达3万多平方千米，与首都各农业科研单位已建成15个试验示范基地，具备建成都市农业、高效农业、富民农业、智慧农业的先天条件，应率先强力打造。成为对接首都创新资源的桥头堡、河北现代农业的新地标、农业协同创新发展的新样板。

“渤海粮仓科技示范工程”2013年启动，包含我省沧州、衡水、邢台、邯郸四市的43个县，3 000多万亩耕地，在国家项目中占据50%的份额。项目区位于我省黑龙港低平原，生态条件恶劣，地下水超采严重。项目以“增产增效并重、良种良法配套、农机农艺结合、生产生态协调”为基本思路，以“生态优先、节水改土、稳夏增秋、棉改增粮、粮饲结合、集约经营”为技术路线，逐步构建起了适水发展的区域农业生产体系、跨界融合的农业协同创新体系、机制灵活的农业科技成果转化体系。项目启动后，已有京津冀十多家农业科研单位、大专院校参与，取得显著效果。在粮食稳产的基础上，每亩可节水50立方米以上，全省可年节水15亿立方米左右。

河北省应首先在这两个区域构建京津冀农业科技共同体，建设京津农业科研成果的孵化器、转化基地、种业基地、示范场站、培训中心，形成产业集群，全面提升农业创新水平，带动全省农业创新能力的提高。

（注：本课题系河北省2016年决策咨询研究重点课题。课题负责人：王慧军，省委省政府决策咨询委员会副主任，河北省农林科学院院长；课题组成员：王慧军、董经纬、阎立波、朱麦林、石冬梅、宋健。报告受到省政府主管领导的好评。）

河北省非农资金投资农业的问题分析与建议

河北省委省政府决策咨询委员会课题组

（2014年11月24日）

近年来，河北省非农资金投资农业的势头迅猛，对破解农业投入资金不足难题、促进土地经营权流转、推动土地集约化和规模化经营、增强农业整体竞争力、拉动农民收入增长发挥了积极作用。为深入了解河北省非农资本投入农业的现状，2014年，非农资金投资农业问题课题组，利用3个多月的时间对我省的涉农企业、合作社、园区等进行了走访调研，在看到非农资金投资农业取得成效的同时，也发现存在不少问题。经过分析，并借鉴省内外先进经验和做法提出相关对策与建议。

一、现状与问题

河北省非农资金投资农业起步于20世纪90年代，进入21世纪尤其是近年来，伴随着工业化、城镇化深入推进，在全省掀起了一股投资农业的热潮，有力推动了农业产业化发展。据省有关部门统计，2013年，河北省农业产业化总量达到6 147.7亿元，比1998年增长10倍；2013年全省农业产业化经营率达到63%，比1998年增长34.6%。龙头经营组织达到1 837个，销售额3 108.9亿元，分别比2012年增长10.5%、14.3%。在非农资金投入农业的带动作用下，加快了农村土地流转，促进了土地的集约化、规模化经营。2013年我省规模流转土地200亩以上已经达到0.3万户；种植业生产基地366个，基地种植面积达到2 457.4公顷，养殖业生产基地271个。各投资主体通过“企业+基地+农户”、订单农业、土地托管、入股等方式与农户建立了有效联系。调研统计证明，2013年我省农产品加工基地联系农户852.5万户，实现销售产值3 038.9亿元；养殖业生产基地联系农户239.2万户，实现销售产值980.5亿元；种植业生产基地联系农户583.3万户，实现销售产值1 552.7亿元，参与农户增收比例达41.1%。

但是，调研发现我省非农资金与农业的结合还只是刚刚开始，存在以下问题。

一是缺乏强有力的政策支持。尽管近年来我省出台了不少扶持农业的政策措施，但还没有专门针对非农资金投资农业的政策文件，农业投资软环境尚不理想。土地流转的稳定性不强，工商业主与农民签订的合同大多以二轮承包期为限，同时，由于部分农民契约意识和法制观念不强，当市场价格或其他因素发生变化时，合同不到期就要收回土地或要求增加土地租金，导致合同违约纠纷多。此外，随着生产经营规模的扩大，工商业主需要建设相应生产配套设施，如农机用房、农产品初加工用房及晾晒场地等，但现行城乡用地增减挂钩，并没有为此预留空间，部分业主在农地上私自建设生产配套设施，不仅缺乏产权保护，甚至遭受相关部门的处罚。在这种环境中，一些工商业主不愿继续扩大再生产，不愿增加固定资产投资，导致产业效益受限。

二是政府缺乏有序规划引导。目前，非农资金投资农业犹如“天女散花”，比较盲目和随意，有的企业家凭着热情和“家乡情结”冒然进入，对农业基本属性、农业投资的复杂性、长期性和风险性等缺乏深刻认识。调研发现，目前进入农业领域的工商企业主很多不懂农业，用房地产及其工商业理念投资农业，盲目性、随意性较强，有热情没规划、有资金无技术，同时，对投资农业的风险估计不足，缺乏科学指导，求大求洋，有面子无里子，有样板无产业，有生产无市场，有产品无效益，制约了工商资本效益的发挥。

三是缺乏生产资金。农业生产前期投入较大，各投资企业都遇到生产期资金短缺、融资困难等问题。商业银行注重的是效益，追求的是盈利，虽然我省推出了针对中小企业特别是农业企业的金融产品，但不是手续复杂门槛高、就是额度太少不解渴。国家虽然出台了可以用流转土地抵押申请贷款政策，但在商业银行层面却难于执行。大多数中小企业只能靠私人融资和国家扶持，慢慢滚动发展。许多工商业主纷纷表示急需解决贷款门槛高的问题。

四是缺乏有效的利益联结机制。部分地区非农资金流入农民土地后，投资主体与农民利益联结机制相对比较松散，公司与农户之间的不和谐声音时有出现。由于农户的文化程度普遍较低，管理困难，多数涉农企业采取土地租赁和托管的方式进行独立经营和管理。调研显示，工商企业直接经营农地，原承包农户的劳动力只有20%左右能够进入企业工作，并以季节性的雇工为主，企业与农户的利益联结不够紧密。即使是农户与企业之间签订了合同，也仅仅是简单买卖和收购关系，仅有1.8%的龙头企业与农户有利润返还、分红等紧密的利益联结，农户与企业之间没有形成“利益共享，风险共担”的紧密利益联结机制。

五是缺乏有效的监督机制。资本的本性是逐利的。非农资本投入农业主要目的是使收益最大化，但是传统农业比较收益低，投资回报周期较长，风险较大。由于涉农企业需要支付土地流转的租金费用和用工费用，增加了经营成本，企业为了追求较高的经济效益，大多种植经济作物或从事养殖业及其他附加值较高的产业，进入“非粮化”生产，有的甚至进行“非农化”建设。部分地方政府受干部考核机制中土地流转指标影响，出于政绩冲动，不加限制地引进工商企业大面积、长时间租赁农民土地，强制流转农民土地，压低农民土地租金，对工商业主的“非农化”“非粮化”行为纵容包庇，导致农民利益受损。

六是农民素质亟待提高。一些龙头企业在自身获得丰厚利润的同时，通过“公司+农户”的形式，解决了部分农民就近就业的问题，但他们普遍年龄大、文化程度低，吸收新知识、新技能难度较大，与现代农业的科技化、集约化、标准化、品牌化、信息化的要求不相适应。由于缺乏懂技术、会经营、善管理的人员，制约了生产规模的扩大、产品品质的提升和经济效益的提高，成为工商资本投入农业的又一障碍。

二、对策与建议

（一）完善政策、防范风险

最近，中办、国办印发了《关于引导农村土地经营权有序流转发展农业适度规模经营的意见》，对非农资金投资农业和土地有序流转做出了明确规定，我省应结合实际，尽快出台意见实施细则，引导和规范非农资金投入农业行为。明确投资重点领域与主要环节，加强规划引导。对租赁农户承包土地的时间、面积有明确的上限控制，建立健全资格审查、项目审核、风险保障金制度，对租地条件、经营范围和违规处罚等作出规定。按面积实行分级备案，严格准入门槛，加强事中事后监管，防止农地资源浪费、防范农民权益受损，及时查处纠正违法违规行为。

（二）强化服务指导

在项目立项、用地用电用水、产业门槛、财政税收等方面给予扶持；引导各类服务组织，在农产品保鲜、贮运、精深加工、流通及销售环节发挥更大作用；对流转期限5年以上并签订流转合同、经营面积100亩以上的农业企业在不破坏耕作层的前提下，可按照其他省份的政策，允许其在流转土地范围内按5‰左右比例作为设施农用地；将流出土地10年以上的农户以家庭为单位纳入失地农民社会保障；针对农业企业贷款难，探索建立以土地经营权、设备、厂房、产品等抵押银行将土地作价流转给其他的投资者等贷款方式，解决农业企业贷款门槛高的问题；探索建立“农业保险公司”。调查证明：政府贴30%、社会补30%、企业交40%的方式各方是可以接受的；设立风险基金，形成“价高时收缴、价低时补贴”的风险防范机制，提高企业对自然与市场双重风险的抵御能力。

（三）完善非农资金企业与农民的利益联结机制

一是推广发展“公司+基地+农户”服务型规模经营模式。公司与农户签订收购订单，并帮助当地连片规划、供应良种、培训技术、统一病虫害防治、特别是担保贷款，目的主要是获得加工原材料。这种非农资金与农业结合的模式，不转包、不租赁、不吸收农户土地入股，既没有触动家庭承包责任制的基本经营制度，又实现农业规模经营和农民增收，应大力提倡及给予积极鼓励。二是积极探索和发展非农资金与农民土地相结合的股份公司。在非农资金下乡中，有一部分是和当地农户组成股份公司，即工商企业出资金、技术和管理人员，让农户以自己家承包的土地折价入股，从而结成命运共同体，实现利益共享、风险共担。这种以土地入股的工商企业与农户联合的股份公司的形式需要提倡。但要提高风险防范意识，防止因为股份公司破产，使入股的农民彻底丧失家庭承包的土地而无法生存；防止由于工商资本一股独大、绝对控股，可能出现随意侵害农户股东的利益。

（四）建立健全跟踪监管机制

重点是监管流转土地的用途、流转土地租金的支付、非农资金注入农业的进度。按照“不改变所有权属、不改变农业用途、不破坏综合生产能力”的要求，严格土地用途管理，坚决纠正改变土地农业用途的违规行为，禁止耕地资源的非粮化和非农化。督促非农资金企业按照合同约定及时兑付土地租金，切实保障集体经济组织和农民权益。跟踪企业对农业经营项目的投资进度，防止套取国家项目资金和出现半拉子工程。

（五）加强国外工商资本准入限制

目前，国外工商资本进入我省农业领域的数量在不断增多，为了维护农业产业安全和农民利益，应加强国外工商资本准入限制。按照有关规定，凡是对我省环境安全、粮食安全、食品安全具有现实或潜在威胁、掠夺我省稀缺农业资源的产业，应该禁止和限制国外工商资本进入，当前，应特别注意对高耗水行业的限制。应加快建立外国工商资本投资我省农业的“负面清单”。

（注：作者系河北省农林科学院院长王慧军教授；河北省农林科学院阎立波研究员；河北省农林科学院石冬梅博士后。该调研报告引起省主管领导高度重视，认为确有参考价值。）

关于弘扬粟文化 振兴我省粟产业的建议

杨玉成 王慧军 张 云

（2016年4月23日）

粟（包括谷子、黍子、稷子、糜子）是我国最早驯化的栽培作物，迄今已有上万年历史，为“五谷”之首，河北为其重要的发源地，武安磁山文化遗址出土的碳化粟粒被鉴定有7 000多年的历史。中华文明是以旱地粟作方式为基础的，五谷为神，与江山并列称为江山社稷，成为人类历史中最悠久的文明。粟文化和稻文化一起，共同构成了中国农耕社会的文化基因。在近代抗日战争和解放战争期间，“小米加步枪”书写过世界军事史上的传奇，也使小米成为新中国的“功勋作物”。

粟由于是起源于我国的作物，世界研究较少，在我国因为被认为是低产作物、费工作物，在农业只是解决温饱问题的时代，被人们渐渐忘却。我省的栽培面积由解放初期的3 000多万亩，降到现在的300多万亩。但是我省解决粮食问题的代价是沉重的，地下水的严重超载，化肥、农药的过量投入，农业成本大幅上升，食品安全、生态安全事件频发。同时，食品的西方化标准也给人民健康带来了严重影响，糖尿病、肥胖、心脑血管病等富贵病人成倍攀升。

随着小康社会的构建，提高人民生活质量、维系食品安全、突破资源制约、恢复山清水秀的生态环境成为我省农业的基本目标，这就需要拓展我省的农业功能。农业不仅仅是食品保障功能，而且要具备原料供给、就业增收、生态保护、观光休闲、文化传承等功能。而我们认为弘扬粟文化则是推动我省现代多功能农业发展的重要催化剂。

第一，我国有“五谷为养”的饮食传统。谷子自夏商以来一直是我国的主要粮食作物和饲草作物，养育了中华民族。然而，近几十年来主粮向水稻、小麦、玉米三大作物集中，谷子、糜子的地位急剧下降，人均小米消费量由1952年的20千克下降到目前的1.2千克，且食用人群呈明显的老龄化趋势。医学和营养学的研究表明，主粮单一化不利于国民的营养与健康，全盘西化的饮食结构也不适合亚洲人群，这成为高血压、高血脂、高血糖等“富贵病”发病率上升的主要推手之一。

第二，粟类作物的生态功能不可替代。粟类作物具有节水抗旱、耐瘠、粮饲兼用、耐贮藏等特点，这决定了它是应对未来全球气候变化及干旱趋势的战略储备作物。我省是水资源严重短缺的省份，发展节水农业是今后农业发展的基本路径。同样的产量水平，谷子的耗水量是小麦的1/3，玉米的1/2，是我省干旱半干旱丘陵区、黑龙港缺水区最适于生长的粮食作物。随着科技的进步，谷子低产、费工的问题在我省已经解决，张杂谷的产量水平已稳定通过500千克/亩，抗除草剂资源的应用已实现了谷子的轻简化栽培，农机的进步已实现了谷子的全程机械化栽培，谷子会成为我省地下水超采治理、减少玉米栽培的最理想替代作物。

第三，粟类作物产业链可大大延伸。我国是世界上保存粟类品种资源最多、遗传多样性最为丰富的国家，仅北方地区就搜集整理了不同类型的资源材料27 000多份。我省建有国家谷子品种改良中心，加以支持后将开发出适宜不同消费人群的健康营养食品，可大大延长食品产业链，不断增加农民收入、企业利润、地方财政收入。如今，发达国家为解决“富贵病”问题，在恢复全谷物食品，小米功能食品、小米饮品、小米保健品在国际市场广受欢迎，急需我们去开发。

第四，粟文化可以恢复我们民族自信。粟文化的经济价值、社会价值、生态价值和文化价值在我国发展历史中的地位是显而易见的。“锄禾日当午，汗滴禾下土”的诗句，表达了对农民辛勤劳作的同情和尊重。吃苦耐劳、自强不息的“谷子精神”，仍是中华民族前进的精神动力。粟文化作为乡情乡愁的载体，某种程度上还是凝聚海内外华人情感的纽带。“小米加步枪”的红色文化传奇，至今仍是我党我军战无不胜的精神财富。可以说，粟文化作为中华民族文化软实力的重要组成部分，是推动中华民族伟大复兴的重要文化基础。

为此，我们建议如下。

一、支持河北省粟文化的研究和宣传

河北省是中国粟文化的发祥地，但由于种种原因，对粟文化的研究远远不够。令人欣喜的是，最近河北省农林科学院组织完成了对中国粟文化的系统梳理，并出版了《中国粟文化研究》专著，填补了我国粟文化研究的空白。该书受到中国工程院原副院长刘旭院士、海外华人学者周坚强、中国农史专家曹幸穗研究员的高度赞扬。我们建议我省要抢占这一制高点，组织力量进行粟文化的挖掘与宣传，学术研究与文化传播相配合，制作相应的影视作品、图书出版物，掀起中国五谷文化研究与普及的新热潮，将发源于我省的中国粟文化推向全国、推向世界。

《中国粟文化研究》

二、加强小米营养保健功能的宣传普及

历史的经验和科学研究已经证明小米是东方人群最为平衡的营养食品。为应对全球化的挑战，抵制饮食西方化，东亚及南非许多国家的普遍掀起了民族食育运动。日本把“食育”列入学校课程，制定《食育基本法》，内阁府设置食育推进会议，本土的大米、纳豆等地方化食物一直占据餐桌主流。韩国极力倡导“身土不二”。反观我国，食育的呼声还很微弱，媒体关于饮食、养生知识的宣传莫衷一是，乱象丛生。建议我省农业、科技、文化、食品、卫生等部门共同发起民族食育运动，建立一个具有权威性、公信力的食育平台，发布科学的营养饮

食知识，将粟类作物的营养作用、历史地位、未来消费趋势等文化内涵广泛宣传，深入人心，遏制饮食西方化倾向，引领健康营养消费方向。

三、一二三产业融合振兴我省粟产业

未来人类对健康营养的关注，必然会对五谷食品和文化产生新的兴趣，粟产业一定要成为一种新的业态，我们要通过会展、节庆、旅游等文化营销方式，促进粟文化与谷子产业融合发展。鼓励和支持我省食品加工企业开发五谷杂粮主食化产品，饲料与养殖企业开发以谷草、谷糠为原料的肉蛋奶食品，以供给侧结构性改革理论作指导，引领和满足市场不同消费人群需求。吸引企业、社会团体等多主体参与，打造粟文化产业园，将其打造成我省的金字招牌。同时，配合旅游农业的发展建立粟文化保护区，完整地展示原生态的粟文化。将粟作生态景观、生产基地、加工方式、生活体验及礼仪习俗融为一体，生产、生活、生态三点发力，恢复粟类作物在我省的种植地位，成为产出高效、产品安全、资源节约、环境友好的作物，成为我省农民增收、企业增效、世界知名的产业。

（注：作者杨玉成系省政协农业委员会主任、教授、博士；王慧军系省委省政府决策咨询委员会副主任，河北省农林科学院院长，教授，博士生导师；张云系河北经贸大学教授，河北省农林科学院博士后。该建议得到省委领导好评，指导了谷子产业文化建设，引起社会高度关注，引领了谷子消费。）

关于地下水压采背景下我省冬小麦生产发展建议

王慧军　张喜英　郭进考

（2016年4月10日）

我省农业灌溉用水145亿立方米，其中冬小麦灌溉用水占总灌溉用水量的40%，因冬小麦生长期降水较少，是农业第一耗水作物，目前已成为山前平原浅层地下水和低平原深层地下水超采的重要因素之一。针对华北平原地下水严重超采情况，国家实施了地下水限采治理工程，我省各地都将压缩冬小麦种植面积作为“压采”的重要措施，而目前地方政府和农民对压缩种植面积带来的问题缺乏深刻认识，存在盲目调整，造成战略、战术、战役脱节。根据国家对地下水限采要求，结合河北小麦自身生长发育特点进行综合分析提出如下认识和建议。

一、正确认识冬小麦的生育特性

冬小麦原产于中亚，为耐旱抗逆作物，在我国西部黄土高原最先引进种植，其耐旱水分利用率高，根系较长，最深可达2.0～2.5米，能够充分利用夏季的土壤储水，非高耗水作物。由于长期坚持高产理念，即使北方冬春季缺水也要保证冬小麦高产再高产，使一个耐旱作物变成了灌溉作物，进而又成为高耗水作物。因此，冬小麦高耗水是理念问题并不是作物本身特性，应重新规划技术路径，还冬小麦作物本来面目，将其作为生态安全和口粮安全作物对待。

二、单纯压缩冬小麦种植面积会引发系列问题

一是影响居民口粮供给和国家粮食安全需要。冬小麦是我省重要口粮作

物，常年种植面积3 400万～3 500万亩，总产量270亿～280亿斤，除满足居民口粮外，国家每年调出量为80亿斤左右，同时，任何大宗农产品种植还必须考虑市场问题，冬小麦做为大宗农产品，国计民生产品，其地位任何作物无法替代。二是增加冬春季节降水的无效损失。我省冬春季常年降水量为80～100毫米，但每次降水量都是低于20毫米的小到中雨，如果没有作物消耗，降水就会无效蒸发。三是增加扬尘及雾霾危害。冬小麦在春冬季节的覆盖，可削减沙尘，降低雾霾危害。四是如果耕地不休闲，改种其他作物同样消耗水资源，达不到节水目的。

三、冬小麦生产需变革理念而不是单纯压缩面积

目前，我省冬小麦生育期灌溉次数为2～3次，每次灌水量为50立方米/亩左右，产量目标500千克/亩以上。而我省冬小麦灌浆期短，后期易遭遇干热风，即使充分灌溉，产量潜力也难以充分发挥。实施亏缺灌溉策略（足墒播种并在拔节期结合追肥灌水一次），虽然比充分灌溉（生育期灌水3次）平均减产13.5%，但农田耗水量可降低70～90毫米，水分利用率提高19%，实现真正节水。生物节水潜力很大。研究证明，同等生产条件下不同小麦品种水分利用率差异高达20%。冬小麦亏缺灌溉，每亩减少一次灌水（按50立方米/亩计算），3 400万亩冬小麦，每年可减少灌水量17亿立方米，相当于近期我省地下水压采目标。同时，亩产稳定在400千克，总产仍可维系270亿～280亿斤。实施亏缺灌溉，冬小麦提早成熟，夏玉米实现早播，从而实现小麦玉米周年产量不降低，有效压缩用水量。此外，改变灌溉方式，将春季地面灌溉改为微灌水肥一体化技术，可使每亩产量增加50千克以上。

四、冬小麦生产发展建议

（一）强制扭转我省小麦生产观念

扭转各级政府、农民长期认为小麦是高耗水、充分灌溉作物的观念，由高产灌溉理念转为调亏灌溉理念。小麦发展不走高产路径，注重优质稳产，走补充灌溉技术路径。在政府层面大力推广足墒播种条件下的小麦春季一水灌溉制度和技术，保证冬小麦的生态功能和优质产品，使农民节本增效，完成国家地下水超

采治理任务。

（二）加大科技支撑

鼓励科研单位选育冬小麦节水抗旱优质品种，积极推广我省培育的大批春季灌水一次，产量400千克/亩、质量提高一个等级的冬小麦优良品种。建立充分调动小麦自身调节功能的主动调亏灌溉技术体系，变作物被动受旱为主动调亏，形成限水灌溉下作物高产和高水分利用率同步的技术体系，科技部门为农民提供“套餐式”服务。鼓励农民应用节水、优质品种，调亏灌溉技术。

（三）加大小麦—玉米水肥一体化灌溉技术推广力度

河北省农林科学院三年研究结果证明，水肥一体化灌溉技术在冬小麦—夏玉米上使用，春季灌溉60立方米/亩，小麦亩产可稳定实现500千克，高产地块亩产可达600千克以上，全年能实现亩产吨半粮、节水50%，同时，可节肥20%、节地5%、节工50%。目前该技术大面积应用中的问题主要是成本偏高、社会服务跟不上。建议省政府对初装设备给予财政补贴，降低农民初装成本，同时，建立专业化设备生产厂家目录，打击假冒伪劣产品，组织专业化服务队伍，及时解决农民使用中出现的问题。

（注：作者王慧军系河北省农林科学院院长、教授、博士生导师，张喜英系中国科学院农业资源中心研究员、博士生导师，郭进考系石家庄市农林科学研究院研究员、河北省小麦育种首席专家；该建议引起省领导和有关部门高度重视，将品种和农艺节水列入地下水压主推技术。）

关于将酸枣作为邢台特色扶贫产业的建议

河北省农林科学院　河北农业大学

邢台市政协　联合调研组

（2018年8月20日）

酸枣作为邢台山区浅山丘陵地特有绿色植被作物，野生资源丰富，生产历史悠久。酸枣又名山枣、棘刺花、葛针，属李科枣属落叶灌木，耐寒、耐贫瘠，野生酸枣果实富含有机酸、糖类、大量维生素及钾、钠、硒等多种微量元素，营养丰富。新鲜酸枣每百克中含有维生素C达600～1 100毫克，是红枣的1～2倍、猕猴桃的2～4倍、柑橘的20～25倍，比苹果、梨高100多倍，在人体的利用率达到86.3%。酸枣仁有补肝胆、宁心神、敛汗、健胃、镇静等多种功效，是治疗失眠等病症的核心中药材。历史记载以“邢枣仁”为道地药材、质量最佳，是驰名中外的道地药材。近日，河北省农林科学院组成以王慧军教授为领队的调研组深入邢台山区开展调研，通过实地考察，走访种植户、合作社及相关企业，并与地方领导和部分企业代表座谈。一致认为将酸枣产业作为邢台山区特色扶贫产业做大做强，是筑牢脱贫攻坚基础的有效途径。

一、发展山区酸枣产业符合精准扶贫战略思想

（一）酸枣药食用价值突出，具备“产业扶贫”优势

党的十九大报告明确提出，“实施健康中国战略”“坚持中西医并重，传承发展中医药事业。”酸枣作为药食同源食物，其果肉、仁、核、木、叶等皆有较高利用价值。酸枣仁作为名贵中药材，具有养肝宁心、镇静、安神等功效，是

亚健康人群的理想调理药物；果实能健脾；树皮和根皮可治疗神经官能症；树叶可提取酸叶酮，对冠心病、痛风有较好的疗效；果核壳可制活性炭；枣花是很好的养蜂蜜源；木材质地坚硬，纹理细腻，是制造及雕刻加工的良才，具有极高经济价值。此外，酸枣还具有改善心肌缺血、抗心律失常、降血压、降血脂增强机体免疫力等多种保健功效。将酸枣产业作为邢台山区的特色扶贫产业，发展空间巨大。据不完全统计，2016年，酸枣仁市场需求量7 500吨，实际供应量仅3 000～5 000吨，优质酸枣仁严重供应不足。预计未来五年，全国酸枣需求量将达到3万吨以上，产值600亿元以上，市场前景可观。

（二）酸枣生态功效显著，符合“生态扶贫”要求

党的十九大报告指出，“坚持人与自然和谐共生。必须树立和践行绿水青山就是金山银山的理念，坚持节约资源和保护环境的基本国策。”太行山海拔100～300米的浅山丘陵区，土壤贫瘠，缺水少雨，常见乔木树种极难生长，常年“植树不见树”，是荒山绿化治理的最难一环。酸枣为该区域的土生指示植物，具有适生、耐寒、耐旱、耐瘠薄的特点和固土、护坡、防水土流失的生态功效，是绿化荒山、防风固坡的先锋树种，通过简单的抚育和管理，就可以成为绿色植被，邢台经验，抚育三年就可成林，是解决太行山浅山丘陵区绿化断带问题的最佳选择，有望形成“百里酸枣红太行”的山地景观。

（三）大力发展酸枣产业，符合“实施乡村振兴战略”要求

2018年中央一号文件提出实施乡村振兴战略总要求：“产业兴旺、生态宜居、乡风文明、治理有效、生活富裕”。其中，产业兴旺是重点，生活富裕是根本，摆脱贫困是前提。邢台贫困山区作为我省打赢脱贫攻坚战的关键一环，培育、发展符合当地传统特色的优势产业，是抓实落细“乡村振兴战略”的根本选择。通过政府扶持、企业带动、群众参与，尽快把“小酸枣”做成“大产业”，既符合“实施乡村振兴战略”的总部署，也是不断深化农业供给侧结构性改革，实施精准扶贫的有力举措。大力发展酸枣产业，打造酸枣特色产区建设，既可丰富邢台地区农作物种植结构，培育山区农业发展新动能，也将带动山区生态环境改善，推动山区林果经济发展，是提升山区农业综合效益和竞争力、推进山区农民脱贫攻坚、增收致富的有效途径。

二、邢台山区酸枣产业发展优势明显

（一）酸枣资源丰富，区位优势明显

邢台山区野生酸枣分布广泛，是全国酸枣资源保存最完好、面积最大、产量最高的区域，种植已有2 000多年历史，有“酸枣之乡”之称。近30年，在全国提倡酸枣改接大枣的背景下，邢台太行山区酸枣资源保存完好，建有酸枣野生资源35万亩，标准化抚育栽培管理6万多亩，适种面积超过500万亩，酸枣年产量占全国的40%，为加快资源型产业发展奠定了坚实基础。

（二）酸枣产区基础良好，产业初具规模

酸枣作为邢台山区传统特色产业，发展基础良好。一是邢台市政府深度整合林业、农业、水利等部门力量，加快基础设施建设，引导生产要素向酸枣产业聚集，产区建设初见成效。二是具有科技支撑。我省在河北农业大学建有中国枣研究中心，并与地方合作，成功选育出30多个酸枣优良品种，在全国率先建成酸枣优良品种快繁技术体系。三是具有悠久的酸枣文化。邢台作为扁鹊故里，以“治未病”为传统，倡导药食同源理念，近两年成功举办了“中国·邢台太行酸枣文化节”，影响力逐年扩大。以邢台太行山区酸枣为原料生产的“邢枣仁”，以仁饱、色艳、质优、药效最佳等特质，入选国家地理标志品牌，畅销全国及欧美、东南亚市场，成为河北的一张“特色名片”。

（三）加工企业初见规模，品牌效应突出

当前，我省有年产千吨以上的酸枣加工企业或大户100余家，主要集中在邢台地区。从事酸枣行业人员上万人，生产枣仁颗粒、枣面、枣汁、枣叶茶、枣花蜜等产品20多个种类，加工量占全国市场份额的70%以上，是全国最大的酸枣优势产区。邢台内丘县是全国最大且唯一的枣仁生产加工、销售集散地，年加工、销售酸枣6万吨，酸枣仁4 000 ~ 5 000吨。石家庄以岭药业股份有限公司酸枣仁软胶囊、唐山蓝猫酸枣汁、邢台野丫丫酸枣系列饮品、内丘酸枣露、邢台枣花佳、石家庄康平酸枣复合颗粒等，深受市场欢迎，品牌带动效果突出。

三、邢台山区酸枣产业发展面临的主要问题

一是种质资源杂乱、品质难以保障。受重视程度不够影响，专业从事酸枣研究的机构和人员相对较少，酸枣科学选育和标准化栽培程度不高，加工原料多为野生资源，种质杂乱、类型繁多、良莠不齐，药效很难保证一致。且野生酸枣出仁率仅为30%，远远低于人工栽培95%的出仁率，野生资源没有得到充分利用。

二是抢青现象严重、生产方式落后。酸枣成熟期在9月底至10月初，但受价格利益驱动，收购商从7月即开始抢青采收，大量酸枣因成熟度不够造成品质受损。且产区生产方式相对落后，多为小作坊经营，生产效率低、人工成本高、排污设施缺乏，易造成污染。资源优势并没有转化为产业优势。

三是组织化程度低、资源浪费严重。酸枣产业尚处于初级阶段，近年才开始野生抚育、人工栽培基地建设，组织化程度相对较低，缺乏统一的标准化生产管理规程。产区设施设备落后，酸枣果肉、果皮等未能得到充分利用，资源浪费严重，有的区域还成为严重的环境污染源。

四是缺乏强有力的扶持政策。酸枣无论野生抚育，还是品种栽培需要三年的抚育期，此期间农民不见效益不愿投入，也无力投入，退耕还林政策又享受不到，直接影响农民积极性。企业都是在初创阶段，资金能力有限，投入不足，产业难以做大。

四、尽快将酸枣产业列入邢台扶贫特色产业的建议

（一）将酸枣产业纳入邢台扶贫工作特色产业规划

建议把邢台太行山浅山丘陵区酸枣产业发展纳入邢台扶贫工作特色农业发展规划，发挥各方面积极性，将“小酸枣”做成“大产业”。在种植区域、规模、数量、品种上进行科学设计，在产品加工、经营销售、品牌打造上做好顶层规划，避免盲目发展。加强酸枣品种保护，开展酸枣野生资源调查选种工作，有计划的抚育、改造野生林，建设酸枣种植基地及种质资源库，筛选优良品种，扩大优质酸枣面积，实现栽培种植的品种化，夯实酸枣产业发展基础，打造脱贫攻坚特色产业。

（二）强化政策支持，拓宽融资渠道

将浅山丘陵地酸枣种植作为邢台退耕还林的重要内容，享受同等的退耕还林政策，尤其是在前三年的抚育期内，给予重点扶持，充分释放政策红利。拓宽融资渠道，加大资金信贷扶持力度，针对酸枣产业资金需求季节性特点，积极开发小额信贷业务，简便信贷流程，让酸枣种植户或合作社能够及时筹措资金，适时收购，科学贮藏、加工、销售，实现最大经济效益。

（三）实现“六家握手”，形成良性机制

着力推进政治家、科学家、企业家、金融家、保险家、种植户“六家握手”的产业发展模式，加快产业发展，筑牢脱贫攻坚基础。政治家出政策，科学家出技术，企业家做市场，金融家投资金，保险家作保障，种植户见效益。借鉴“富岗”模式，采取“基地+农户+合作社+公司”的发展方式，建立合作联盟，统一市场收购、统一标准加工、统一质量要求、统一价格体系，真正形成农户跟着合作社走，合作社跟着龙头企业走，龙头企业跟着市场走的“三跟进”发展模式。

（四）严格市场监管，加强规范管理

按照产权清晰化、管理标准化、组织规范化的要求，界定浅山丘陵区荒地产区产权归属，清晰产权，避免哄抢行为。加强行业规范管理，推动规模标准化生产。加强市场监管，严禁采青采收，严控市场价格，严厉打击酸枣仁提前上市，从源头上杜绝“抢青”情况发生，确保原材料质量。逐级推进酸枣标准化生产，制定行业技术流程、生产工艺标准，严格按质量优劣划分等级，推进优质优价，开展订单生产。

（五）强化品牌建设，实施品牌战略

按照“科技农业、绿色农业、质量农业、品牌农业”的发展要求，进一步强化“邢枣仁”的品牌影响，通过提质量、建标准、发展绿色生产等，提升“邢枣仁”生产技术水平和质量控制标准，建设高标准药材基地，增强品牌内涵，带动产区发展。推广新成果、新技术、新品种、生物肥料，实现绿色生产。同时，研发枣仁、果肉、果皮、果核系列产品，将酸枣吃干榨净，成为无废料产业。建

立产地电商平台，引进和对接应用酸枣的制药、加工、食品企业，解决产地仓储和市场规范等问题。

调研组成员：

王慧军　教授，河北省委省政府决策咨询委员会副主任、农业组组长

毛永民　教授，河北农业大学中国枣研究中心

邱文双　邢台市政协主席

张　晓　副研究员，河北省农林科学院

宋　健　助理研究员，河北省农林科学院

刘妮雅　博士，河北农业大学

执　笔：王慧军　张　晓　宋　健

（注：该调研报告引起省政府主管领导、邢台市委、市政府领导高度重视，多人给予肯定性批示。）

关于我省京津冀水源生态涵养区发展养蜂产业的调研与建议

阎立波　王慧军

（2020年4月10日）

习近平总书记指出“蜜蜂授粉的‘月下老人’作用，对农业的生态、增产效果似应刮目相看”。我省张家口、承德两市已被定位于京津冀水源生态涵养功能区，严禁放牧及建设有污染项目，给当地居民收入带来一定程度的影响。但该区国土面积有9万平方千米，几乎占全省总面积一半，森林覆盖率居全省之首，蜜粉源植物丰富，养蜂历史悠久，且无污染。因此，因地制宜，积极支持当地发展养蜂产业，对于加强水源生态涵养，维护生态平衡，发展绿色农业，增加农民收入，巩固拓展张家口、承德两地脱贫攻坚成果，推进美丽河北建设具有重要作用。

一、当地发展养蜂产业的重要意义

养蜂产业是集经济、社会、生态效益于一体的阳光、健康产业，在我省京津冀水源生态涵养区发展养蜂产业具有重要的现实意义。

（一）维护生态平衡，促进水源生态涵养功能发挥

养蜂不仅充分利用自然资源，也能保护自然资源并促进其良性发展。爱因斯坦曾大胆预言：如果蜜蜂从地球上消失，那么人类也将只剩下4年的时间。没有蜜蜂，那么就没有授粉，没有植物，没有人类。蜜蜂靠采集花蜜、花粉达到自身生存繁衍的目的，但客观上起到了为植物授粉、促进生态自然平衡发展的作用，这对自然界贡献巨大，是人类以及其他生物所无法比拟的。据统计，在人类

所利用的1 330种作物中，有1 100多种需要蜜蜂授粉。专家研究表明蜜蜂给植物授粉带来的生态和经济效益是蜂产品本身的143倍。因此，在我省京津冀水源生态涵养区发展养蜂产业，对于维护当地生态平衡，促进水源生态涵养功能发挥具有重要作用。

（二）增加农作物产量，促进农业高质量发展

农作物利用蜜蜂授粉，不仅可以增加产量，还可以改善果实和种子品质、提高后代的生命力。早在1960年，朱德委员长在致党中央和毛主席的信中指出：“养蜂事业，仅就它的直接收益来说，就高于一般的农业，但更重要的是它对农业增产有巨大的作用”。近年来，河北省农林科学院旱作农业研究所主持研发的“设施蔬菜熊蜂授粉应用技术”，在衡水、邢台等部分县市设施蔬菜产区进行示范，可使蔬菜坐果率达到95%以上，蘸花激素用量减少90%，品质和口感提升，节省人工。秦皇岛市山海关区种植大樱桃面积3万亩，自2015年实施农业部“大樱桃蜜蜂授粉与绿色防控技术集成应用示范项目”后，樱桃树坐果率和品质明显提高，平均亩产达3 300斤，商品果率90%，农药用量比过去减少约50%，也大大节省了人工成本，每亩增收3 000元以上。

（三）增加蜂农收入，巩固拓展脱贫攻坚成果

养蜂周期短，资金投入少，无污染，生产方式灵活多样，规模大小、定地或转地、专职或兼职均可自由选择，是一种“广谱农业”，可成为农民增收致富的有效渠道。我省京津冀水源生态涵养功能区面积大，区内主要蜜源植物种类多，如：洋槐、荆条、枣树、向日葵、油菜、荞麦、紫花苜蓿、柴荆芥等20多种，蜜源植物花期衔接好，昼夜温差大，泌蜜散粉品质高，是极具开发潜力的天然优质蜜库。区内承德、平泉、滦平、兴隆、宽城、涿鹿、蔚县、宣化、怀来、赤城等地养殖蜜蜂历史悠久，农民已经形成养殖蜜蜂的习惯，只要政府稍加引导扶持就能形成产业。据统计，饲养一群（箱）蜂一次性投资400～600元，在正常情况下，以后可自繁自扩。按照现在的市场价格，一群蜂年纯收入300～600元，如一个农户副业养蜂30群，年纯收入可达万元以上。

（四）消费需求旺盛，市场前景广阔

随着人们养生保健意识的增强，蜂蜜的天然特性与保健作用被越来越多的

消费者所接受。目前，货真价实的蜂蜜比较短缺，其价格在不断上涨。据市场调查，目前每千克普通蜂蜜价格已达到40元左右，土蜂蜜达到80元以上，蜂王浆达到120元以上，花粉、蜂胶、蜂蜡等价格也均有大幅度的上升。而推高蜂产品价格的首要因素来自消费需求。据有关统计资料，多年来，国内蜂蜜年消费量一直保持在20万吨左右，而到了2018年，消费量猛增到40多万吨，我国人均蜂蜜消费量在过去10年里翻了一番。另外，蜜蜂授粉对农作物增产提质的巨大作用正逐渐被人们接受，技术逐渐成熟，产业发展方兴未艾。

二、当地养蜂产业发展存在的主要问题

（一）管理、政策上重视不够

由于蜂产业产值在农业乃至畜牧业的比重较小，没有得到张承两地政府相关部门的高度重视，蜂农的弱势地位十分突出。据调查，目前，与猪、牛等大牲畜相比，养蜂业得到的政府补贴非常少，很少有财政项目及技术的支持。

（二）养蜂规模小，收入不稳定

张承两地养蜂规模多数较小，与发达地区相比差距较大。蜂农收入很不稳定，存在靠天吃饭的情况。年景好的时候收入较高，气候变化大的年份收入极低。

（三）饲养管理技术落后

当地蜂农受过蜂业专门培训的较少，生产中多根据经验办事，缺乏有效科学的饲养管理技术。生产工具简单、工艺落后，制品较多为简单加工，附加值和技术含量低。

（四）蜜蜂为农作物授粉普及程度不高

蜜蜂授粉技术目前只在部分农作物、蔬菜和果树上应用，在其他作物上蜜蜂授粉技术匮乏。蜜蜂授粉与其他农事措施的配套使用不完善，授粉效率低，使用效果不稳定。

（五）使用农药对蜜蜂危害较大

每年正值蜜蜂采蜜授粉期，也是人们对农作物、果树、防护林喷洒化学农药和除草剂时期，蜜蜂因取食喷洒过农药不久的花蜜、花粉而中毒，甚至死亡，对养蜂业造成直接或间接伤害。

（六）蜂产品市场管理不严格

当地政府对蜂产品管理存在缺失。一些不法商贩唯利是图，掺杂使假，使消费者对蜂产品真假难辨，影响蜂产品在消费者心中的形象。一些商家恶意竞争，降价销售，扰乱了蜂产品市场的正常秩序。

三、建　议

（一）加强对养蜂产业知识的宣传推广

通过广播、电视、报刊、网络等媒体进一步加大对养蜂产业知识宣传，多开展针对中小学生、专兼职蜂农的蜜蜂知识、技术讲座，通过大力宣传，让蜂产业得到全社会的认可，引起蜂产业相关政府部门重视，获得政策支持和项目支持，并吸引更多有文化、懂业务的年轻人加入养蜂产业队伍。把蜂产业做大做强，实现“小蜜蜂、大产业”。

（二）积极支持张承两地发展养蜂产业

省市两级政府应高度重视，因地制宜，将蜂产业作为农业重点产业打造。张承两地政府应健全蜂产业管理机构，支持发展行业协会、合作社等组织，完善制度体系和技术支撑体系。利用国家养蜂补贴政策和产业扶贫项目，采取“政府政策支持+龙头企业带动+合作社组织管理+农户参与并受益”的模式发展蜂产业。支持区内高校、科研机构或新型农业经营主体密切合作，围绕蜂产业链关键环节开展集中攻关研究，进行新技术试验示范和推广。

（三）加强优质蜜源基地建设

在合理利用现有蜜源资源的基础上，不断拓展优质蜜源基地建设，结合水源生态保护建基地，结合农业结构调整建基地，结合药材种植建基地，结合园林、公路、街道绿化美化建基地等，使蜜源条件进一步得到改善，保障蜂产业可持续发展。

（四）推广普及蜜蜂授粉增产提质技术

提高群众对蜜蜂授粉作用的认识，加大蜜蜂为农作物授粉增产提质技术的普及推广，建立蜜蜂授粉示范基地和专业授粉示范蜂场，经常开展授粉增产提质示范现场观摩活动，通过示范辐射带动当地蜜蜂授粉增产提质技术的普及应用。

（五）合理使用农药

完善农药使用地方法规，一是在授粉作物开花期间禁止喷洒农药，特别是杀虫剂。二是如果必须喷洒农药时，需要提前通知蜂场，待蜂场做好防范措施后，再对开花期的作物进行农药喷洒。三是在喷洒农药时可以加入一定量的驱避剂，避免蜜蜂中毒。同时使用农药一定要按照规定的剂量，不可滥用，可以在一定基础上避免蜜蜂农药中毒。

（六）规范蜂产品市场管理

建立健全当地养蜂企业产品溯源管理制度，加强过程质量监控。强化蜂产品行业自律，规范经营者行为和市场秩序。严厉打击制售假冒伪劣产品等违法违规行为，维护企业和消费者合法权益，提高蜂产品质量和安全水平，确保养蜂产业持续健康发展。

（注：此报告和建议得到省领导的肯定性批示，引起张家口、承德市委市政府领导的高度重视，农业部门已列入产业发展规划。）

Postscript 后 记

这本《调研·咨询·建议：案例汇编》是集体智慧的结晶。每一次调研都有诸多方面的专家学者、领导、企业家、媒体界、基层工作人员参加，他们付出了很多心血！河北省委原书记叶连松同志、河北省政协原主席刘德旺同志、原副主席赵文鹤同志为我们欣然题词，中国老科学技术工作者协会副会长、河北省老科学技术工作者协会会长、河北省委原常委、纪委书记、省委农村工作领导小组组长臧胜业同志写了热情洋溢及鼓励鞭策的序言，不胜荣幸！

编辑过程中，王哲平、杨雪先、葛金诚、陈和文、杨艳丽、王苗、陈华、闫路路、梁国辉、阎立波、李顺国、宋健等同志做了大量细致的收集、整理、编排工作。省委省政府决策咨询委员会办公室给予课题经费和调研工作的支持。原省委农工部、河北省农林科学院、河北省社会科学院以及各调研对象、单位给予了大力支持。特别是中国农业科学技术出版社李雪主任、朱绯编辑基于对决策咨询的关注和支持，做了大量的很专业的编辑和校对工作，在此一并表示衷心感谢！

在新时代，让我们共同迎接智库发展的春天。

编委会编辑组

2020年6月